난생처음

[파이썬 프로그래밍]

지은이 우재남 5288893@hanafos.com

서강대학교에서 정보시스템 전공으로 석사 과정을 마친 후 다양한 IT 관련 분야에서 실전 업무를 수행했고, 대학에서 프로그래밍, 데이터베이스, 운영체제 등의 과목을 강의해 왔다. 현재 디티솔루션의 공간데이터베이스 연구소장으로 재직하고 있으며, 공간 정보와 IT의 융합 학문인 유시티 IT 분야의 공학박사 학위도 취득했다. 지금도 한양사이버대학교 컴퓨터공학과와 삼성, LG, 현대, CJ, KT, SK, 대한상공회의소 등에서 인공지능 및 IT 전문 분야를 강의하고 있다. 자신이 체험한 다양한 IT 실무 경험과 지식을 최대한 쉽고 빠르게 수강생과 독자에게 전달하는 것을 강의와 집필의 모토로 삼고 있다. 한빛미디어와 한빛아카데미에서 『뇌를 자극하는 Redhat Fedora: 리눅스 서버 & 네트워크』(2005)를 시작으로 『IT CookBook, 파이썬 자료구조와 알고리즘 for Beginner』(2021) 등 40권 이상의 책을 집필 및 번역했다.

지은이 최민아 machoi@korcham.net

대한상공회의소 서울교육센터에서 교수 겸 능력개발처장으로 재직하고 있다. 오랜 기간 실무 강의와 함께 IT 교육 시스템을 설계 및 연구해 왔다. 저자는 실무에서 사용되는 내용을 학습하고 연구하는 것이, IT 산업과 IT 교육의 상호 발전을 위한 공통 지향점이라는 교육철학을 갖고 있다. 현업에서 적용할 수 있는 내용을 쉽고 친절하게 풀어서 강의하며, 학생들의 미래 진로에 대해서 함께 고민해 주는 진정한 교수로 학생들에게 존경과 인정을 받고 있다.

난생처음 파이썬 프로그래밍

초판발행 2021년 6월 28일
6쇄발행 2024년 7월 15일

지은이 우재남, 최민아 / **펴낸이** 전태호
펴낸곳 한빛아카데미(주) / **주소** 서울시 서대문구 연희로2길 62 한빛아카데미(주) 2층
전화 02-336-7112 / **팩스** 02-336-7199
등록 2013년 1월 14일 제2017-000063호 / **ISBN** 979-11-5664-552-8 93000

총괄 박현진 / **책임편집** 김성무 / **기획** 김성무 / **교정** 권수연 / **진행** 박하나
디자인 이아란 / **전산편집** 이소연 / **삽화** 임의영 / **제작** 박성우, 김정우
영업 김태진, 김성삼, 이정훈, 임현기, 이성훈, 김주성 / **마케팅** 김호철, 심지연

이 책에 대한 의견이나 오탈자 및 잘못된 내용은 출판사 홈페이지나 아래 이메일로 알려주십시오.
파본은 구매처에서 교환하실 수 있습니다. 책값은 뒤표지에 표시되어 있습니다.

홈페이지 www.hanbit.co.kr / **이메일** question@hanbit.co.kr

지금 하지 않으면 할 수 없는 일이 있습니다.
책으로 펴내고 싶은 아이디어나 원고를 메일(writer@hanbit.co.kr)로 보내주세요.
한빛아카데미(주)는 여러분의 소중한 경험과 지식을 기다리고 있습니다.

난생처음

파이썬
프로그래밍

우재남, 최민아 지음

한빛아카데미
Hanbit Academy, Inc.

태어나서 프로그래밍이 처음인 입문자를 위한 쉽고 친절한 파이썬 기본서

이제는 컴퓨터 관련 전공뿐 아니라 공학, 경영학, 인문학 등 코딩이 필수인 시대가 되었습니다. 특히 인공지능 시대가 도래하면서 코딩에 대한 개념과 기술이 현대 사회를 살아가는 데 필수 요소로 자리잡았습니다. 그래서인지 많은 기업에서 신입사원 선발 및 승진시험에서 코딩과 관련된 평가 시험을 병행해서 시행하고 있습니다.

파이썬도 프로그래밍 언어이기 때문에 처음에는 어렵다고 느낄 수 있지만, 그 개념과 원리를 이해한다면 컴퓨터 관련 전공자뿐 아니라 비전공자도 약간의 노력으로 어렵지 않게 파이썬을 배울 수 있습니다. 이 책은 코딩 초보자도 쉽고 부담 없이 파이썬을 익힐 수 있도록 구성했습니다.

현재 코딩이 대부분의 분야에서 필수 요소로 자리잡게 된 가장 큰 이유는 IT와 관련된 '업무문제 해결 능력'이 현업 어디서든지 요구되기 때문입니다. 이제 코딩 기술은 컴퓨터 공학뿐 아니라 전기전자, 화학, 생물, 건설 등 다양한 공학 분야와 더불어 상경분야와 인문학에서도 문제 해결을 위한 기본 소양으로 요구됩니다. 또한 파이썬 프로그래밍은 미래에 더욱 가치가 높아질 인공지능, 빅데이터, 머신러닝, 딥러닝 분야의 기반을 준비하는 초석이 될 것입니다.

이 책은 파이썬 코딩을 더욱 쉽고 효과적으로 학습할 수 있도록 다음과 같이 구성했습니다.

❶ 프로그래밍이 처음인 독자를 위해서 최대한 쉬운 내용을 위주로 담았습니다.

프로그래밍에서 기본적으로 알아야 하는 내용과 필수적으로 알아야 하는 내용을 위주로 담아 학습의 부담을 줄였습니다. 또한 주요 개념을 그림이나 다양한 예제 코드와 함께 차근차근 설명하고 있어 프로그래밍을 쉽게 이해할 수 있습니다. 학습을 진행할수록 파이썬 코딩 실력이 조금씩 향상되어 가는 것을 느낄 수 있을 것입니다.

❷ 아주 쉬운 기초부터, 단계별 응용으로 진행했습니다.

기존의 다른 프로그래밍 언어는 프로그래밍 언어 자체가 어려워서 초보자가 접근하기 쉽지 않았습니다. 이 책은 이러한 단점을 보완해서 프로그래밍 초보자에게 가장 최적화된 파이썬 언어를 사용하여 프로그래밍 실력을 향상시키도록 했습니다. 파이썬 언어를 사용하다 보면 코딩이 어떤 것인지 이해할 수 있을 것이며, 나아가 책을 진행해 갈수록 프로그래밍에 자신감을 얻을 수 있을 것입니다.

❸ 현실 세계에서 사용되는 내용으로 접근할 수 있도록 구현했습니다.

각 장의 예제들은 기본적이지만 실제로 사용되고 있는 내용으로 구성함으로써, 자연스럽게 코딩의 개념과 용도를 이해할 수 있도록 구성했습니다. 본문에서도 주로 실제로 사용되는 내용으로 각종 설명 및 예제를 구성하여 자연스럽게 파이썬 프로그래밍에 익숙해지도록 구성했습니다.

❹ 다양한 실전 예제를 담았습니다.

각 장의 중간중간에 [LAB]을 통해서 실제 코딩을 어떻게 적용하는지 단계별로 이해할 수 있도록 수록했습니다. 또한 각 장의 마지막 부분에 [실전 예제]를 수록하였습니다. 이 [실전 예제]의 코드를 이해하면 현실에서 사용되는 코딩의 내용도 충분히 작성할 수 있습니다.

❺ 배운 내용을 테스트할 수 있는 연습문제가 있습니다.

연습문제는 배운 내용의 전반적인 이해를 돕도록 단답형 및 객관식으로 구성하여, 스스로 문제를 해결하도록 유도했습니다. 또한 연습문제마다 코딩을 위한 문제도 수록했습니다. 특히 마지막 심화문제를 통해 코딩을 더욱 깊이 알 수 있는 도전의 기회로 삼기를 바랍니다.

끝으로 책을 출간하기까지 많은 지원을 해주신 전태호 대표님을 비롯한 한빛아카데미(주) 임직원 분들께 감사의 말씀을 전합니다. 특히 책을 기획하고 방향을 설정한 김성무 과장님과 책의 완성도를 위해서 많은 노력을 해주신 김예원 씨에게 감사를 전합니다.

저자 우재남, 최민아

『난생처음 파이썬 프로그래밍』 8단계 길잡이

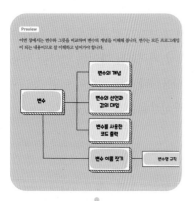

하나 더 알기 ✓ 인덱스 오류

리스트를 사용할 때 가장 많이 실수하는 것이 리스트 첨자의 범위를 넘어선 것을 줄
오류를 인덱스 오류(IndexError)라고 부릅니다. 다음 코드를 실행해 봅시다.

```
>>> numList = [10, 20, 30]
>>> print(numList[3])
Traceback (most recent call last):
    File "<pyshell#13>", line 1, in <module>
        print(numList[3])
IndexError: list index out of range
```

오류가 발생했습니다. 오류 메시지의 제일 마지막 행을 보면 IndexError와 out
라는 용어를 볼 수 있습니다. 이는 범위를 벗어났다는 것을 의미합니다. numList[
의 값이 들어있으며 그 첨자는 0~2입니다. 그런데 존재하지 않는 numList[3]을
시도했기 때문에 out of range 오류가 발생한 것입니다.
자주 실수하는 이유는 numList가 3개이므로 numList[3]이 있을 것이라 착각하
문입니다. numList를 3개 설정했다면 numList[0], numList[1], numList[2]
는 것을 주의하여 기억해야 합니다.

코드

파이썬을 실습하면서 기본 개념을 이해하고 문제 해결력을 기를 수 있습니다. 파이썬 IDLE과 코드 편집기를 사용해 실습합니다.

말풍선

지나치기 쉬운 내용이나 꼭 기억해 두어야 할 내용을 짚어 줍니다.

1

PREVIEW

해당 장에서 배울 내용을 간략하게 정리하며, 로드맵을 함께 제시하여 주요 개념을 큰 맥락에서 볼 수 있도록 도와줍니다.

2

3

하나 더 알기

본문과 관련된 도움말이나 참고로 알아두면 좋은 내용을 담고 있습니다.

4

```
>>> num = 5 ** 3
>>> print(num)
125
```

나머지 연산자와 몫 연산자를 이용해서 입력된 숫자의 나머지와 몫을 계산하는 간단
해 보겠습니다.

코드 3-1

```
01  num1 = int(input("나눠지는 수 ==> "))
02  num2 = int(input("나누는 수 ==> "))
03
04  q = num1 // num2
05  r = num1 % num2
06
07  print(num1, '을(를)', num2, '(으)로 나눈 몫은 ', q, '입니다.')
08  print(num1, '을(를)', num2, '(으)로 나눈 나머지는 ', r, '입니다.')
```

```
나눠지는 수 ==> 25 ──── 사용자 입력
나누는 수 ==> 10
25 을(를) 10 (으)로 나눈 몫은 2 입니다.
25 을(를) 10 (으)로 나눈 나머지는 5 입니다.
```

(False)이 됩니다. 비교 연산자를 단독으로 사용하는 경우는 거의 없으며, 조건문이나 반복
에 사용합니다. 실제 조건문 코드는 5장에서 알아보고, 지금은 비
교 연산자가 어떻게 작동하는지 살펴보겠습니다. 비교 연산자의
결과는 Yes 또는 No 를 의미하는 True와 No 또는 거짓을 의미하
는 False로 표시합니다.

> 비교 연산자를 관계 연산
> 라고도 부릅니다.

먼저 기본적인 비교 연산자를 살펴보죠. '100과 200 중 어떤 것이 크다 또는 작다'라는 문장
(True) 또는 거짓(False)으로 구분해 보겠습니다.

```
100 < 200  ──○── 참(True)
           ──✗── 거짓(False)

100 > 200  ──✗── 참(True)
           ──○── 거짓(False)
```

(a) 100은 200 보다 작다: 참(True)   (b) 100은 200 보다 크다: 거짓(False)

그림 3-6 비교 연산자의 기본 개념

[그림 3-8](a)를 보면 100이 200 보다 작기 때문에 결과는 참을 의미하는 True가 됩니다. 반
는 100이 200 보다 크지 않으므로 결과가 거짓을 의미하는 False가 된 것입니다.

> (a)는 100이 200보다 작다라고 읽습니다. 앞에 나온 것을 먼저 기준으로 얘기하기 때문에 200
> 100보다 크다라고 읽지는 않습니다.

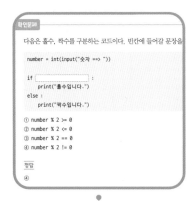

LAB

실생활에서 접할 수 있는 흥미로운 문제를 해결하며 본문의 내용을 자신의 것으로 만들 수 있습니다.

연습문제

해당 장에서 배운 핵심 개념과 문법을 확인하고, 코드를 분석하는 문제를 통해 자신의 실력을 테스트할 수 있습니다.

5　　　**6**　　　**7**　　　**8**

확인문제

하나의 주제가 끝날 때마다 간단한 문제를 통해 확인학습이 가능합니다.

실전 예제

하나의 장이 끝날 때마다 실제로 접할 수 있는 다양한 예제를 터틀 프로그래밍을 통해 해결해봅니다.

Go!

01 파이썬 기초 프로그래밍(1~6장)

프로그래밍과 파이썬의 개념을 이해하고 기초 문법과 이론을 익힙니다.

- 파이썬 비긴즈
- 변수
- 연산자
- 데이터형과 문자열
- 조건문
- 반복문

▼

02 파이썬 고급 프로그래밍(7~10장)

파이썬 프로그래밍의 고급 문법을 학습하여 좀 더 일상생활과 밀접한 문제를 해결할 수 있습니다.

- 리스트, 튜플, 딕셔너리
- 함수를 이용한 고급 프로그래밍
- 파일 읽기와 쓰기
- 객체 지향 프로그래밍

▼

실생활 예제와 쉬운 설명으로
문제 해결 능력을 키워보아요!

Goal!

03 파이썬 실전 프로그래밍(11~13장)

파이썬의 가장 큰 장점인 외부 라이브러리를 활용해 실전 감각을 높입니다.

- 다양한 외부 라이브러리 : Pillow, Pygame
- Tkinter와 GUI 프로그래밍
- 프로젝트 : 포토 에디터

이 책의 사용 설명서

- **실습 자료**

  실습에 필요한 자료는 아래 주소에서 내려받을 수 있습니다.

  http://www.hanbit.co.kr/src/4552

- **실습 환경**

  이 책의 실습 환경은 다음과 같습니다. 학습을 시작하기 전에 실습 도구인 파이썬을 꼭 설치하세요.
  - **운영체제** Windows 10 및 11(Windows 7 이후라면 모두 사용 가능)
  - **실습도구** Python 3.9(Python 3.7 이후라면 모두 사용 가능)

- **동영상 강의 안내**

  저자가 직접 [LAB]과 [실전 예제]의 문제를 풀이한 강의를 한빛아카데미 유튜브(Youtube)에서 확인할 수 있습니다. 다음 링크로 들어가거나, 유튜브 검색창에서 "한빛아카데미"를 입력해주세요.

  https://www.youtube.com/한빛아카데미TV

- **강의 보조 자료**

  한빛아카데미 홈페이지에서 '교수회원'으로 가입하신 분은 인증 후 교수용 강의 보조 자료를 제공받을 수 있습니다. 한빛아카데미 홈페이지 상단의 〈교수전용공간〉 메뉴를 클릭하세요.

  http://www.hanbit.co.kr/academy

- **연습문제 해답 안내**

  이 책은 대학 강의용 교재로 개발되었으므로 연습문제 해답을 제공하지 않습니다.

목차

CHAPTER 04　데이터형과 문자열

CHAPTER 05　조건문

CHAPTER 08　함수를 이용한 고급 프로그래밍

CHAPTER 09　파일 읽기와 쓰기

CHAPTER **12**　**Tkinter와 GUI 프로그래밍**

CHAPTER **13**　**프로젝트: 포토 에디터**

CHAPTER 01

파이썬 비긴즈

학습목표

- 프로그래밍 언어에 대해 이해합니다.
- 파이썬 언어의 개념과 특징을 이해합니다.
- 파이썬을 설치하고 IDLE 활용법을 실습합니다.
- 파이썬으로 프로그램을 작성하는 방법을 학습합니다.

Preview

파이썬은 컴퓨터에서 작동하는 다양한 프로그램을 작성하는 프로그래밍 언어입니다. 파이썬을 배우면 계산기, 메모장과 같은 간단한 프로그램부터 게임, 포토샵, 엑셀과 같은 복잡한 프로그램까지 만들 수 있습니다.

이번 장에서는 처음으로 프로그래밍을 하는 독자를 위하여 프로그래밍의 개념과 프로그래머가 하는 역할을 설명한 후, 파이썬에 대한 역사와 특징을 파악해 봅니다. 그리고 파이썬을 설치하여 프로그램을 작성할 수 있는 환경을 준비하겠습니다.

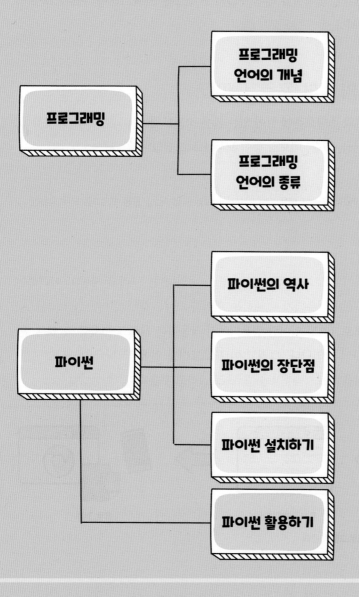

프로그래밍 언어란?

파이썬은 최근 인공지능 개발에 적합한 언어로 인정을 받으며, 인공지능의 인기와 더불어 더욱 인기가 올라간 프로그래밍 언어입니다. 파이썬을 배우기 앞서 프로그램, 프로그래밍, 프로그래밍 언어가 무엇인지 배우고 구분해 봅시다.

1 프로그램, 프로그래밍 언어, 프로그래머

프로그램(Program)이란 컴퓨터와 스마트폰에 들어 있는 많은 소프트웨어를 말합니다. 즉 유튜브, 메시지, 전화, 카카오톡, 엑셀, 한글, 크롬, 메모장 등이 모두 프로그램입니다.

> 프로그램, 소프트웨어(Software), 애플리케이션(Application), 앱(App), 응용 프로그램 모두 동일한 용어입니다.

이러한 프로그램을 만드는 작업이 프로그래밍(Programming)입니다. 그리고 사람이 이해하는 말을 언어(Language)라고 부르듯이 컴퓨터가 이해하는 언어를 프로그래밍 언어(Programming Language)라고 부릅니다. 즉 프로그래밍 언어란 컴퓨터에서 작동하는 프로그램(유튜브, 엑셀, 한글, 크롬 등)을 만들기 위한 도구인 것입니다. 그리고 이 프로그래밍 언어를 사용하여 소프트웨어나 앱을 만드는 직업을 가진 사람을 프로그래머(Programmer)라고 부릅니다.

프로그래머   프로그래밍 언어   프로그램

그림 1-1 **프로그래머, 프로그래밍 언어, 프로그램의 관계**

다음 보기 중에서 빈칸에 들어갈 단어를 골라 채우시오.

[보기]

프로그래머, 프로그래밍, 프로그래밍 언어, 프로그램

엑셀, 크롬 등을 [   ](이)라고 부르며, 이것을 만드는 언어를 [   ], 이 언어를 사용하는
사람을 [   ](이)라고 부른다.

정답

프로그램, 프로그래밍 언어, 프로그래머

2 프로그래밍 언어의 종류

프로그래밍 언어는 프로그램을 만드는 컴퓨터 언어입니다. 그렇다면 이러한 프로그래밍 언어의 종
류가 한 가지뿐일까요? 음악을 연주하는 악기의 종류가 다양하듯이 프로그래밍 언어의 종류도 상
당히 많습니다. 프로그래밍 언어 중에서도 인기가 많고, 우리나라에서도 널리 사용되는 것으로 C,
C++, Java, C#, 파이썬 등이 있습니다. 만약 인기가 없는 프로그래밍 언어까지 따지면 수백 가지
는 될 것입니다.

악기

프로그래밍 언어

그림 1-2 **악기와 프로그래밍 언어 비교**

피아노를 연주하는 사람을 피아니스트, 드럼을 치는 사람을 드러머라고 부르듯이, C를 사용하는
프로그래머를 C 프로그래머, 파이썬을 사용하면 파이썬 프로그래머라고 부르기도 합니다. 또한 음
악에도 피아노, 기타, 바이올린 등 여러 악기를 연주할 수 있는 연주가가 있듯이, 프로그래머도 C,
Java, 파이썬 등 여러 프로그래밍 언어를 다루는 프로그래머도 많이 있습니다.

3 프로그래밍 언어의 분류

프로그래밍 언어는 크게 컴파일러(Compiler) 언어와 스크립트(Script) 언어로 나눌 수 있습니다.

- **컴파일러 언어:** 소스 코드를 실행 가능한 기계어로 일괄 번역한 후에, 번역이 완료된 파일(*.exe, *.class 등)을 실행하는 언어를 의미합니다. 소스 코드를 기계어로 번역하는 과정을 컴파일 (Compile)이라고 부르며, 이 작업을 하는 프로그램을 컴파일러라고 부릅니다. 대표적인 컴파일러 언어로는 C, C++, Java, C# 등이 있습니다.

- **스크립트 언어:** 소스 코드를 한 줄씩 읽어서 실행하는 언어입니다. 그래서 스크립트 언어는 별도의 실행파일이 생성되지 않습니다. 대표적인 스크립트 언어에는 파이썬, 자바스크립트 (JavaScript), 펄(Perl) 등이 있습니다.

> 스크립트 언어와 인터프리터(Interpreter) 언어는 같은 용어입니다. 어떤 용어를 사용해도 관계 없지만 요즘은 인터프리터보다는 스크립트라는 용어를 더 많이 사용합니다.

일반적으로 컴파일러 언어는 한번에 기계어로 번역하여 목적 프로그램으로 만들어 두기 때문에 실행하는 속도가 스크립트 언어보다 훨씬 빠릅니다. 또한 컴파일러 언어를 배우기 위해서는 일반적으로 시간이 오래 걸리지만, 스크립트 언어는 좀 더 빠른 시간 안에 배울 수 있다는 장점이 있습니다.

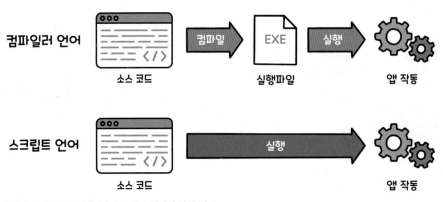

그림 1-3 **컴파일러 언어와 스크립트 언어의 작동 비교**

확인문제

다음 빈칸에 들어갈 단어를 채우시오.

소스 코드를 기계어로 번역하는 언어를 [   ] 언어라고 부르고, 소스 코드가 한 줄씩 실행되는 언어를 [   ] 언어라고 부른다.

정답

컴파일러, 스크립트 (또는 인터프리터)

하나 더 알기 ∨ **프로그래밍 언어의 점유율**

프로그래밍 언어에 다양한 종류가 있다보니 예전부터 프로그래밍 언어의 점유율 순위는 변동되어 왔습니다. 2020년 말을 기준으로 가장 인기가 높은 프로그래밍 언어는 C 언어이고 그 뒤를 파이썬이 바짝 뒤따르고 있습니다. 특히 파이썬은 비교적 최근에 그 인기가 급상승한 언어입니다.

프로그래밍 언어의 인기도를 조사하는 업체인 티오베(Tiobe)에서 제공한 순위는 다음과 같습니다.

순위	프로그래밍 언어	점유율
1	C	16.21%
2	Python	12.12%
3	Java	11.68%
4	C++	7.60%
5	C#	4.67%
6	Visual Basic	4.01%
7	JavaScript	2.03%
8	PHP	1.79%
9	R	1.64%
10	SQL	1.54%

그림 1-4 **2020년 말 프로그래밍 언어의 점유율 (출처: 티오베)**

파이썬이란?

이 책에서 배울 프로그래밍 언어는 많은 프로그래밍 언어 중에서도 파이썬(Python)입니다. 파이썬은 최근 들어 인기가 하늘을 찌를 정도로 높은 언어입니다. 특히 인공지능과 가장 잘 어울리는 언어로 인정받으면서 점점 더 많은 관심을 받고 있습니다.

1 파이썬의 탄생

파이썬은 귀도 반 로섬(Guido van Rossum)이라는 프로그래머가 만든 언어로, 1991년도에 공식적으로 발표했습니다. 파이썬(Python)의 사전적인 의미는 비단뱀으로, 파이썬의 로고를 보면 파란색과 노란색 비단뱀 두 마리가 서로 얽혀 있습니다.

(a) 파이썬의 로고   (b) 파이썬의 창시자 귀도 반 로섬

그림 1-5 **파이썬의 공식 로고와 창시자**

파이썬은 사전적인 의미와 별개로 귀도 반 로섬이 어릴 때 좋아하던 TV 프로그램인 《몬티 파이썬의 날아다니는 서커스(Monty Python's Flying Circus)》의 이름에서 따왔다고 합니다.

파이썬은 많은 분야에서 다양하고 강력하게 활용됩니다. IT 분야뿐만 아니라 금융, 경영, 제조, 생물, 화학, 기계, 전자 등 대부분의 산업 분야에서 활용되고 있습니다. 또한 구글, 야후, 나사

(NASA), 드롭박스 등 다양한 기업과 관공서에서 활용할 정도로 자리를 잡았습니다.

파이썬은 다른 프로그래밍 언어보다 배우기 쉽고, 결과를 바로 확인할 수 있어서 프로그램을 처음 배우는 사람에게는 아주 좋은 선택지로 평가받습니다.

하나 더 알기 √ **파이썬의 다양한 분류**

귀도 반 로섬이 만든 파이썬은 C로 만들어져서 CPython으로도 부릅니다. 일반적으로 사용하는 파이썬은 CPython을 말합니다. 그 외에 다양한 개발자 또는 프로젝트에서 파이썬의 분기된 언어를 제작했습니다. 대표적으로 Java로 구현된 Jython, C#으로 구현된 IronPython, CPython으로 작성한 PyPy, CPython의 C 스택 문제를 없앤 Stackless Python, CPython에 강력한 추가 기능을 제공하는 IPython, 웹 브라우저에서 실행되는 Brython 등이 있습니다.

2 파이썬의 특징

파이썬에는 다양한 장점과 단점이 있습니다.

파이썬의 장점

파이썬은 배우기 쉽다는 점 외에도 여러 가지 장점이 있습니다. 파이썬의 장점은 무료 오픈 소스와 강력한 기능 제공, 사용의 용이성, 다양하고 강력한 외부 라이브러리 제공, 강력한 웹 개발 환경 제공 등이 있습니다.

■ 무료 오픈 소스와 강력한 기능 제공

파이썬은 오픈 소스(Open Source)이며, 비용 지불 없이 무료로 사용할 수 있습니다. 또한 추가적으로 제공되는 다양한 외부 라이브러리 역시 대부분 무료로 제공됩니다.

외부 라이브러리(Library)란 파이썬에서 제공하지 않는 기능을 다른 개발자가 만들어 제공하는 추가 기능을 뜻합니다. 예를 들어 기본 자동차가 파이썬이라면 자동차 지붕 위에 차량용 텐트를 추가로 설치하는 것을 외부 라이브러리로 보면 됩니다.

■ 사용의 용이성

파이썬은 사람의 직관에 가까운 코드를 사용함으로써 C, C++, Java, C# 등의 다른 언어보다 읽기 쉽게 작성할 수 있습니다. 그 결과 다른 언어보다도 프로그램 코딩을 빠르게 할 수 있어서 비용이 절감되는 효과를 갖습니다.

■ 다양하고 강력한 외부 라이브러리 제공

기존 파이썬 자체에서 제공하는 라이브러리뿐만 아니라, 외부에서 제공하는 다양한 라이브러리를 사용할 수 있습니다. 외부 라이브러리를 설치하면 각 라이브러리의 강력한 기능을 파이썬에서 사용할 수 있기 때문에 큰 장점이 됩니다. 예를 들어 구글에서 인공지능 기능을 제공하는 텐서플로(Tensorflow), 영상처리 및 머신러닝 기능을 제공하는 OpenCV, 웹 크롤링이 가능한 스크래피(Scrapy), 통계나 선형대수를 사용할 수 있는 넘파이(Numpy) 등 많은 라이브러리가 무료로 제공됩니다.

■ 강력한 웹 개발 환경 제공

웹 개발 환경에서 파이썬의 웹 개발용 라이브러리를 사용함으로써, 강력하고 빠른 웹 환경을 구축할 수 있습니다. 대표적으로 장고(Django), 플라스크(Flask) 등이 있으며, 장고 및 플라스크를 사용하는 대표적인 웹 사이트로 인스타그램이 있습니다.

파이썬의 단점

물론 파이썬이 장점만 있는 것은 아닙니다. 파이썬의 가장 큰 단점은 다른 언어에 비해 실행 속도가 느리다는 것입니다. 파이썬은 컴파일러 언어가 아닌 스크립트 언어이기 때문에 태생적으로 컴파일러 언어보다 느릴 수밖에 없습니다. 하지만 최근 컴퓨터의 기능이 많이 좋아지고 느린 실행 속도를 보완하기 위해서 많은 파이썬 패키지가 최적화되면서 단점을 극복하고 있습니다. 또 다른 단점으로는 아직까지는 모바일 컴퓨팅 분야에 지원이 약하며, 하드웨어 제어 등과 관련된 부분도 사용하기가 쉽지 않다는 점을 꼽을 수 있습니다.

확인문제

다음 빈칸에 들어갈 단어를 채우시오.

파이썬의 장점으로는 다양하고 강력한 [   ](을)를 꼽을 수 있다. 파이썬의 단점으로는 컴파일러 언어가 아닌 [   ] 언어이기에 실행 속도가 느리다는 것이다.

정답

외부 라이브러리, 스크립트(또는 인터프리터)

다음 절부터 사용할 파이썬의 실행 화면을 미리 살펴봅시다.

```
IDLE Shell 3.9.2                                                    —    □    ×
File  Edit  Shell  Debug  Options  Window  Help
Python 3.9.2 (tags/v3.9.2:1a79785, Feb 19 2021, 13:44:55) [MSC v.1928 64 bit (AMD64)] on win32
Type "help", "copyright", "credits" or "license()" for more information.
>>> print ("안녕! 파이썬~")
안녕! 파이썬~
>>> |
                                                               Ln: 5  Col: 4
```

그림 1-6 **파이썬의 실행 화면**

파이썬의 메뉴나 메시지 등은 모두 영문으로 제공되며 별도의 한글판 파이썬이 있지는 않습니다. 하지만, 공부를 진행하다 보면 한글의 입력이나 출력은 별 문제없이 이루어지기 때문에, 메뉴 등이 굳이 한글일 필요성을 느끼지는 못할 것입니다. 위 화면의 3번째 줄 print("안녕! 파이썬~")은 우리가 키보드로 직접 입력할 글자입니다. 그리고 Enter 를 누르면 그 아래에 '안녕! 파이썬~' 글자가 출력되는 것입니다.

print라는 단어는 화면에 뭔가를 출력하라는 의미입니다. 그래서 print()에서 괄호 안에 들어 있는 것을 화면에 출력해 준 것입니다. 파이썬을 사용하는 가장 기본적인 방식입니다. 앞으로 이 책에서는 print() 한 줄이 아니라, 계속 발전시켜서 수십/수백 줄의 프로그램을 만들 것입니다.

파이썬 설치하고 실행하기

파이썬은 아무런 제한 없이 무료로 다운로드 받아 설치할 수 있습니다. 파이썬은 윈도우(Windows), 맥(Mac), 리눅스(Linux) 운영체제에서 모두 설치 가능합니다. 이 책에서는 윈도우10 환경을 기본으로 파이썬 설치를 진행합니다.

1 파이썬 설치

이제 컴퓨터를 한 대 준비하고, 파이썬을 설치하고 실습해 봅시다.

01 먼저 사용하는 컴퓨터의 운영체제 및 64bit/32bit를 확인합니다. 윈도우의 [시작]에서 마우스 오른쪽 버튼을 클릭하고 [시스템]-[시스템 종류]를 확인하면 현재 윈도우의 종류 및 64bit/32bit를 확인할 수 있습니다. 이 책에서는 윈도우10, 64bit 운영체제를 기본으로 합니다.

> 윈도우10이나 윈도우11이 아닌 윈도우7/8 운영체제도 동일하게 실습할 수 있습니다. 32bit인지 64bit인지에 맞춰서 파이썬 프로그램을 다운로드하면 됩니다.

그림 1-7 **윈도우 버전 및 64bit/32bit 확인**

02 파이썬을 내려 받기 전에 먼저 윈도우의 확장명이 보이도록 설정하겠습니다. 확장명이 보이지 않으면, 사용할 파일이 어떤 파일인지 구분하기가 어렵기 때문입니다. ⌈Windows⌉+⌈E⌉를 눌러 파일 탐색기를 실행하고, 메뉴의 [보기] 탭의 '파일 확장명'에 체크하면 파일의 확장명이 나타납니다.

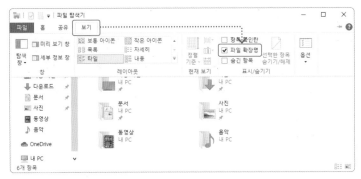

그림 1-8 **파일 확장명 보이기**

 윈도우7에서 설정할 경우 파일 탐색기의 메뉴 중에서 [구성]-[폴더 및 검색 옵션]을 선택합니다. [폴더 옵션] 창이 나오면 [보기] 탭을 클릭하고 아래로 약간 스크롤하여 '알려진 파일 형식의 파일 확장명 숨기기' 체크를 끄고 〈확인〉을 클릭합니다.

03 파이썬을 다운로드하기 위해 웹 브라우저를 실행하고 파이썬 홈페이지(https://www.python. org)에 접속합니다. [Downloads]-[Python 3.9.x]를 클릭하여 설치 파일인 'python-3.9.x-amd64.exe' 파일을 저장합니다.

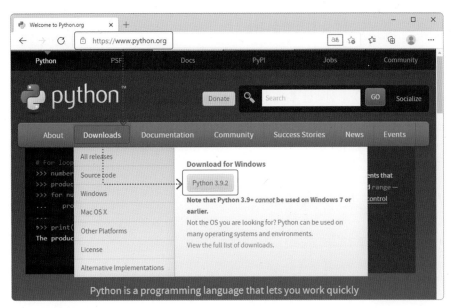

그림 1-9 **파이썬 다운로드 화면**

04 다운로드가 완료되고 [다운로드] 폴더를 확인하면 저장된 파이썬 설치 파일을 확인할 수 있습니다.

다운로드한 파일은 보통 'C:\Users\사용자이름\Downloads\' 폴더에 저장됩니다.

그림 1-10 **파이썬 설치 파일 확인**

이로써 파이썬 다운로드를 성공적으로 완료했습니다.

05 다운로드한 파일을 더블클릭하여 실행합니다. 파이썬 설치가 바로 시작됩니다. 먼저 제일 아래의 〈Add Python 3.9 to PATH〉를 선택한 후에, [Install Now]를 클릭해서 설치를 시작합니다.

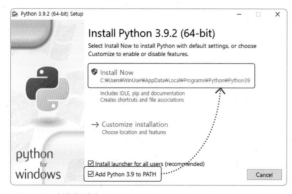

그림 1-11 **파이썬 설치 1**

06 잠시 설치가 진행됩니다. 몇 분 정도 시간이 필요합니다.

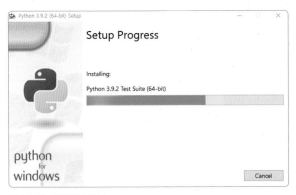

그림 1-12 **파이썬 설치 2**

07 설치가 완료되었다면 〈Close〉를 클릭하여 창을 닫습니다.

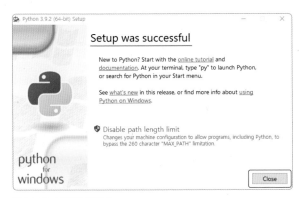

그림 1-13 **파이썬 설치 3**

설치가 너무 쉬워서 좀 허무할 수 있지만, 성공적으로 완료하였습니다. 위 그림과 동일하게 되었다면 이제부터 여러분은 파이썬을 본격적으로 공부할 준비가 된 것입니다.

② 파이썬 실행

설치를 완료했으므로 파이썬 프로그램을 코딩할 준비가 되었습니다. 우선은 간단히 'Hello, world!'라는 글자를 출력하는 프로그램을 작성해 봅시다.

우선 파이썬의 개발 환경인 IDLE에서 'Hello, world!'를 출력하는 프로그램을 작성하고 실행해 볼 것입니다. 윈도우의 〈시작〉 버튼을 클릭하고 [모든 프로그램]-[Python 3.9]-[IDLE (Python 3.9 64-bit)]를 선택하여 파이썬을 실행합니다.

그림 1-14 **파이썬 IDLE 실행**

파이썬 IDLE이 시작됩니다. 위쪽에는 파이썬의 버전 등의 정보가 두세 줄 출력되고 프롬프트 (Prompt)의 >>> 옆에 커서가 깜박입니다. 이 화면은 한번에 하나의 명령이 실행되고 실행 결과가 바로 나타나는 파이썬 셸(Python shell)로, 대화형 모드에 해당합니다.

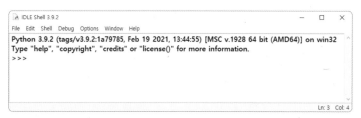

그림 1-15 **파이썬 IDLE 실행 화면**

이제부터는 깜박이는 커서에 파이썬 코드를 입력할 수 있습니다. 이제 다음 코드를 입력해 보세요. 글자가 틀리지 않았는지 확인한 후 Enter 를 누릅니다.

```
>>> print("Hello, world!")
```

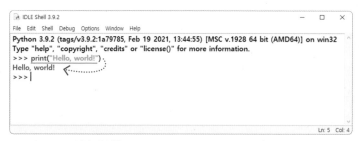

그림 1-16 **코드 입력 및 실행**

파이썬 셀 창에 Hello world!가 출력됐다면 여러분의 첫 번째 파이썬 프로그램이 잘 작동하고 결과도 문제없이 나온 것입니다. 지금 코딩한 내용은 print() 안에 입력한 글자를 화면에 출력하라는 의미입니다. 지금은 영문인 Hello, world!를 출력했지만, 필요하다면 한글도 문제없이 잘 출력됩니다.

파이썬 셀 모드를 종료하기 위해서는 IDLE 창 오른쪽 위의 ☒를 클릭하거나, 메뉴의 [File]–[Exit]을 선택하면 됩니다.

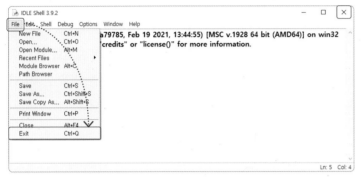

그림 1-17 **IDLE 종료**

하나 더 알기 ∨ **Hello world 프로그램**

Hello world라는 이름의 프로그램은 대부분의 프로그래밍 언어 서적에서 가장 처음 만들어보는 기본 예제로 사용됩니다. 다음은 C 언어 및 Java 언어로 작성된 Hello world 프로그램입니다. 모두 다 화면에 'Hello, world!'를 출력해 줍니다.

C 언어	Java 언어

```#include <stdio.h>```
```int main()```
```{```
```   printf("Hello, world!\n");```
```   return 0;```
```}```
	```public class HelloWorldApp {```
	``` public static void main(String[] args) {```
	``` System.out.println("Hello, world!");```
	``` }```
	```}```

참고로 Hello world 프로그램은 브라이언 커니핸과 데니스 리치의 『The C Programming Language (1978)』에서 처음 사용된 것으로 알려져 있습니다.

파이썬 IDLE 활용하기

IDLE(아이들)은 Integrated Development and Learning Environment의 약자로 파이썬의 통합 개발 환경이라 볼 수 있습니다. 예를 들어 파이썬이 자동차라면 IDLE은 자동차 도로와 같은 역할을 합니다. 즉 IDLE이라는 개발 환경에서 파이썬 프로그램을 작성하고 실행하는 것을 반복합니다. 이제 여러분은 자동차 운전(파이썬 프로그래밍)의 전문가가 되는 것만 남았습니다.

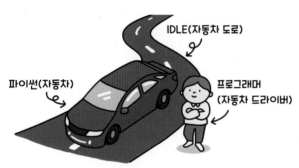

IDLE은 '아이들'이라 읽지만 쓸 때는 주로 영문 그대로 IDLE이라 표기합니다.

그림 1-18 **파이썬과 IDLE 관계**

1 파이썬 셸 활용

이번에는 IDLE의 셸 모드에서 간단한 계산식을 다뤄봅시다. 다시 윈도우의 [시작]에서 [모든 프로그램]-[Python 3.9]-[IDLE (Python 3.9 64-bit)]를 선택해서 IDLE을 실행합니다. 다음의 계산식을 입력하고 Enter 를 눌러봅시다.

```
>>> print(100 + 200)
```

```
IDLE Shell 3.9.2                                    –   □   ×
File  Edit  Shell  Debug  Options  Window  Help
>>> print(100 + 200)
300
>>>
                                                    Ln: 23  Col: 4
```

그림 1-19 **계산식 코드 실행**

파이썬이 계산도 잘 해주는 것을 확인할 수 있습니다. 이번에는 1234 * 4321 / 5678을 계산해 봅시다. 암산으로는 어렵지만, 아무리 복잡한 수식도 파이썬에게는 무척 쉬운 일입니다. 계산식을 입력해서 결과를 확인해 봅시다.

```
>>> print(1234 * 4321 / 5678)
```

그림 1-20 **복잡한 계산식 코드 실행**

파이썬 셸의 문법 오류와 문자열 출력

지금까지는 파이썬 셸에 간단한 내용만 입력해서 별도의 오류가 발생하지 않았을 것입니다. 하지만 파이썬이 인정하지 않는 코드를 입력하면 오류가 발생합니다. 예를 들어 다음의 코드를 입력하면 오류가 발생할 것입니다.

```
>>> printf("난생처음 파이썬")
```

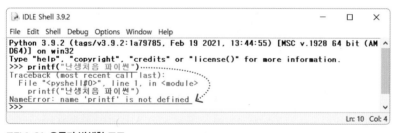

그림 1-21 **오류가 발생한 코드**

오류가 발생하면 무서운 빨간색 글자들이 나옵니다. 하지만 걱정하지 않아도 됩니다. 대개는 제일 아래 부분에 무엇이 틀렸는지 알려주기 때문입니다.

이번 오류는 파이썬에서 printf라는 글자를 몰라서 발생한 것이었습니다. printf를 print로 다시 수정하고 실행하면 결과가 잘 실행될 것입니다.

이번에는 다음 코드를 입력해 봅시다. 문법상 문제는 없어서 오류 없이 실행은 되지만 우리가 예상한 결과인 300이 결과가 아닙니다.

```
>>> print("100+200")
```

그림 1-22 **오류는 아니지만 원하지 않은 결과가 나온 코드**

글자가 이어진 것을 컴퓨터에서는 문자열(String)이라 부릅니다. 문자열은 큰따옴표(" ") 또는 작은따옴표(' ')로 묶어줘야 합니다. 하지만 숫자는 따옴표로 묶으면 안 됩니다. 숫자 그대로 사용해야 파이썬이 숫자로 이해하기 때문입니다. "100 + 200"과 같이 숫자나 계산식을 큰따옴표나 작은따옴표로 묶으면 파이썬은 이를 문자열로 인식하여 계산하지 않고 문자열 그대로 100 + 200을 출력합니다.

2 스크립트 모드 활용

앞에서 IDLE을 실행했을 때 나온 파이썬 셸은 한 줄을 입력하고 바로바로 결과를 보여주는 형태로, 대화형 모드라고 부릅니다. 대화형 모드는 한 줄씩 빠른 결과를 보기에는 편리하지만, 수백 줄 이상의 긴 코드를 입력하는 프로그램을 작성할 때는 알맞지 않습니다. 그래서 파이썬은 여러 줄의 코드를 한번에 입력한 후에 실행하는 방법을 제공하는데, 이를 스크립트 모드라고 부릅니다.

파이썬의 스크립트 모드를 활용하여 프로그램을 만들어 봅시다.

실습 폴더 생성

우선 파일 탐색기에서 C 드라이브 바로 아래에 앞으로 만들 예제 코드를 저장할 폴더를 생성합니다. 이 책에서는 폴더의 이름은 [FirstPython]으로 지정했습니다. 어떤 이름이든 상관없지만 한글이나 띄어쓰기는 사용하면 안 됩니다.

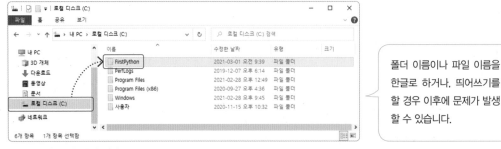

> 폴더 이름이나 파일 이름을 한글로 하거나, 띄어쓰기를 할 경우 이후에 문제가 발생할 수 있습니다.

그림 1-23 **실습용 폴더 생성 1**

파이썬 파일(*.py)로 저장

만약 IDLE이 닫혀 있다면 다시 실행하고 메뉴의 [File]-[New File]을 선택하면 메모장과 비슷한 빈 창이 나올 것입니다. 스크립트 모드에서는 이곳에 파이썬 코드를 입력합니다.

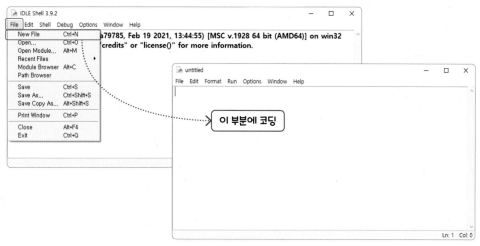

그림 1-24 **스크립트 모드 화면**

파이썬 셸에서는 한 줄을 입력하고 [Enter]를 누를 때마다 한 줄씩 실행되었지만, 스크립트 모드에서는 메모장처럼 코딩만 해놓는 것일 뿐 실행되지는 않습니다. 다음 코드를 입력해 봅시다.

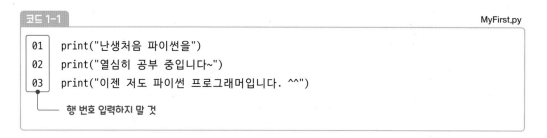

```
01  print("난생처음 파이썬을")
02  print("열심히 공부 중입니다~")
03  print("이젠 저도 파이썬 프로그래머입니다. ^^")
```
행 번호 입력하지 말 것

코드 1-1   MyFirst.py

스크립트 모드의 상단에 'untitled'라고 쓰여 있을 것입니다. 코드를 입력했을 뿐 아직 파일로 저장하지 않았기 때문에 그렇습니다. 스크립트 모드의 메뉴 중 [File]-[Save]를 선택합니다. 폴더는 조금 전에 만든 C:\FirstPython을 선택하고, 저장할 파일의 이름은 'MyFirst'로 입력합니다. 〈저장〉을 클릭하면 스크립트 모드 상단에 파일 이름이 표시됩니다.

*.py 확장명은 python의 약자입니다.

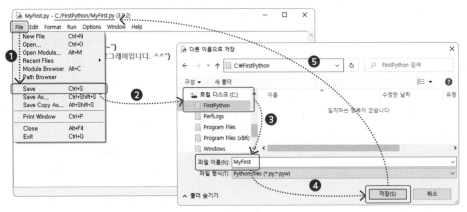

그림 1-25 **파이썬 코드를 파일로 저장**

처음으로 완전한 파이썬 프로그램 파일을 작성했습니다. 파일명은 MyFirst.py입니다.

파이썬 파일(*.py)을 실행

스크립트 모드의 메뉴 중 [Run]-[Run Module]을 선택하거나, F5 를 눌러서 코드를 실행해 봅시다. 입력한 코드들이 IDLE Shell 창에서 한꺼번에 실행됩니다. 앞으로 긴 코드의 예제는 이와 같이 *.py로 저장한 후에 한번에 실행해서 결과를 확인할 것입니다.

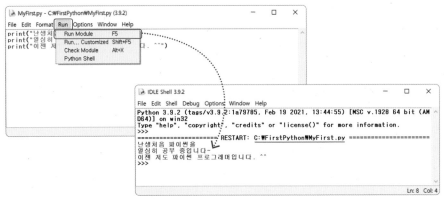

그림 1-26 **파이썬 코드를 일괄적으로 실행**

만약 저장하지 않고 실행한 후 저장하겠냐고 묻는 창이 나온다면 〈확인〉을 클릭해서 저장한 후에 실행하면 됩니다. 만약 IDLE Shell 창이 닫혀 있어도 자동으로 IDEL Shell 창이 나오고 실행 결과가 출력됩니다.

실행 결과는 IDLE Shell 창에 출력됩니다. MyFirst.py 파일의 print( )문이 모두 실행되어 나왔습니다. 프로그램 작성과 실행을 모두 마치면 IDLE Shell 창과 스크립트 모드의 창 오른쪽 ⊠버튼을 눌러 모든 창을 닫습니다.

기존 파이썬 파일(*.py)을 열기

이번에는 IDLE을 실행하여 [File]−[Open]을 선택하고, 앞에서 저장한 C:\FirstPython\MyFirst.py를 선택해서 열어보겠습니다.

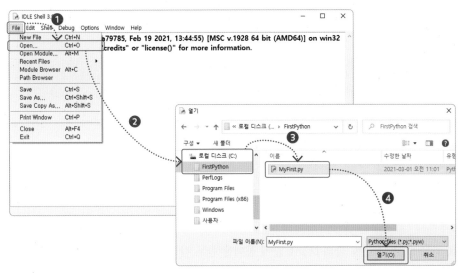

그림 1-27 **기존 파이썬 파일 열기**

다시 스크립트 모드에서 MyFirst.py 파일이 열립니다. 바로 실행해도 되지만 필요하다면 코드를 고쳐서 실행할 수도 있습니다. 출력될 글자를 적당히 고친 후에 메뉴 중 [File]−[Save]를 선택하거나 Ctrl + S 를 눌러서 저장합니다. 그리고 [Run]−[Run Module]을 선택하거나 F5 를 눌러서 다시 실행하면 수정된 결과 역시 한번에 출력될 것입니다.

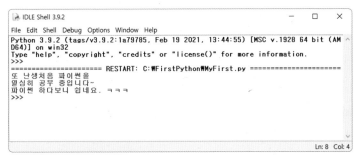

그림 1-28 **수정한 코드의 실행 화면**

파이썬 스크립트 모드에서 MySecond.py 파일을 만들고 다음과 같은 실행 화면이 나오도록 코딩하시오.

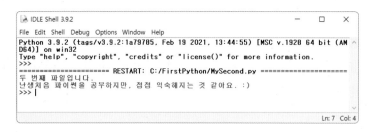

정답

```
print("두 번째 파일입니다.")
print("난생처음 파이썬을 공부하지만, 점점 익숙해지는 것 같아요. :)")
```

스크립트 모드의 문법 오류

스크립트 모드는 여러 줄을 코딩하기 때문에 앞으로 더 많은 오류가 발생할 수 있습니다. 오류가 발생할 때 조치하는 방법을 알아보겠습니다.

먼저 MyFirst.py를 열고 세 번째 줄의 print 앞에 공백을 한두 칸 넣은 후 F5를 눌러서 실행해 봅시다.

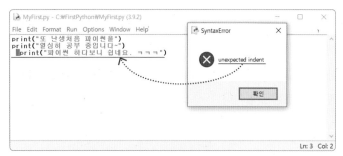

그림 1-29 **공백 오류가 있는 MyFirst.py의 실행**

[SyntaxError] 창이 나오는 것을 확인할 수 있습니다. 'SyntaxError'는 문법상 오류가 있음을 의미합니다. 그리고 'unexpected indent'라는 메시지는 print 앞에 공백이 있기 때문에 나오는 오류입니다. 결국 파이썬의 코드 앞에는 기본적으로 공백이 없어야 합니다. 공백은 들여쓰기라고도 하며 공백이 필요한 경우는 5장에서 다시 언급하겠습니다. 〈확인〉을 클릭하고 공백을 지웁니다.

이번에는 두 번째 줄의 print를 printf로 수정해 보겠습니다. 자세히 보면 두 번째 줄의 printf는 글자가 검정색으로 표시됩니다. print는 파이썬에서 정의된 단어이기 때문에 보라색으로 글자가 표시되지만, printf는 파이썬에 정의되지 않은 글자이기 때문에 검정색으로 표시된 것입니다.

그림 1-30 **문법 오류가 있는 MyFirst.py**

다시 [F5]를 눌러서 실행해 봅시다.

그림 1-31 **문법 오류가 있는 MyFirst.py의 실행**

이번에도 오류가 나지만 메시지가 다릅니다. 'Invalid syntax' 메시지는 문법이 틀렸다는 의미입니다. 이때 주의할 점은 두 번째 줄에서 틀렸다고 해서 오류 표시가 반드시 두 번째 줄에 표시되지 않는다는 점입니다. 위의 그림에서는 세 번째 줄에 오류 표시가 되었는데, 두 번째 줄에서 표시되어야 하는 부분이 밀려서 나온 것이라고 생각할 수 있습니다. 즉 오류가 표시되는 행의 앞에서 오류가 발생할 수도 있습니다.

2장의 실습부터는 [FirstPython] 아래에 각 챕터의 폴더를 생성하고, 실습 파일을 저장합니다.

01 프로그램(Program)이란 컴퓨터와 스마트폰에 들어 있는 많은 소프트웨어를 의미합니다. 그리고 이러한 프로그램을 만드는 작업이 프로그래밍(Programming)입니다.

02 컴퓨터가 이해하는 언어를 프로그래밍 언어(Programming Language)라고 부르며, 프로그래밍 언어는 컴퓨터에서 작동하는 프로그램을 만들기 위한 도구입니다.

03 프로그래밍 언어를 사용하여 소프트웨어나 앱을 만드는 직업을 가진 사람을 프로그래머(Programmer)라고 부릅니다.

04 프로그래밍 언어는 크게 컴파일러(Compiler) 언어와 스크립트(Script) 언어로 나눌 수 있습니다.

05 파이썬은 귀도 반 로섬이라는 프로그래머가 만든 언어로, IT 분야뿐만 아니라 금융, 경영, 제조, 생물, 화학, 기계, 전자 등 대부분의 산업 분야에서 활용되고 있습니다.

06 파이썬에는 다양한 장점이 있습니다.

- 무료로 사용할 수 있으며, 강력한 기능을 제공합니다.
- 쉽게 읽고 사용할 수 있습니다.
- 다양하고 강력한 외부 라이브러리가 많습니다.
- 강력한 웹 개발 환경을 사용할 수 있습니다.

07 IDLE은 파이썬의 통합 개발 환경으로, 파이썬 프로그램을 작성하고 실행할 수 있는 틀입니다.

08 IDLE을 실행했을 때 나온 파이썬 셸은 한 줄을 입력하고 바로 결과를 보는 형태로 대화형 모드입니다. 대화형 모드는 한 줄씩 빠른 결과를 보기에 편리합니다.

09 여러 줄의 코드를 한번에 입력한 후에 실행하기 위해서는 스크립트 모드를 사용합니다.

01 다음 설명하는 것이 무엇인지 고르시오.

> 소스 코드를 한 줄씩 읽어서 실행하는 언어이다. 그래서 별도의 실행 파일이 생성되지 않는다. 대표적인 스크립트 언어에는 파이썬, 자바스크립트(JavaScript), 펄(Perl) 등이 있다.

① 컴파일러 언어

② C 언어

③ JAVA 언어

④ 스크립트 언어

02 다음은 파이썬에 대한 설명이다. 거리가 가장 먼 것을 고르시오.

① 귀도 반 로섬이라는 개발자가 만들었다.

② IT 분야뿐만 아니라 금융, 경영, 제조, 생물, 화학, 기계, 전자 등에서 사용된다.

③ 배우기가 어려워서 다른 프로그래밍 언어를 사용해 본 전문가에게 적합한 언어이다.

④ 구글, 야후, 나사(NASA), 드롭박스 등에서 사용한다.

03 다음 파이썬의 특징이다. 거리가 가장 먼 것을 고르시오.

① 유료 오픈 소스와 강력한 기능을 제공한다.

② 사용하기 편리하다.

③ 다양하고 강력한 외부 라이브러리를 제공한다.

④ 강력한 웹 개발 환경을 제공한다.

04 파이썬을 설치하기 위한 환경에 대한 설명이다. 거리가 가장 먼 것을 고르시오.

① 64bit 운영체제에 설치된다.

② 32bit 운영체제에는 설치할 수 없다.

③ https://www.python.org에서 다운로드할 수 있다.

④ 윈도우10에 설치할 수 있다.

05 파이썬 개발 환경을 지칭하는 이름을 고르시오.

① 64bit

② IDLE

③ 32bit

④ 스크립트

06 Hello, world를 출력하는 코드를 고르시오.

① copy("Hello, world")

② printing("Hello, world")

③ print("Hello, world")

④ write("Hello, world")

07 다음 중에서 500이 출력되는 코드를 고르시오.

① print(200 + 300)

② print("200 + 300")

③ print('200 + 300')

④ print(<200 + 300>)

08 파이썬 소스 코드의 확장명을 고르시오.

① .pth

② .pyton

③ .pt

④ .py

09 여러 줄을 코딩한 후에, 한꺼번에 실행하는 모드를 부르는 용어를 고르시오.

① 컴파일 모드

② 스크립트 모드

③ 파이썬 모드

④ 대화형 모드

10 다음 코드에서 오류가 발생하는 원인을 분석하고, 정상 실행되도록 수정하시오.

```python
print("앞으로 배울")
printing("파이썬이")
print("기대됩니다.")
```

CHAPTER 02

변수

학습목표

• 간단한 계산기를 만들며 변수의 개념을 이해합니다.

• 변수의 개념과 사용법을 익힙니다.

• 키보드로 값을 입력받는 방법에 대해서 학습합니다.

이번 장에서는 변수와 그릇을 비교하며 변수의 개념을 이해해 봅니다. 변수는 모든 프로그래밍의 기본
이 되는 내용이므로 잘 이해하고 넘어가야 합니다.

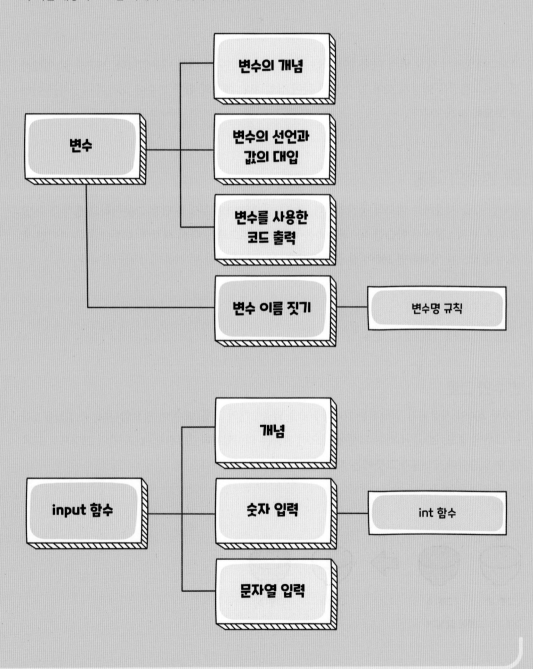

Section 01 변수란?

프로그래밍에서 가장 먼저 이해해야 하는 것 중 하나는 변수에 대한 내용입니다. 변수를 잘 이해하면 프로그래밍을 어떻게 해야 할지 쉽게 감이 잡힙니다. 예제와 함께 변수에 대하여 차근차근 이해해 보도록 하겠습니다.

1 변수의 개념

변수란 값을 저장하는 메모리 공간입니다. 좀 더 쉽게 말하면 무엇을 담는 그릇이라고 생각할 수 있습니다. 먼저 1장에서 학습한 100과 200을 더하는 프로그램을 다시 생각해 보겠습니다. 파이썬 셸에 다음 코드를 입력하면 300이 잘 출력되지만 100과 200은 한 번 사용되고 사라집니다.

```
>>> print(100 + 200)
300
```

변수와 그릇

100과 200이 저장되기 위해서는 100과 200을 담을 2개의 그릇(변수)이 필요합니다. 즉 100을 a라는 그릇에 넣고, 200은 b라는 그릇에 넣으면 된다는 의미입니다. [그림 2-1]과 같이 그림으로 표현할 수 있습니다. 그 결과 그릇에는 각각의 값이 들어가 있습니다.

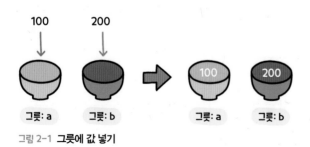

그림 2-1 **그릇에 값 넣기**

[그림 2-1]을 코드로 표현하면 다음과 같습니다. print( )를 사용하지 않았기 때문에 화면에는 아무 것도 나오지 않습니다.

```
>>> a = 100
>>> b = 200
●──── 아무 것도 나오지 않음
```

처음으로 = 기호가 나왔습니다. = 기호는 수학에서의 '같다'라는 의미가 아니고, 오른쪽의 것을 왼쪽으로 넣으라는 의미의 기호입니다. 정확히는 대입 연산자라고 부릅니다. 말 그대로 값을 대입하는 연산자라는 의미입니다. 따라서 위 코드의 의미는 다음과 같습니다.

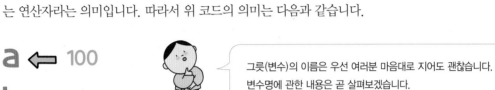

그릇(변수)의 이름은 우선 여러분 마음대로 지어도 괜찮습니다. 변수명에 관한 내용은 곧 살펴보겠습니다.

그림 2-2 대입 연산자(=)의 의미

이번에는 두 그릇에 들어 있는 값을 더해 봅시다. 그런데 그 값을 합한 후에도 어딘가에 담아야 할 것입니다. 따라서 새로운 그릇을 준비해야 합니다. 두 그릇의 내용을 합한 결과를 담을 그릇을 c라고 하겠습니다.

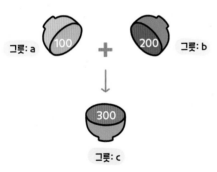

그림 2-3 변수에 담긴 값 더하기

> **하나 더 알기** ∨ **그릇의 종류**
>
> 그릇에는 밥그릇, 국그릇, 반찬그릇 등의 종류가 있습니다. 밥그릇에는 밥을, 국그릇에는 국을 담아야 합니다. 이와 마찬가지로 변수에도 종류가 있습니다. 숫자를 담는 숫자형 변수, 문자열을 담는 문자열형 변수 등의 여러 종류가 있습니다. 이것을 데이터 형식이라고 부르는데, 이에 대해서는 4장에서 상세히 살펴보겠습니다.

[그림 2-3]에서 a의 100과 b의 200이 더해진 결과 값 300을 새로운 그릇 c에 넣었습니다. 이것을 코드로 표현하면 다음과 같습니다.

```
>>> c = a + b
```

이제 결과를 저장한 c 그릇의 내용을 1장에서 여러 번 사용한 print( )를 사용해서 출력해 봅시다.

```
>>> print(c)
300
```

300이라는 결과가 잘 나왔을 겁니다. 그런데 300이라는 숫자만 화면에 나오니 그 전에 어떤 계산을 했는지 알기가 어려울 수 있습니다. 100 + 200 = 300처럼 계산식 전체가 출력되도록 다음과 같이 코드를 입력해 봅시다.

```
>>> print(a,"+", b,"=", c)
100 + 200 = 300
```

print( ) 함수는 ( )안의 내용을 한번에 출력합니다. 따라서 괄호 안에서 여러 개를 출력하고 싶다면 콤마(,)로 구분해야 합니다. 그래서 다음 그림과 같이 모니터에는 변수 a, b, c에 담긴 값과 문자열 '+', '='이 함께 출력된 것입니다.

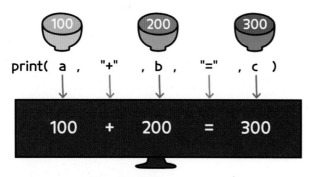

그림 2-4 print( ) 함수로 전체 출력

 문자열(String)이란 연속된 문자를 말하며 큰따옴표 또는 작은따옴표로 묶습니다.

확인문제

1. 다음 빈칸에 들어갈 단어를 채우시오.

변수와 그릇은 비슷한 개념으로, a = 100은 변수 [   ]에 값 [   ](을)를 대입하라는 의미이다.

2. 다음 빈칸에 들어갈 단어를 채우시오.

화면에 변수 또는 값을 출력하는 함수는 [   ]이다.

정답

1. a, 100   2. print( )

2 변수의 선언과 값의 대입

앞에서 변수 a, b를 준비하고 각각에 100과 200을 대입했습니다. 그리고 두 변수의 값을 더해 변수 c에 대입하고 사용했습니다. 이번에는 변수에 값을 대입할 때 주의해야 할 점을 살펴보겠습니다.

올바른 값의 대입

우선 변수 2개를 준비하겠습니다. 변수 2개를 선언하면서 동시에 값을 대입합니다.

```
>>> num1 = 100
>>> num2 = 50
```

num1과 num2라는 변수를 선언했고, 각 변수에는 100과 50을 대입했습니다. 두 변수를 더한 결과를 넣는 변수는 result로 이름을 지어주겠습니다.

```
>>> result = num1 + num2
```

이때 대입 연산자인 =이 나오면 무조건 =의 오른쪽 부분이 모두 계산된 후에 왼쪽으로 대입됩니다.

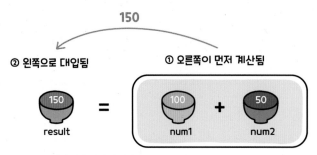

그림 2-5 정상적인 대입 연산자의 구조 1

그러므로 모든 코드에서 =의 왼쪽에는 변수가 있어야 합니다. 오른쪽이 모두 변수일 필요는 없으며 값과 값의 연산 또는 변수와 값의 연산도 상관없이 잘 처리됩니다.

```
>>> result = num1 + 200 ●──── 변수와 값의 연산
```

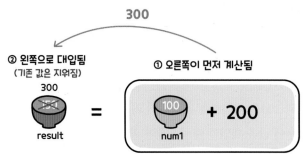

그림 2-6 정상적인 대입 연산자의 구조 2

그렇다면 result에 이미 들어있던 150은 어떻게 될까요? 대입 연산자의 왼쪽에 기존에 사용했던 변수가 나오면 이전의 값은 없어지고, 새로운 값으로 덮어 씌워집니다.

잘못된 값의 대입

대입 연산사(=)의 **왼쪽에는** **무조건 변수가** 있어야 합니다. 무엇을 담아야 하는데 그릇 외에는 담을 방법이 없기 때문입니다.

```
>>> 100 = num1 + num2
SyntaxError: cannot assign to literal
```

위 코드는 잘못된 코드로 [그림 2-7]과 같은 문제가 있습니다. 계산된 결과를 왼쪽에 넣어야 하는데, 넣을 수 있는 변수가 없기 때문에 오류가 발생한 것입니다.

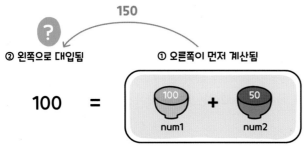

그림 2-7 **비정상적인 대입 연산자의 구조 1**

다음 코드는 왼쪽에 변수가 있지만 잘못된 코드입니다. 왼쪽에는 변수가 한 개만 있어야 하는데 변수끼리 연산을 하기 때문입니다.

```
>>> num1 + num2 = result
SyntaxError: cannot assign to operator
```

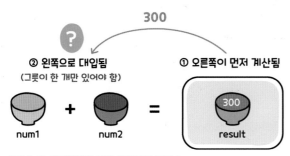

그림 2-8 **비정상적인 대입 연산자의 구조 2**

다음 보기 중에서 오류가 발생하는 것을 모두 고르시오.

① 100 = 150 + 200   ② result = 100 + 50

③ result + 100 = 50   ④ result = num1 + num2

정답

①, ③

3 변수를 사용한 코드 출력 1: 숫자

우선 변수를 사용하여 숫자 연산을 해보겠습니다.

뺄셈 연산

두 숫자의 빼기 연산을 처리해 보겠습니다. num1과 num2에는 100과 50이 들어있습니다.

```
>>> result = num1 - num2 ●———— num1: 100, num2: 50
>>> print(num1 , "-" , num2 , "=" , result)
100 - 50 = 50
```

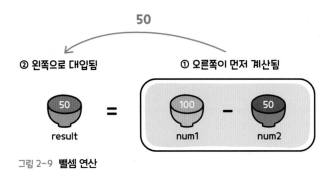

그림 2-9 **뺄셈 연산**

곱셈 연산

이번에는 두 숫자의 곱하기 연산을 처리해 보겠습니다. 수학에서 곱하기 연산으로 × 연산자를 사용하지만 컴퓨터에서는 ＊를 사용합니다.

```
>>> result = num1 * num2  •————— num1: 100, num2: 50
>>> print(num1 , "x" , num2 , "=" , result)
100 x 50 = 5000
```

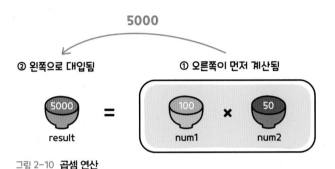

그림 2-10 **곱셈 연산**

나눗셈 연산

마지막으로 두 숫자의 나누기 연산을 처리해 보겠습니다. 수학에서 나누기 연산으로 ÷를 사용하지만 컴퓨터에서는 /를 사용합니다.

```
>>>result = num1 / num2  •————— num1: 100, num2: 50
>>> print(num1 , "÷" , num2 , "=" , result)
100 ÷ 50 = 2.0
```

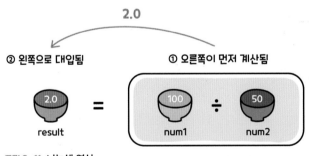

그림 2-11 **나눗셈 연산**

하나 더 알기 ∨　　**정수와 실수**

나눗셈의 결과는 소수점이 나올 수 있습니다. 그래서 2가 아닌 2.0으로 result에 입력이 됩니다. 소수점이 없는 숫자를 정수(Integer)라고 부르고, 소수점이 있는 숫자를 실수(Float)라고 부릅니다. 정수 및 실수에 대해서는 4장에서 자세히 살펴보겠습니다.

④ 변수를 사용한 코드 출력 2: 문자열

앞에서는 계산을 위해 변수에 숫자를 저장하고 사용했습니다. 하지만 변수에는 문자열도 저장할 수 있습니다.

문자열을 변수에 대입

숫자와 동일하게 변수를 선언하고 큰따옴표 또는 작은따옴표로 묶은 문자열을 대입하면 됩니다.

```
>>> str1 = "난생처음"
>>> str2 = "파이썬"
```

+

str1   str2

그림 2-12 **변수에 문자열을 대입**

> 파이썬은 문자열을 큰따옴표나 작은따옴표 중 어떤 것을 사용해도 상관없습니다. 하지만 C, Java 등의 다른 프로그래밍 언어에서는 꼭 큰따옴표를 사용해야 합니다. 따라서 이 책에서도 가능하면 문자열은 큰따옴표를 사용합니다.

여러 개의 문자열을 한 줄에 출력하고 싶다면 콤마로 분리해서 출력하면 됩니다.

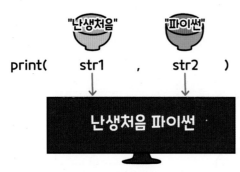

print(str1   ,   str2   )

난생처음 파이썬

> print() 함수에서 콤마(,)로 분리하면 자체적으로 한 칸을 띄우고 출력합니다.

그림 2-13 **print()로 문자열을 출력**

문자열의 더하기 연산과 빼기 연산

문자열을 더하기 연산해 보겠습니다.

```
>>> result = str1 + str2
>>> print(result)
난생처음파이썬
```

문자열을 더하는 것은 문자열을 이어주라는 의미가 됩니다. 따라서 "난생처음"과 "파이썬"이 띄어 쓰기 없이 붙어서 출력된 것을 확인할 수 있습니다. 문자열의 더하기 연산은 [그림 2-14]와 같이 처리됩니다.

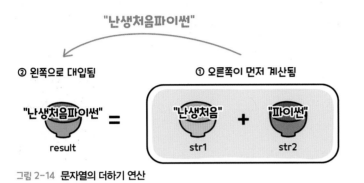

그림 2-14 **문자열의 더하기 연산**

그렇다면 이번에는 문자열의 빼기 연산을 해봅시다.

```
>>> result = str1 - str2
Traceback (most recent call last):
    File "<pyshell#20>", line 1, in <module>
        result = str1 - str2
TypeError: unsupported operand type(s) for -: 'str' and 'str'
```

오류가 발생하는 것을 확인할 수 있습니다. 오류 메시지의 마지막에 보면 문자열(str)은 빼기(−)를 지원하지 않는다고 나왔습니다. 즉, 문자열은 더하기 연산만 가능하고 빼기는 할 수 없습니다. 예를 들어 "파이썬" 문자열에서 "공부중"을 뺀다는 것은 앞뒤가 맞지 않습니다. 곱하기와 나누기도 마찬가지로 문자열에서는 사용할 수 없습니다.

확인문제

다음 중 오류가 발생하지 <u>않는</u> 것은 무엇인가?

① res = "안녕" + "하세요" ② res = "안녕" − "하세요"
③ res = "안녕" * "하세요" ④ res = "안녕" / "하세요"

정답

①

간단한 사칙연산 계산기 만들기

이제 변수에 대한 사용법 및 개념을 완전히 익혔으므로, 이를 활용해서 간단히 사칙연산(더하기, 빼기, 곱하기, 나누기)이 가능한 계산기를 만들어 봅시다. 다음 실행 결과대로 나오도록 순서대로 따라하면서 LAB을 진행해 봅시다.

실행 결과

```
100 + 200 = 300
100 - 200 = -100
100 * 200 = 20000
100 / 200 = 0.5
```

1. IDLE Shell 창의 메뉴 [File]-[New File]을 선택해서 빈 파이썬 파일을 준비합니다. 그리고 스크립트 모드의 메뉴 [File]-[Save]를 선택하거나, Ctrl + S 를 눌러서 먼저 저장합니다. 파일은 C:\FirstPython\Chapter02\lab02-01.py로 저장합니다.

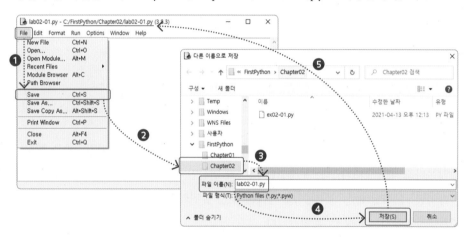

2. 다음과 같이 두 변수를 준비하고 숫자를 대입합니다. 스크립트 모드이므로 실행되지는 않고 메모장처럼 계속 입력만 됩니다.

```
num1 = 100
num2 = 200
```

3. 두 수를 사칙연산하는 코드를 그 아래에 추가합니다. 두 수를 더한 결과는 result1~ result4라는 변수에 저장합니다.

```
result1 = num1 + num2
result2 = num1 - num2
result3 = num1 * num2
result4 = num1 / num2
```

4. 마지막으로 사칙연산 결과를 출력하는 코드를 추가합니다.

```
print(num1 , "+" , num2 , "=" , result1)
print(num1 , "-" , num2 , "=" , result2)
print(num1 , "*" , num2 , "=" , result3)
print(num1 , "/" , num2 , "=" , result4)
```

5. Ctrl + S 를 눌러서 변경된 내용을 저장하고, F5 를 눌러 실행 결과를 확인합니다.

변수 이름 짓기

음식의 그릇에 이름을 붙여준다면, 그릇의 주인 마음대로 붙여주면 됩니다. 변수의 이름도 마찬가지로 프로그래머가 마음대로 붙여도 됩니다. 하지만 코드는 점점 길어지고, 다른 사람들과 코드를 함께 봐야할 수도 있습니다. 따라서 변수명을 지을 때는 몇 가지 규칙을 지켜야 합니다.

1 변수명 규칙

변수명을 지을 때 다음의 규칙을 고려해서 지어야 합니다.

■ 변수명은 영문 및 숫자만 사용할 수 있습니다.

변수명은 영문 및 숫자를 섞어서 사용할 수 있습니다. 다음 코드는 모두 올바른 변수명입니다.

```
a = 100
abcd = 200
zzzz = 300
p1234 = 400
its4you = 600
```

단, 영문으로 시작해야 하는 것을 주의해야 합니다. 변수명은 숫자로만 구성되거나, 영문자와 섞여 있어도 숫자로 시작하면 안 됩니다. 다음은 모두 오류가 발생하는 변수명입니다.

```
>>> 333 = 100 ●───────── 숫자로만 이루어져 오류 발생
SyntaxError: cannot assign to literal
>>> 3abcd = 200 ●───────── 숫자로 시작해 오류 발생
SyntaxError: invalid syntax
```

한글판 Windows 환경에서는 변수명을 한글로 지정하는 것도 가능합니다. 하지만 문제가 발생되는 경우가 많으므로 변수명에 한글을 사용하는 것은 권장하지 않습니다. 이 책에서도 한글 변수명은 사용하지 않습니다.

■ 변수명에 언더바(_)를 사용할 수 있습니다.

변수명에는 띄어쓰기를 허용하지 않습니다. 예를 들어 입력한 숫자를 저장할 변수의 이름으로 'input number'를 지정하고 싶을 수 있습니다. 띄어쓰기가 허용되지 않으니 inputnumber라고 붙여서 변수명을 지으면 되지만 글자가 붙어있어 의미를 파악하기 어렵습니다. 이럴 때 언더바(_)를 사용하면 띄어쓰기와 비슷한 효과를 낼 수 있습니다.

```
input_number = 100
_number = 200
_data_ = 300
__my__ = 400
_1234 = 500
```

언더바(_)는 중간, 제일 앞, 제일 뒤 위치에 관계없이 사용할 수 있습니다. 특히 _1234와 같은 변수명도 허용됩니다. 즉 언더바(_)를 하나의 문자와 동일한 급으로 여기면 됩니다.

하나 더 알기 ∨　언더바를 2개 쓰는 경우

파이썬 내부에서 사용하는 일부 예약어의 앞뒤에 언더바를 2개씩 붙인 것이 있습니다. 예를 들어 __init__() 함수, __main__ 변수 등이 있는데, 이에 대해서는 차후에 다시 언급하겠습니다.

■ 변수명은 대문자와 소문자를 구분합니다.

파이썬은 대문자와 소문자를 완전히 다른 것으로 취급합니다. 그러므로 변수명의 대문자와 소문자는 다른 변수입니다. 다음은 모두 올바른 변수명이며, 모두 서로 다른 변수입니다.

```
mynumber = 100
MYNUMBER = 200
Mynumber = 300
myNumber = 400
```

난 너랑 달라!

대문자와 소문자를 섞으면 언더바 대신에 의미를 부여하기에 좋습니다. 예를 들어 my_number라고 변수명을 지어도 되지만, 언더바를 사용하지 않고 myNumber라고 변수명을 지으면 의미가 명확해 지는 효과가 있습니다.

■ 변수명에 예약어를 사용할 수 없습니다.

예약어란 이미 파이썬 문법에 정의되어 사용되는 단어를 의미합니다. 아직 배우지는 않았지만 조건문 중에서 if, elif, else문 등이 예약어입니다. 변수명으로 예약어를 사용하면 오류가 발생하기 때문에 주의해야 합니다.

```
>>> if = 100
SyntaxError: invalid syntax
```

True	False	None	if	elif
continue	def	finally	else	for
pass	white	with	try	except
break	class	return	import	as

그림 2-15 **파이썬의 예약어**

파이썬에는 [그림 2-15]보다 더 많은 예약어가 있습니다. 그렇다면 예약어를 모두 외우고 있어야 할까요? 결론은 '네'이지만 지금 당장 외울 필요는 없습니다. 앞으로 파이썬을 공부하다 보면 외우기 싫어도 자연스럽게 외워지기 때문입니다.

> **하나 더 알기** ✔ **함수명을 변수로 사용할 경우**
>
> 함수명을 변수로 사용해도 문법상 오류가 발생하지는 않습니다. 그러나 함수의 본래 기능을 잃어버리기 때문에 프로그램이 엉망으로 작동할 수도 있으므로 권장하지 않습니다.
> 예를 들어 지금까지 사용한 print() 함수의 이름인 print를 변수명으로 사용해 보겠습니다. 다음 코드는 오류를 발생하지 않습니다.
>
> ```
> >>> print = 100
> >>> print = 200 + 300
> ```
>
> 그렇다면 print() 함수의 본래 기능을 사용해서 "난생처음" 글자를 출력해 보겠습니다.

```
>>> print("난생처음")
Traceback (most recent call last):
    File "<pyshell#49>", line 1, in <module>
        print("난생처음")
TypeError: 'int' object is not callable
```

이제는 print() 함수를 사용할 수가 없습니다. print를 변수로 선언하고 사용해 더 이상 우리가 알고 있는 출력을 해주는 함수가 아니게 된 것입니다. 그러므로 함수의 이름을 변수로 사용하는 것은 바람직하지 않습니다. 파이썬 IDLE을 재시작하면, 다시 원래의 print() 함수를 사용할 수 있습니다.

변수명에 대한 설명으로 올바른 것은 무엇인가?

① 변수명은 영문 및 숫자로 시작해야 한다.

② 변수명은 언더바(_)로 시작할 수 있다.

③ 변수명은 띄어쓰기를 허용한다.

④ 변수명으로 예약어를 사용할 수 있다.

정답

②

2 좋은 변수 이름이란?

변수의 이름을 지을 때는 변수의 이름만 보고도 변수의 의미를 파악할 수 있는 것이 좋습니다. 변수의 이름만 가지고 그 변수의 용도를 예측하기 어려운 것은 바람직하지 않습니다. 특히 코드가 길어지고 변수를 많이 사용하게 되면 더욱 그렇습니다.

다음 변수명은 문법상 문제는 없으나, 변수의 용도가 파악되지 않으므로 바람직하지 않습니다.

```
a = 100
bbb = 200
asdf = 300
AA = 400
```

변수명으로 의미가 파악되더라도 너무 길면 코드를 입력할 때 불편할 수 있습니다. 다음 변수명도 문법상 문제는 없으나 너무 길어서 바람직하지 않습니다.

```
first_number_of_input_values = 100
second_number_of_input_values = 200
```

적절한 변수명은 짧으면서도 그 의미를 파악할 수 있는 것이 좋습니다. 다음은 바람직한 변수명입니다.

```
first_num = 100 ●——————— First Number의 약자
num_input = 200 ●——————— 입력된 숫자
inputDate = 30 ●——————— 입력된 날짜
```

위의 변수명은 언더바로 구분해주거나 대문자와 소문자를 섞어 사용해 의미를 파악하기 쉽도록 했습니다. 앞으로는 가능하면 이런 방식으로 변수 이름을 지정하겠습니다.

확인문제

다음 코드 중에서 문법상 <u>잘못된</u> 것을 모두 고르고 이유를 작성하시오.

① num1 = 10
② 2num = 20
③ num1 + num2 = res
④ last_number_of_input_values = 200

정답

② 숫자로 변수명을 시작할 수 없다.
③ res = num1 + num2로 수정해야 한다.

값을 입력받는 input() 함수

앞 절에서 변수를 배우고 계산기를 만들었습니다. 계산기 정도는 이제 식은 죽 먹기처럼 쉬워졌을 것입니다. 그렇다면 이제는 100, 200처럼 고정된 숫자의 계산이 아닌, 다양한 숫자를 계산하는 계산기를 만들어 봅시다. 이번에는 사용자가 키보드로 입력하는 숫자를 계산하도록 업그레이드하는 것입니다.

1 input() 함수의 개념

변수에 미리 100과 200과 같은 값을 입력해두는 계산기 프로그램과 달리, 실행할 때마다 키보드로 계산할 값을 입력하면 어떨까요? 그렇게 되면 입력하는 어떤 숫자든 사칙연산이 자유자재로 이루어질 것입니다.

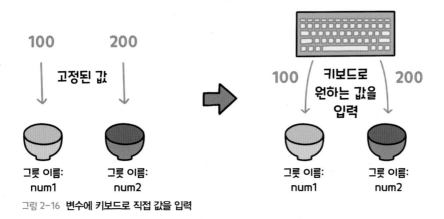

그림 2-16 변수에 키보드로 직접 값을 입력

[그림 2-16]의 오른쪽처럼 키보드로 입력받도록 도와주는 함수가 input() 함수입니다. input() 함수의 사용법을 이어서 살펴보겠습니다.

② 사용자에게 숫자 값을 입력받아 출력하기

input( ) 함수를 활용하여 사용자에게 숫자를 입력받는 연습을 해봅시다.

input( ) 함수의 활용

파이썬 셸에서 다음 코드를 입력하고 추가로 100을 입력합니다.

```
>>> input()
100 ●————— 사용자 입력
'100'
```

100을 입력하니 '100'이 출력되었습니다. 이때 input( ) 함수에서 입력받은 값을 변수에 저장하지 않으면 화면에 출력한 후, 그냥 사라집니다. 따라서 input( ) 함수는 다음 코드와 같이 입력된 값을 변수에 저장하는 것이 일반적인 사용법입니다.

```
>>> num1 = input()
100 ●————— 사용자 입력
    ●————— 아무 메시지도 나오지 않음
```

변수 num1에 사용자가 입력한 100이 저장되었습니다. 그런데 입력할 때 무엇을 입력해야 할지 아무것도 나오지 않으니 좀 답답합니다. input( ) 함수는 괄호 안에 메시지를 넣어 이 문제를 해소하겠습니다. num2는 다음과 같이 입력받아 보겠습니다.

```
>>> num2 = input("숫자 ==> ")
숫자 ==> 200 ●— 사용자 입력
    ●————— 아무 메시지도 나오지 않음
```

이제는 두 숫자를 더할 차례입니다. 기존 방식대로 두 수를 더해 result1 변수에 넣겠습니다.

```
>>> result1 = num1 + num2
    ●————— 아무 메시지도 나오지 않음
```

result1에는 100과 200을 더한 300이 들어갔을 것으로 예상됩니다. 그럼, result1을 출력해서 확인해 보겠습니다.

```
>>> print(result1)
100200
```

우리의 예상과 다르게 300이 아닌 100200이 나왔습니다. 왜 이런 결과가 나온 걸까요? 300이 아닌 원인은 input() 함수가 입력받은 값을 모두 문자열로 취급하기 때문입니다. 즉 입력받은 num1과 num2에는 숫자 100, 200이 아니라, 문자열 "100"(일영영), "200"(이영영)이 들어있던 것입니다. 결국 "100" + "200"은 문자열을 이어서 쓴 "100200"이 된 것입니다.

정수로 변환하는 int( ) 함수

input( )의 특성상 무조건 문자열만 입력받기 때문에 숫자로 사용하기 위해서는 입력받은 문자열을 다시 int( ) 함수를 이용하여 정수로 변환해야 합니다.

int(값) 함수는 값이 무엇이든지 정수로 바꿔 줍니다.

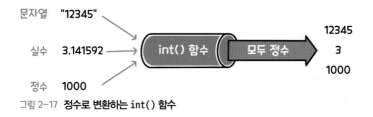

그림 2-17 **정수로 변환하는 int( ) 함수**

파이썬 셸 화면에 다음을 입력해서 결과를 확인해 보세요.

```
>>> int("100") ●——— 문자열을 정수로 변경
100
>>> int(100.12) ●——— 실수를 정수로 변경
100
```

첫 번째는 문자열 "100"을 숫자 100으로 변경시켰고 두 번째는 실수 100.12를 정수 100으로 변경시켰습니다. 이제 int( ) 함수를 활용하여 다시 num1, num2를 입력받아 두 수를 더하면 우리가 의도했던 결과 값 300이 나올 것입니다.

```
>>> num1 = int(input("숫자1 ==>"))
숫자1 ==> 100 ●─────────── 사용자 입력
>>> num2 = int(input("숫자2 ==>"))
숫자2 ==> 200 ●─────────── 사용자 입력
>>> result = num1 + num2
>>> print(result)
300
```

이로써 키보드로 입력하는 모든 값의 덧셈 및 뺄셈을 계산하는 계산기 프로그램이 완성되었습니다.

❸ 사용자에게 문자열을 입력받아 출력하기

input( ) 함수는 모든 것을 문자열로 입력받는다고 앞에서 언급했습니다. 그러므로 사용자에게 문자열을 입력받으려면 input( )을 그대로 사용하면 됩니다. 사용자에게 이름과 전화번호를 입력받아서 출력하는 프로그램은 [코드 2-1]과 같습니다. 문자열과 변수를 함께 출력하기 위해 변수 앞뒤로 콤마를 추가합니다.

코드 2-1   ex02-01.py

```
01    userName = input("이름 ==> ")
02    userPhone = input("전화번호 ==> ")
03
04    print("제 이름은 ", userName, "이고, 연락처는", userPhone, "입니다.")
```

```
이름 ==> 난처음 ●─────────── 사용자 입력
전화번호 ==> 010-1234-1234 ●── 사용자 입력
제 이름은 난처음이고, 연락처는 010-1234-1234입니다.
```

input( )을 사용하니 입력한 그대로 문자열로 처리가 되었습니다.

확인문제

다음 빈칸에 들어갈 단어를 채우시오.

(1) 문자열 또는 실수를 정수로 변환해 주는 함수는 (   )이다.

(2) 키보드로 값을 입력받는 함수 이름은 (   )이다.

(3) input( ) 함수는 기본적으로 모든 값을 (   )(으)로 입력받는다.

LAB 택배 배송 정보 입력하기

엄마의 심부름으로 난생이는 편의점에서 택배를 보내려 합니다. 택배를 보낼 때, 받는 사람과 주소를 입력하고 택배의 무게를 입력합니다. 택배 무게는 그램(g)당 5원이며, 자동으로 계산됩니다. 택배 정보를 입력받아 배송비와 함께 출력하는 프로그램을 만들어 봅시다.

실행 결과

```
## 택배를 보내기 위한 정보를 입력하세요. ##
받는 사람 : 김난생 ●──────────── 사용자 입력
주소 : 서울 영등포구 여의도동 88 ●── 사용자 입력
무게(g) : 721 ●──────────── 사용자 입력
** 받는 사람 ==> 김난생
** 주소 ==> 서울 영등포구 여의도동 88
** 배송비 ==> 3605 원
```

1. lab02-02.py 파일을 만들고, 받는 사람, 주소, 무게를 저장할 변수를 선언합니다.

```python
print("## 택배를 보내기 위한 정보를 입력하세요. ##")

personName = input("받는 사람 : ")
personAddr = input("주소 : ")
weight = int(input("무게(g) : "))
```

2. print( ) 함수로 받는 사람과 주소를 출력합니다.

```python
print("** 받는 사람 ==>", personName)
print("** 주소 =>", personAddr)
```

3. 배송비는 무게의 그램(g)당 5원이므로 무게에 5를 곱하여 출력합니다.

```python
print("** 배송비 ==>", weight*5, "원")
```

4. `Ctrl`+`S`를 눌러서 변경된 내용을 저장하고, `F5`를 눌러 실행 결과를 확인합니다.

숫자를 입력하는 계산기 만들기

사용자가 키보드로 2개의 숫자를 입력하면 두 숫자의 덧셈, 뺄셈, 곱셈, 나눗셈, 나머지, 제곱을 계산하는 계산기를 만들어 봅시다.

실행 결과

```
숫자1 ==> 100 ●──────── 사용자 입력
숫자2 ==> 10 ●──────── 사용자 입력
100 + 10 = 110
100 - 10 = 90
100 * 10 = 1000
100 / 10 = 10.0
100 % 10 = 0
100 ** 10 = 100000000000000000000
```

1. lab02-03.py 파일을 만든 후, 두 변수를 준비하고 키보드로 입력받을 수 있도록 합니다.

```
num1 = int(input("숫자1 ==>"))
num2 = int(input("숫자2 ==>"))
```

2. 두 수를 계산하는 코드를 그 아래에 추가합니다. 이 때 나머지 값은 % 연산자를, 제곱값은 ** 연산자를 사용합니다. 나머지 값과 제곱값에 대한 내용은 3장에서 좀 더 자세히 학습합니다.

```
result1 = num1 + num2
result2 = num1 - num2
result3 = num1 * num2
result4 = num1 / num2
result5 = num1 % num2
result6 = num1 ** num2
```

3. 마지막으로 사칙연산 결과를 출력하는 코드를 추가합니다.

```
print(num1 , "+" , num2 , "=" , result1)
print(num1 , "-" , num2 , "=" , result2)
print(num1 , "*" , num2 , "=" , result3)
print(num1 , "/" , num2 , "=" , result4)
```

```
print(num1 , "%" ,  num2 , "=" , result5)
print(num1 , "**" , num2 , "=" , result6)
```

4. Ctrl + S 를 눌러서 변경된 내용을 저장하고, F5 를 눌러 실행 결과를 확인합니다.

실전 예제 | 거북이가 나오는 프로그램

문제

많은 프로그래밍 언어를 처음 배울 때, 딱딱한 텍스트 환경에서만 학습을 진행합니다. 우리도 지금까지 글자나 숫자만 나오는 텍스트 환경에서 코딩을 진행해 왔습니다. 이러한 단점을 극복하기 위해 파이썬은 거북이 그래픽 환경을 제공해서, 재미있는 프로그래밍이 가능하도록 지원하고 있습니다. 우선 거북이 그래픽 프로그램의 기초적인 내용을 배워봅시다.

해결

[거북이 그래픽 시작하기]

1. 거북이 그래픽을 터틀 그래픽(Turtle Graphics)으로도 부릅니다. 그래픽 화면으로 거북이가 나오기 위해서는 우선 다음 행을 입력해야 합니다.

```
>>> import turtle
```

import는 사전적으로 '포함하다'라는 의미입니다. 즉, 'turtle(=거북이 그래픽) 기능을 포함하고, 지금부터 거북이 그래픽과 관련된 코딩이 가능하다.' 정도로 해석할 수 있습니다.

> import 뒤에 나오는 이름을 라이브러리(Library) 또는 패키지(Package)라고 부릅니다. 라이브러리 또는 패키지는 기본적인 파이썬에는 들어 있지 않은 추가적인 기능의 모음입니다. 지금은 turtle 라이브러리를 사용하지만, 앞으로 turtle 외에도 필요할 때마다 다양한 라이브러리나 패키지를 사용하게 될 것입니다.

2. 거북이 그래픽이 나오도록 다음 행을 입력해 봅시다. 윈도우 창이 새로 나오고 중간에 거북이가 자리 잡고 있을 겁니다.

```
>>> turtle.shape('turtle')  ●——— 거북이 모양을 생성함
```

`turtle.shape`(모양)은 윈도우 창이 나오면서 동시에 거북이의 모양을 결정합니다. 모양은 arrow/turtle/circle/square/triangle/classic 중 하나로 설정할 수 있습니다. 여기서는 거북이 모양으로 설정했습니다.

이것으로 이후부터 거북이를 활용하여 파이썬을 재미있게 배울 수 있는 환경이 설정되었습니다.

[거북이 이동 및 회전시키기]

1. 이제 거북이를 움직여 봅시다. 현재 거북이가 오른쪽을 바라보고 있네요. 다음 코드는 거북이를 앞으로 이동시킵니다.

```
>>> turtle.forward(200) ●──────── 앞으로 200만큼 이동
```

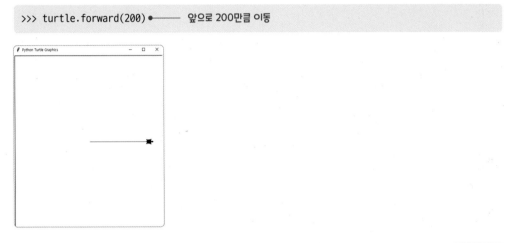

2. `turtle.forward(200)`은 거북이가 바라보는 방향으로 200만큼 이동시켰습니다. 200은 화면의 픽셀(Pixel, 점) 개수라고 보면 됩니다. 이제는 거북이를 위쪽으로 200만큼 이동시켜보겠습니다. 그러기 위해서는 거북이를 왼쪽으로 90도 회전시킨 후에, 200만큼 이동시켜야 합니다.

```
>>> turtle.left(90) ●──────── 왼쪽으로 90도 회전
>>> turtle.forward(200)
```

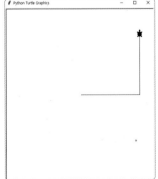

3. 위 코드를 2회 더 반복하면 거북이가 완전한 네모를 그린 후에, 원래의 위치로 돌아옵니다.

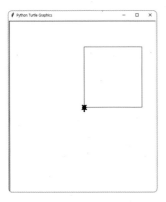

몇 줄밖에 코딩하지 않았는데도, 새로운 윈도우 창에 귀여운 거북이가 선을 그리며 돌아다니는 프로그램을 만들 수 있었습니다. 지금은 `turtle.shape()`, `turtle.left()`, `turtle.forward()` 함수만 사용했지만, turtle과 관련된 함수는 상당히 많습니다. 다음 장부터는 더욱 다양한 형태의 거북이 그래픽을 프로그래밍해 보겠습니다.

 함수(Function)란 어떤 기능을 하도록 미리 만들어 놓은 코드의 묶음으로 함수는 무조건 뒤에 괄호가 붙습니다. 예로 turtle.left( ) 함수는 거북이가 왼쪽으로 머리를 회전하도록 하는 기능을 만들어 놓은 것입니다.

01 변수란 값을 저장하는 메모리 공간으로 무엇을 담는 그릇이라고 생각할 수 있습니다.

02 print( ) 함수는 ( ) 안의 내용을 한번에 출력합니다. 따라서 괄호 안에서 여러 개를 출력하고 싶다면 콤마(,)로 구분해야 합니다.

03 대입 연산자 =의 왼쪽에는 변수가 있어야 합니다. 오른쪽이 모두 변수일 필요는 없으며 값과 값의 연산 또는 변수와 값의 연산도 상관없이 잘 처리됩니다.

04 변수명을 지을 때는 다음의 규칙에 따라 변수의 의미와 용도를 파악할 수 있도록 지어야 합니다.
  • 변수명은 영문 및 숫자만 사용합니다.
  • 변수명에 언더바(_)를 사용할 수 있습니다.
  • 변수명은 대문자와 소문자를 구분합니다.
  • 변수명에 예약어를 사용할 수 없습니다.

05 input( ) 함수는 키보드로 입력받도록 도와주는 함수입니다. input( )의 특성상 무조건 문자열만 입력받기 때문에 숫자로 사용하기 위해서는 입력받은 문자열을 다시 int( ) 함수를 이용하여 정수로 변환해야 합니다.

01 다음 중에서 <u>잘못된</u> 표현을 고르시오.

① a = 100   ② b = 200   ③ c = a + b   ④ 300 = d

02 다음 코드의 실행 결과를 고르시오.

```
a = 200
b = 300
c = a + b
print( a, '+', b, '=', c)
```

① a + b = c   ② 200 + 300 = 500

③ 200, +, 300, =, 500   ④ 200 '+' 300 '=' 500

03 다음 코드를 실행했을 때 result 변수에 최종적으로 저장되는 값을 고르시오.

```
number1 = 200
number2 = 300
result = number1 + 200
```

① 200   ② 300   ③ 400   ④ 500

04 다음 중 문법상 오류가 발생하는 코드를 고르시오.

① a = 100   ② b = 200   ③ a + b = 300   ④ a = b + 300

05 다음 코드를 실행했을 때 result1과 result2에 들어갈 값을 차례대로 고르시오.

```
number1 = 10
number2 = 2
result1 = number1 * number2
result2 = number1 / number2
```

① 20, 5.0   ② 5.0, 20

③ 20, 20   ④ 5.0, 5.0

06 다음은 문자열의 덧셈이다. 실행 결과를 고르시오.

```
string1 = "안녕"
string2 = "2"
print(string1 + string2)
```

① 안녕안녕   ② 안녕   ③ 22   ④ 안녕2

07 다음 중 변수명으로 사용하기에 올바르지 <u>않은</u> 것을 고르시오.

① mydata2   ② my_data2   ③ 2mydata   ④ _2mydata

08 다음 코드를 실행한 후에, 키보드로 200과 300을 입력했다면 출력될 결과를 고르시오.

```
number1 = input("숫자1 ==> ")
number2 = input("숫자2 ==> ")
print(number1 + number2)
```

① 500   ② 200300   ③ 200   ④ 300

09 문자열, 실수 등을 정수로 변환하는 함수를 고르시오.

① integer( )   ② int( )   ③ input( )   ④ print( )

10 다음과 같은 실행 결과가 나오도록 코드를 작성하시오.

[실행 결과]

```
아이디 ==> BraveGirls
이름 ==> 유정                               사용자 입력
메일 ==> turtle@brave.com
아이디는 BraveGirls 이며, 이름은 유정 이며, 이메일은 turtle@brave.com 입니다
```

11 심화 거북이가 2개의 별표를 그리도록 코드를 작성하시오.

Hint 1   별을 그리기 위해서는 각 점에서 오른쪽으로 144도 회전한다.
Hint 2   거북이의 이동을 음수로 하면 뒤로 이동한다.

CHAPTER 03

연산자

학습목표

• 연산자의 개념과 종류를 익힙니다.

• 주요 연산자인 산술, 대입, 비교, 논리 연산자를 이해합니다.

• 연산자의 우선순위를 이해하고 실습합니다.

Preview

프로그래밍 언어로 할 수 있는 대표적인 것이 '계산' 또는 '연산'입니다. 연산은 컴퓨터가 사람보다 훨씬 빨리 잘할 수 있는 것 중 하나입니다. 그래서 이번 장에서는 연산자에 대해서 학습합니다.

파이썬의 연산자는 산술 연산자에 해당하는 더하기·빼기·곱하기·나누기 외에도 값을 대입하는 대입 연산자와 크다/작다/같다 등의 비교 연산자, AND/OR 등의 논리 비트 연산자가 있습니다. 여러 개라서 좀 복잡해 보이지만, 알고 나면 모두 어렵지 않게 이해할 수 있습니다.

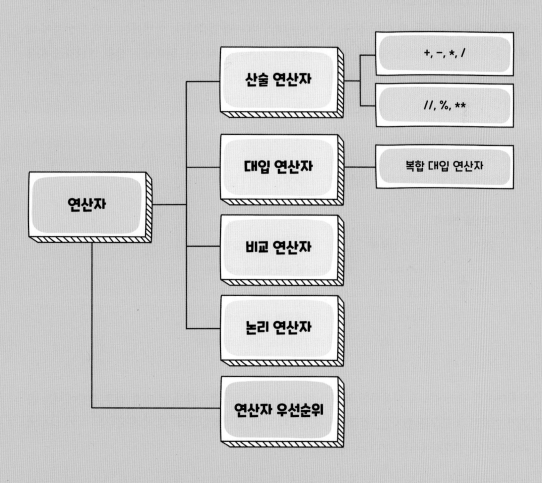

Section 01 산술 연산자

1 기본 산술 연산자

2장에서 계산기를 만들 때 이미 산술 연산자는 여러 번 사용했습니다. 이번에는 산술 연산자에 대해서 완벽하게 정리해 보겠습니다. 파이썬의 가장 기본적인 계산을 위해서는 산술 연산자를 사용합니다. 산술 연산자는 더하기(+), 빼기(−), 곱하기(*), 나누기(/)가 대표적이며, 그 외에도 몇 가지가 더 있습니다.

사칙 연산자

파이썬에서 사용되는 기본적인 산술 연산자를 정리하면 [표 3-1]과 같습니다.

표 3-1 기본 산술 연산자

연산자	사용 예	설명
+	num = 4+3	4와 3을 더한 값을 num에 대입
−	num = 4−3	4와 3을 뺀 값을 num에 대입
*	num = 4*3	4와 3을 곱한 값을 num에 대입
/	num = 4/3	4를 3으로 나눈 값을 num에 대입

사칙연산은 평소에도 늘 사용하던 것이라 별로 어려울 것이 없습니다. 주의할 점은 수학에서는 곱하기 기호를 ×로 사용했지만, 컴퓨터에서는 *가 곱하기 기호입니다. 또 수학에서는 ÷가 나누기 기호였으나, 컴퓨터에서는 /가 나누기 기호입니다.

앞 장에서 언급한 내용도 있지만, 복습을 겸해서 몇 가지 더 연습을 해보죠. 먼저 기본이 되는 더하기부터 해보겠습니다.

```
>>> n1 = 200
>>> n2 = 150
>>> res = n1 + n2
>>> print(res)
350
```

n1과 n2 변수에 값을 넣고, 더하기 연산 결과를 res 변수에 넣은 후 출력했습니다. 정상적으로 실행됩니다. 이번에는 빼기·곱하기·나누기를 한꺼번에 처리해 보겠습니다.

```
>>> res = n1 - n2
>>> print(res)
50
>>> res = n1 * n2
>>> print(res)
30000
>>> res = n1 / n2
>>> print(res)
1.3333333333333333
```

계산 결과는 암산으로도 가능한 부분입니다. 그리고 여러 번 나온 내용이지만, 변수에 새로운 값을 넣으면 기존의 값을 덮어 씁니다. 즉, 기존에 들어 있던 값은 없어지고, 새로운 값만 들어갑니다.

나누기 값을 살펴보겠습니다. 200/150은 4/3과 동일합니다. 암산하면 1과 1/3입니다. 1/3은 0.3333333~ 이므로 결과가 1.3333333~으로 나왔습니다.

다른 프로그래밍 언어에서는 4/3을 1로 계산하기도 합니다. 4가 정수이고, 3도 정수이므로 결과도 정수로 취급해서 1.333333~에서 소수점을 버린 1로 계산합니다. 하지만, 파이썬은 사람이 계산하듯이 그대로 1.33333~으로 계산을 합니다.

산술 연산자의 우선순위

여러 개의 연산자가 동시에 계산에 나올 때가 있습니다. 그럴 때 어떤 연산자가 먼저 계산되는지 정확히 파악해야 계산의 실수가 없습니다. 다음 코드를 실행해서 연산자가 계산되는 순서를 살펴봅시다.

```
>>> a, b, c = 3, 4, 5  •———— a=3, b=4, c=5로 선언됨
>>> print(a + b - c)
2
>>> print(a - c + b)
2
>>> print(-c + a + b)
2
```

더하기와 빼기 연산은 순서를 바꿔도 동일한 결과가 나옵니다. 더하기와 빼기가 함께 나오면 계산을 앞에서부터 뒤로 계산합니다. 즉, 왼쪽에서 오른쪽 방향으로 계산됩니다. 따라서 더하기와 빼기는 어떤 것을 먼저 연산해도 상관 없으며 연산의 우선순위가 동일합니다.

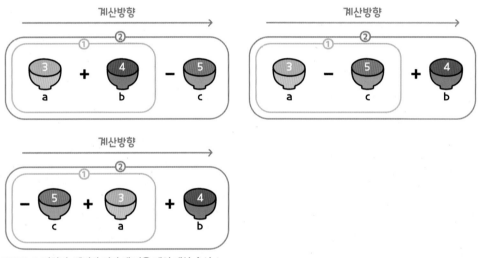

그림 3-1 더하기, 빼기가 여러 개 나올 때의 계산 순서

이번에는 나누기와 곱하기가 함께 나온 경우를 보겠습니다. 곱하기와 나누기 연산도 마찬가지로 순서를 바꿔도 동일한 결과가 나옵니다. 역시 곱하기와 나누기가 함께 나오면 계산을 앞에서부터 뒤로 계산하면 됩니다.

```
>>> a, b, c = 2, 4, 6  •———— a=2, b=4, c=6으로 선언됨
>>> print(a / b * c)
3.0
```

```
>>> print(a * c / b)
3.0
>>> print(c / b * a)
3.0
```

따라서 곱하기와 나누기도 어떤 것을 먼저 연산해도 상관 없으며 연산의 우선순위가 동일합니다.

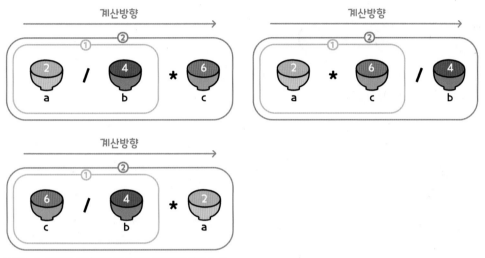

그림 3-2 **곱하기, 나누기가 여러 개 나올 때의 계산 순서**

이번에는 더하기와 곱하기가 함께 나왔을 때를 살펴보겠습니다. 앞과는 상황이 다르므로 코드를 잘 살펴보세요.

```
>>> a, b, c = 3, 4, 5 ●——— a=3, b=4, c=5로 선언됨
>>> print(a * b + c)
17
>>> print(c + a * b)
17
```

우선 결과는 모두 17이 나왔네요. 그런데, 앞에서부터 순서대로 계산하면 결과가 조금 달라집니다.

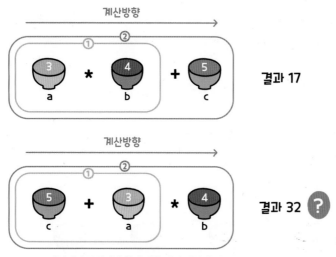

그림 3-3 더하기와 곱하기가 함께 나올 때의 계산 순서 1

첫 번째 수식인 3 * 4+5는 순서대로 계산해도 17이 잘 나옵니다. 그런데, 두 번째 수식 5+3 * 4는 순서대로 계산하면 32가 나와야 할 것 같은데, 17이 나왔네요. 이유를 먼저 말하면 더하기와 곱하기가 함께 나오면 곱하기가 먼저 계산되기 때문입니다. 즉 5+3 * 4는 다음과 같이 3 * 4가 먼저 계산된 후, 그 결과에 5를 더해서 17이 나옵니다. 계산 방향은 오른쪽에서 왼쪽이 됩니다.

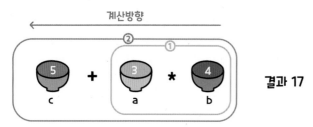

그림 3-4 더하기와 곱하기가 함께 나올 때의 계산 순서 2

결론적으로 더하기(또는 빼기)와 곱하기(또는 나누기)가 함께 섞여서 나오면, 곱하기(또는 나누기)가 먼저 계산된다는 것을 주의합니다. 이 외의 연산자도 우선순위가 있는데 이에 대해서는 잠시 후에 다시 살펴보도록 하겠습니다.

2 몫과 나머지 연산자, 제곱 연산자

파이썬은 사칙연산자 외에도 몇 가지 유용한 연산자를 제공하고 있습니다. 나눌 때 몫만 남기는 연산자, 나머지 값을 구하는 연산자, 제곱을 구하는 연산자가 있습니다.

표 3-2 몫, 나머지, 제곱 연산자

연산자	의미	사용 예	설명
//	나누기(몫)	num = 5//3	5를 3으로 나눈 뒤 소수점을 버리고 num에 대입
%	나머지 값	num = 5%3	5를 3으로 나눈 뒤 나머지 값을 num에 대입
**	제곱	num = 5**3	5의 3제곱을 num에 대입

몫과 나머지에 대해서 확인해 보겠습니다.

```
>>> q = 5 // 3
>>> r = 5 % 3
>>> print(q, r)
1 2
```

5를 3으로 나눈 몫인 1과 나머지인 2가 출력됩니다. 제곱 연산자도 어렵지 않습니다. 5의 3제곱은 다음과 같이 계산하면 됩니다.

```
>>> num = 5 ** 3
>>> print(num)
125
```

나머지 연산자와 몫 연산자을 이용해서 입력된 숫자의 나머지와 몫을 계산하는 간단한 코드를 작성해 보겠습니다.

코드 3-1
ex03-01.py

```
01    num1 = int(input("나눠지는 수 ==> "))
02    num2 = int(input("나누는 수 ==> "))
03
04    q = num1 // num2
05    r = num1 % num2
06
07    print(num1, '을(를)', num2, '(으)로 나눈 몫은 ', q, '입니다.')
08    print(num1, '을(를)', num2, '(으)로 나눈 나머지는 ', r, '입니다.')
```

```
나눠지는 수 ==> 25 ┐
나누는 수 ==> 10 ┘ ── 사용자 입력
25 을(를) 10 (으)로 나눈 몫은  2 입니다.
25 을(를) 10 (으)로 나눈 나머지는  5 입니다.
```

사용자가 입력한 어떤 값이든 나머지와 몫을 구할 수 있습니다.

다음 빈칸에 들어갈 단어를 채우시오.

몫 연산자는 [   ], 나머지 연산자는 [   ], 제곱 연산자는 [   ]이다.

정답

//, %, **

LAB 덤벨의 파운드를 kg으로 환산하기

한빛 헬스장은 미국에서 수입한 덤벨만 사용해 덤벨 무게가 킬로그램(kg)이 아닌 파운드(lb)로만 표시되어 있습니다. 내가 드는 덤벨이 몇 킬로그램인지 알기 위해서 어떻게 해야할까요? 파운드(lb)와 킬로그램(kg)을 상호 변환하는 프로그램을 만들어 봅시다.

[조건]

> 1 파운드(lb) = 0.453592 킬로그램(kg)
> 1 킬로그램(kg) = 2.204623 파운드(lb)

실행 결과

파운드(lb)를 입력하세요 : 15 ●——— **사용자 입력**
15 파운드(lb)는 6.80387 킬로그램(kb)입니다
킬로그램(kg)을 입력하세요 : 15 ●——— **사용자 입력**
15 킬로그램(kg)은 33.06934 파운드(lb)입니다

1. lab03-01.py 파일을 만들고, 파운드 단위의 값을 입력받아 킬로그램으로 변환합니다.

```python
pound = int(input("파운드(lb)를 입력하세요 : "))
kg = pound * 0.453592
print( pound, "파운드(lb)는", kg, "킬로그램(kb)입니다")
```

2. 이번에는 킬로그램 단위의 값을 입력받아 파운드로 변환합니다.

```
kg = int(input("킬로그램(kg)을 입력하세요 : "))
pound = kg * 2.204623
print( kg, "킬로그램(kg)은", pound, " 파운드(lb)입니다")
```

3. Ctrl + S 를 눌러 저장한 후, F5 를 눌러서 실행하고 결과를 확인합니다.

대입 연산자

1 대입 연산자란?

대입 연산자란 오른쪽의 값이나 계산 결과를 왼쪽으로 대입하라는 의미로, '=' 연산자가 가장 기본적인 대입 연산자입니다. 다음 코드를 봅시다.

```
num = 100
num = 100 * 200
num = int("100") + int("200")
```

위의 코드는 모두 [그림 3-5]와 같이 작동합니다.

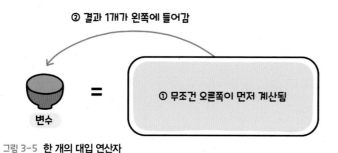

그림 3-5 **한 개의 대입 연산자**

여기서 기억할 중요한 점이 있습니다. =을 기준으로 오른쪽은 숫자, 수식, 문자열, 계산식 등 문법이 틀리지 않다면 무엇이든지 와도 됩니다. 하지만 왼쪽은 꼭 변수 1개만 와야 합니다. 그래야 오른쪽에서 계산 처리된 것이 왼쪽으로 들어갈 수 있습니다.

여러 개의 대입 연산자(=)

콤마(,)로 분리해서 왼쪽에 변수가 2개 이상 나올 수도 있습니다. 그런 경우에는 오른쪽도 반드시 콤마로 분리된 2개의 숫자, 수식, 문자열 등이 와야 합니다.

```
num1, num2 = 100, 200
num1, num2 = 100*200, 100+200
num1, num2 = int("100"), 100//5
```

위 코드는 모두 [그림 3-6]과 같이 작동합니다.

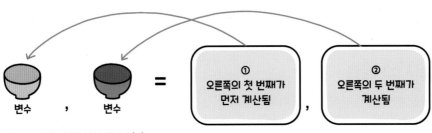

그림 3-6 **여러 개의 대입 연산자(=)**

필요하다면 3개 이상도 한꺼번에 나올 수 있습니다. 단, =을 기준으로 왼쪽과 오른쪽의 개수가 같아야 합니다. 다음은 모두 비정상적인 대입 방식입니다.

```
num1, num2, num3 = 100, 200
num1, num2 = 100
num1 = 100, 200
```

그런데 세 번째인 'num1 = 100, 200'은 코드로 실행하면 오류가 발생하지 않습니다. 이 경우는 좀 특수한 경우로 우선은 비정상적인 대입이라고 기억하세요. 나중에 다시 언급하겠습니다.

'num1 = 100, 200'이 오류가 발생하지 않은 이유는 100, 200이 (100, 200)의 모양으로 변경되어 num1로 들어가기 때문입니다. 이를 튜플(Tuple)이라고 부르는데 7장에서 상세히 다루겠습니다.

확인문제

1. 다음 빈칸에 들어갈 단어를 채우시오.

대입 연산자는 기호로 [   ](을)를 사용하는데, 오른쪽이 먼저 계산된 후에 왼쪽 변수에 대입하라는 연산자이다.

2. 다음 보기 중에서 오류가 발생하는 것을 고르시오.

① n1 = 100

② n1, n2 = 100, 200

③ n1, n2, n3 = 100, 200, 300

④ n1, n2 = 100

정답

1. =   2. ④

---

② 대입 연산자의 활용

변수에 값을 변경한 후에 다시 자신에게 대입하는 복합 연산자의 역할을 살펴보겠습니다.

자신과 계산한 후, 다시 자신에게 대입하기

변수에 값을 변경한 후에 다시 자신에게 대입할 수도 있습니다.

```
>>> num1 = 100
>>> num1 = num1 + 200
>>> print(num1)
300
```

위 코드의 두 번째 행은 [그림 3-7]과 같이 작동합니다.

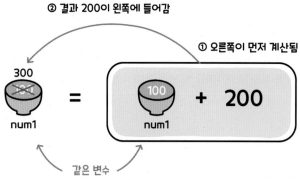

그림 3-7 **자신과 연산 후 다시 자신에게 대입하기**

먼저 오른쪽의 num1에 들어 있는 100과 200을 더해서 300이 됩니다. 그리고, 결과 300이 다시 num1에 들어갑니다. 이렇게 자신의 값을 다시 변경하는 경우는 상당히 많이 있습니다. 이 코드를 줄여서 다음과 같이 사용할 수 있습니다.

```
>>> num1 = 100
>>> num1 += 200
>>> print(num1)
300
```

'num1 = num1 + 200'과 'num1 += 200'은 동일한 코드입니다. 많이 사용하는 코드이므로 잘 기억해 두세요. += 외에도 -=, *=, /=, %=, //=, **=을 사용할 수 있습니다.

표 3-3 **복합 대입 연산자**

연산자	사용 예	설명
+=	num += 3	num = num + 3 과 동일
-=	num -= 3	num = num - 3 과 동일
*=	num *= 3	num = num * 3 과 동일
/=	num /= 3	num = num / 3 과 동일
//=	num //= 3	num = num // 3 과 동일
%=	num %= 3	num = num % 3 과 동일
**=	num **= 3	num = num ** 3 과 동일

간단한 연습으로 대입 연산자를 마무리 짓겠습니다. 결과를 바로 보면 이해가 될 겁니다.

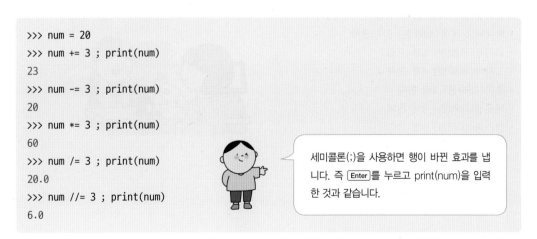

```
>>> num = 20
>>> num += 3 ; print(num)
23
>>> num -= 3 ; print(num)
20
>>> num *= 3 ; print(num)
60
>>> num /= 3 ; print(num)
20.0
>>> num //= 3 ; print(num)
6.0
```

세미콜론(;)을 사용하면 행이 바뀐 효과를 냅니다. 즉 Enter 를 누르고 print(num)을 입력한 것과 같습니다.

```
>>> num %= 3 ; print(num)
0.0
>>> num **= 3 ; print(num)
0.0
```

하나 더 알기 ✓ **다른 언어의 증감 연산자**

C나 Java 등의 언어에서는 변수에 1을 증가시키기 위해서 num++, 1을 감소시키기 위해서 num--의 형식이 제공되지만, 파이썬은 ++나 --의 형식은 사용할 수 없습니다. 대신 num += 1, num -= 1을 사용하면 됩니다.

LAB 편의점 하루 매출 계산하기

편의점에서는 물품을 본사에서 구입하면 물품값을 지불하고, 물품이 손님에게 판매되면 물품값을 받습니다. 이때 편의점에서는 본사에서 구입한 물품의 가격에 일부 이익을 붙여서 손님에게 판매합니다. 오늘 구입 또는 판매한 물건의 총 매출을 계산하는 프로그램을 만들어 봅시다.

	캔 커피	삼각김밥	바나나 우유	도시락	콜라	새우깡
구입 가격	500	900	800	3500	700	1000
판매 가격	1800	1400	1800	4000	1500	2000

[구매/판매 내역]

• 삼각김밥(900원) 10개 구입
• 바나나맛 우유(1800원) 2개 판매
• 도시락(3500원) 5개 구입
• 도시락(4000원) 4개 판매
• 콜라(1500원) 1개 판매
• 새우깡(2000원) 4개 판매
• 캔커피(1800원) 5개 판매

실행 결과

오늘 총 매출액은 11600 원입니다

1. lab03-02.py 파일을 만들고, 총 매출액 변수 total을 0으로 초기화합니다.

```
total = 0
```

2. 구입한 물품은 구입 가격에 개수를 곱한 후 총 매출액에서 뺍니다.

```
total -= 900*10
total -= 3500*5
```

3. 판매한 물품은 판매 가격에 개수를 곱한 후, 총 매출액에 더합니다.

```
total += 1800*2
total += 4000*4
total += 1500
total += 2000*4
total += 1800*5
```

4. 마지막으로 총 매출액을 출력합니다. 파일을 저장하고 F5를 눌러 실행 결과를 확인합니다.

```
print("오늘 총 매출액은 ", total, "원입니다")
```

Section 03 비교 연산자와 논리 연산자

1 비교 연산자란?

비교 연산자는 어떤 것이 큰지, 작은지, 같은지를 비교하는 것으로 그 결과는 참(True)이나 거짓 (False)이 됩니다. 비교 연산자를 단독으로 사용하는 경우는 거의 없으며, 조건문이나 반복문과 함께 사용합니다. 실제 조건문 코드는 5장에서 알아보고, 지금은 비교 연산자가 어떻게 작동하는지 살펴보겠습니다. 비교 연산자의 결과는 Yes 또는 참을 의미하는 True와 No 또는 거짓을 의미하는 False로 표시합니다.

> 비교 연산자를 관계 연산자 라고도 부릅니다.

먼저 기본적인 비교 연산자를 살펴보죠. '100과 200 중 어떤 것이 크다 또는 작다'라는 문장을 참 (Ture) 또는 거짓(False)으로 구분해 보겠습니다.

(a) 100은 200 보다 작다: 참(True)   (b) 100은 200 보다 크다: 거짓(False)

그림 3-8 비교 연산자의 기본 개념

[그림 3-8](a)를 보면 100이 200 보다 작기 때문에 결과는 참을 의미하는 True가 됩니다. 반면 (b) 는 100이 200 보다 크지 않으므로 결과가 거짓을 의미하는 False가 된 것입니다.

> (a)는 100이 200보다 작다라고 읽습니다. 앞에 나온 것을 먼저 기준으로 얘기하기 때문에 200이 100보다 크다라고 읽지는 않습니다.

② 비교 연산자의 활용

그런데, 파이썬에서는 이렇게 '100 < 200' 또는 '100 > 200'처럼 뻔히 결과가 결정된 비교는 잘 사용하지 않습니다. 다음과 같이 변수에 들어 있는 값을 주로 사용합니다.

① 시험 점수를 입력하세요.

② 시험 점수가 70 이상인가요?

그림 3-9 **입력 점수에 따른 비교 연산자의 사용**

운전면허 필기 시험점수를 입력받아서 70점 이상이면 합격(True), 그렇지 않으면 불합격(False)으로 처리합니다. 이 내용을 [코드 3-2]의 예제로 작성해 봅시다.

코드 3-2   ex03-02.py

```
01    score = int(input("필기 시험점수를 입력하세요 ==>"))
02    print(score >= 70)
```

필기 시험점수를 입력하세요 ==> 80 ●───────── **사용자 입력**
True

1행에서 점수(score)를 입력받았습니다. 2행에서 점수가 70 이상(= 크거나 같다)을 의미하는 >= 기호를 사용했습니다. 결과는 True가 나왔네요. 입력한 값이 80이고, 80은 70 이상이므로 True가 출력되었습니다.

파이썬에서 사용할 수 있는 비교 연산자의 종류를 정리하면 [표 3-4]와 같습니다.

표 3-4 **비교 연산자**

연산자	의미	설명
==	같다	두 값이 동일하면 참(True)
!=	같지 않다	두 값이 다르면 참(True)
>	크다	왼쪽이 크면 참(True)
<	작다	왼쪽이 작으면 참(True)
>=	크거나 같다	왼쪽이 크거나 같으면 참(True)
<=	작거나 같다	왼쪽이 작거나 같으면 참(True)

관계 연산자의 예제를 통해서 확인해 봅시다.

```
>>> n1 = 100
>>> n2 = 200          ┌─── n1은 n2와 같음
>>> print(n1 == n2 , n1 != n2)
False True            └──── n1은 n2와 같지 않음
>>> print(n1 > n2 , n1 < n2)
False True
>>> print(n1 >= n2 , n1 <= n1)
False True
```

하나 더 알기 ∨ **비교 연산자(==)와 대입 연산자(=)**

n1과 n2가 같은지 확인하는 비교 연산자는 ==입니다. 그런데, 가끔 수학의 같다(=) 연산자와 헷갈려 =을 하나만 쓰는 경우가 있습니다.

```
>>> print(n1 = n2)
오류 발생
```

이 경우 오류가 발생합니다. 'n1 = n2'는 n2의 값을 n1에 대입하라는 의미이지, 비교 연산자가 아니기 때문입니다.

③ 논리 연산자란?

논리 연산자는 비교 연산자가 여러 번 필요할 때 사용합니다. 종류로는 and(그리고), or(또는), not(부정) 세 가지가 있습니다. 예를 들어 num 변수의 값이 10과 20 사이에 있어야 한다(10과 20은 제외)면 두 가지 조건을 만족해야 합니다. num은 10보다 커야 한다 '그리고' num은 20보다 작아야 한다입니다.

여기서 중요한 점은 '그리고' 입니다. num이 10과 20사이에 있으려면 두 조건이 모두 만족해야 하기 때문입니다. 즉, num은 10보다 커야 한다도 참(True)이어야 하고, num은 20보다 작아야 한다도 참(True)이어야 합니다. 파이썬 코드로는 다음과 같이 표현할 수 있습니다.

```
(num > 10) and (num < 20)
```

위 코드를 그림으로 표현하면 다음과 같습니다.

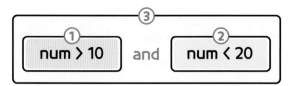

그림 3-10 and 연산

계산되는 차례는 먼저 ① num > 10이 True 또는 False인지 확인합니다. 그리고, ② num < 20이 True 또는 False인지 확인합니다. 마지막으로 ①과 ②의 결과를 and로 처리합니다. and는 둘 다 True여야 True가 됩니다. 하나라도 False가 있으면 and의 결과는 False입니다.

 위 코드에서 괄호를 빼도 연산자 우선순위에 의해서 'num > 10'과 'num < 20'이 먼저 처리되고, and가 제일 마지막에 처리됩니다. 하지만, 괄호로 인해서 더 명확하게 처리되는 순서가 보이므로 되도록 괄호를 사용하는 것이 좋습니다.

이처럼 and 연산자는 두 조건이 모두 참이어야 참이 됩니다. 이와 달리 or 연산자는 둘 중 하나만 참이어도 참이 됩니다. 논리 연산자의 종류를 정리하면 다음과 같습니다.

표 3-5 논리 연산자

연산자	의미	설명	사용 예
and	그리고(AND)	둘 다 참이어야 참	(num > 10) and (num < 20)
or	또는(OR)	둘 중 하나만 참이어도 참	(num == 10) or (num == 20)
not	부정(NOT)	참이면 거짓, 거짓이면 참	not(num < 100)

간단한 예제로 논리 연산자의 결과를 확인해 봅시다.

```
>>> num = 99
>>> (num > 100) and (num < 200)
False
>>> (num == 99) or (num == 100)
True
>>> not(num == 100)
True
```

(num > 100) and (num < 200)은 num이 100과 200 사이에 있는지를 묻고 있습니다. 즉 num이 100보다 크다. 그리고 num이 200보다 작다를 의미하는데, num은 99이므로 (num > 100)은 거짓, (num < 200)은 참이 됩니다. 결국 거짓 and 참이므로 그 결과는 거짓(False)이 됩니다.

(num == 99) or (num == 100)은 num이 99여도 되고, num이 100이어도 됩니다. 즉 둘 중 하나만 참이어도 참이 됩니다. 역시 num은 99이므로 (num == 99)는 참, (num == 100)은 거짓이 되어서 참 or 거짓이므로 그 결과는 참(True)이 됩니다.

not(num == 100)은 num이 99이므로 (num == 100)은 거짓이 되지만, 거짓의 반대는 참이 되므로 참(True)이 출력됩니다.

하나 더 알기 ✓ **파이썬에서 제공하는 논리 연산자 방식**

파이썬은 100과 200 사이에 num이 있는 것을 수학에서 사용하던 형식과 동일하게 다음과 같이 표현할 수도 있습니다.

```
100 < num < 200
```

더 편리해 보이지만, 파이썬 외에 다른 프로그래밍 언어에서는 이런 형식을 사용할 수 없습니다.

확인문제

1. 다음 빈칸에 들어갈 단어를 채우시오.

비교 연산자 중에 같다는 [   ]이고, 같지 않다는 [   ]이다.

2. 다음 빈칸에 들어갈 단어를 채우시오.

둘 다 참이어야 참이 되는 논리 연산자는 [   ]이고, 둘 중에 하나만 참이어도 참이 되는 논리 연산자는 [   ]이다.

정답

1. ==, !=   **2.** and, or

Section 04 연산자의 우선순위

파이썬에는 연산자의 종류가 상당히 많이 있습니다. 한 줄에 여러 연산자가 동시에 나올 경우 어떤 연산자를 먼저 계산할지 이미 결정되어 있는데, 이런 순서를 연산자 우선순위라고 합니다. 앞에서 더하기보다 곱하기의 우선순위가 높은 것은 확인했습니다. 그런데, 연산자들이 하나씩 나오는 것이 아니라 여러 개가 동시에 나오게 되면 어떤 것을 먼저 처리할지를 고려해야 합니다.

다음 표는 파이썬에서 여러 개의 연산자가 동시에 나왔을 때 처리되는 연산자의 우선순위입니다. 아직 배우지 않은 것이 많습니다. 우선은 가볍게 살펴보고 향후에 연산자가 동시에 나오면 [표 3-6]을 참조합니다. 먼저 괄호가 최우선순위이며 대입 연산자는 나중에 처리된다는 점만 기억하세요.

표 3-6 **연산자의 우선순위**

연산자 우선순위	연산자	설명
1	( ) [ ] { }	괄호, 리스트, 딕셔너리, 세트 등
2	**	제곱
3	+ - ~	단항 연산자
4	* / % //	산술 연산자
5	+ -	산술 연산자
6	《 》	비트 시프트 연산자
7	&	비트 논리곱
8	^	비트 배타적 논리합
9	|	비트 논리합
10	< > >= <=	관계 연산자
11	== !=	동등 연산자
12	= %= /= //= -= += *= **=	대입 연산자
13	not	논리 연산자
14	and	논리 연산자
15	or	논리 연산자
16	if ~ else	비교식

> 여기서 +와 -는 더하기와 빼기가 아니라, 숫자나 변수 앞에 붙는 플러스, 마이너스 부호를 의미합니다.

다음 항목 중에서 연산자 우선순위가 가장 높은 것과 가장 낮은 것을 고르시오.

덧셈(+), 곱셈(*), 제곱(**), 대입(=), 대괄호([ ])

정답

대괄호([ ])의 우선순위가 가장 높고, 대입(=)의 우선순위가 가장 낮음

하나 더 알기 ∨ **파이썬 주석**

주석(Remark)은 코드에 설명을 달 때 사용합니다. 사실 주석은 있어도 실행되지 않기 때문에 프로그램과 관련이 없어 보입니다. 하지만 주석 없이 몇 백 또는 그 이상의 행으로 작성된 소스 코드를 이해하기는 상당히 어렵습니다. 그래서 실무에서는 주석을 많이 달도록 권장하고 있습니다.

■ **한 줄 주석**

먼저 주석에는 # 기호가 있는데, #은 한 줄 주석을 의미합니다. #이 나오면 그 이후부터는 주석이 되며 실행 결과에 영향을 미치지 않습니다.

코드 3-3 ex03-03.py

```
01    # print("여기는 주석~")
02    print("안녕~ 파이썬!")        # 여기부터 주석임
```

안녕~ 파이썬

1행은 #이 제일 앞에 나왔으므로, 그 줄 전체가 주석이 되어서 실행되지 않습니다. 2행은 print() 이후에 #이 나왔으므로 #이 나온 부분 이후부터 주석이 됩니다.

■ **여러 줄의 주석**

여러 줄을 주석으로 처리하려면 큰따옴표 또는 작은따옴표가 연속으로 3개씩 나오면 됩니다. 다음은 큰따옴표 사이의 모든 행이 주석이 됩니다.

코드 3-4 ex03-04.py

```
01    """
02    이 줄은 주석임
03    이 줄도 주석임
04    """
```

실행 결과 없음

한빛 대학교 1학년인 난생이는 기말고사 성적표를 받았습니다. 다음 성적표를 참고하여 난생이의 평균 학점을 구해봅시다. 이때 연산자의 우선순위를 주의해야 합니다.

과목(이수학점)	성적
파이썬(3)	B(3.5)
모바일(2)	A0(4.0)
엑셀(1)	A(4.5)

실행 결과

평균 학점 : 3.83

1. lab03-03.py 파일을 만들고, 파이썬, 모바일, 엑셀 변수에 각각의 이수학점을 넣어 선언합니다.

```
python = 3
mobile = 2
excel = 1
```

2. A, A0, B 학점에 대응하는 점수를 넣어 선언합니다.

```
A = 4.5
A0 = 4.0
B = 3.5
```

3. 과목과 해당하는 점수를 곱하여, 전체 학점 점수로 나눕니다. 이때 연산자의 우선순위를 주의하여 괄호로 묶어줍니다.

```
avg = ((python * B) + (mobile * A0) + (excel * A)) / (python + mobile + excel)
```

4. 평균 학점을 출력하고, F5 를 눌러서 결과를 확인합니다.

```
print("평균 학점 : ", avg)
```

거북이를 그리는 펜의 변화

문제

거북이가 선을 긋지 않으면서 이동해 보겠습니다. turtle.penup() 함수는 거북이가 펜을 드는 함수입니다. 즉, 앞으로는 선을 그리지 않겠다는 의미입니다. 다시 선을 그리고 싶을 때는 turtle.pendown() 함수를 사용하면 됩니다.

해결

1. turtle.penup() 함수로 펜을 들고 turtle.forward()로 이동시키면 선을 그리지 않고 거북이가 펜을 들고 아래쪽으로 100만큼 이동합니다.

```
>>> turtle.penup()
>>> turtle.forward(100)
```

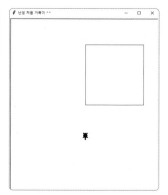

> 거북이가 꼬리로 선을 그린다고 생각하면 쉽습니다. turtle.penup()은 꼬리를 드는 동작이고, tutle.pendown()은 꼬리를 내리는 동작이라고 보면 됩니다. 처음 거북이 그래픽을 시작하면 기본이 꼬리를 내린 상태여서 기존에는 계속 선이 그려졌던 것입니다.

2. 이번에는 펜을 다시 내리고, 오른쪽으로 머리를 회전시킨 후에 선을 그어보겠습니다. 그전에 펜의 두께도 좀 두껍게 하고 펜의 색상도 변경하겠습니다.

   turtle.pensize()는 펜의 두께를 미리 설정합니다. 펜 두께는 1~10 사이로 지정하면 적당합니다. turtle.pencolor()는 펜의 색상을 미리 설정합니다. 색상은 red, green, blue 등 다양하게 설정할 수 있습니다.

```
>>> turtle.pensize(5)          펜의 두께 변경
>>> turtle.pencolor("red")     펜의 색상 변경
>>> turtle.right(90)           오른쪽으로 회전
>>> turtle.pendown()
>>> turtle.forward(200)
```

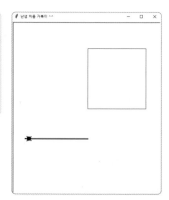

입력한 값만큼 거북이 움직이기

문제

사용자가 입력한 거리와 각도만큼 거북이가 이동하는 코드를 작성해 보겠습니다. 이때 이동하는 횟수는 무한 반복합니다.

```
거북이의 회전 각도 : 45
거북이가 이동 거리 : 200
...생략...
거북이의 회전 각도 : 45
거북이가 이동 거리 : 250
```
————— 사용자 입력

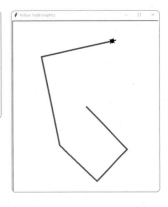

반복문에 대해서는 6장에서 상세히 배웁니다. 지금은 거북이가 계속 선을 그릴 수 있도록 무한 반복에 대한 내용만 미리 잠깐 다루겠습니다.

해결

1. 다음 코드는 무한 반복을 하는 코드입니다. `while True :` 문장은 그 아래 행들을 무한 반복을 하라는 의미입니다. 그런데, 주의할 점은 그 아래 행들은 4칸의 들여쓰기가 되어 있어야 합니다. 만약 들여쓰기가 되어 있지 않으면, 그 부분은 반복의 대상이 아닙니다.

```
while True :
    pass ●——— 이 부분을 무한 반복함
```

`pass`는 그냥 아무 것도 하지 않는 코드입니다. 따라서 위의 코드는 아무 것도 하지 않은 채로 무한 반복 중이기 때문에 화면이 멈춰 있을 것입니다. 무한 반복을 멈추려면 Ctrl+C를 누르면 됩니다. 그러면 KeyboardInterrupt 메시지와 함께 무한 반복이 멈춥니다.

2. 이제 사용자가 각도와 거리를 입력하면, 거북이가 그 각도와 거리로 계속 이동하는 코드를 작성해 보겠습니다.

ch03_turtle_01.py

```
01   import turtle ●————————————————————————————  거북이 그래픽 사용 설정
02
03   turtle.shape("turtle")
04   turtle.pensize(5)              // 펜의 두께: 5
05   turtle.pencolor("blue")        // 펜의 색상: 파란색
06
07   while True :
08       angle = int(input("거북이의 회전 각도 : "))    거북이의 회전 각도와 선을 그릴
09       distance = int(input("거북이의 이동 거리 : "))  거리를 입력받음
10
11       turtle.right(angle)                         거북이를 오른쪽으로 회전시키고
12       turtle.forward(distance)                    입력한 거리만큼 선을 그림
```

요약

01 파이썬에서 주로 사용하는 산술 연산자는 더하기(+), 빼기(−), 곱하기(∗), 나누기(/), 몫(//), 나머지(%), 제곱(∗∗)이 대표적입니다.

02 여러 개의 연산자가 동시에 계산에 나올 때는 어떤 연산자가 먼저 계산되는지 정확히 파악해야 계산의 실수가 없습니다.

03 대입 연산자란 오른쪽의 값이나 계산 결과를 왼쪽으로 대입하라는 의미로, '='연산자가 가장 기본적인 대입 연산자입니다.

04 비교 연산자는 어떤 것이 큰지, 작은지, 같은지를 비교하는 것으로 그 결과는 참(True)이나 거짓(False)이 됩니다. 비교 연산자를 단독으로 사용하는 경우는 거의 없으며, 조건문이나 반복문과 함께 사용합니다.

05 논리 연산자는 비교 연산자가 여러 번 필요할 때 사용합니다. 종류로는 and(그리고), or(또는), not(부정) 세 가지가 있습니다.

06 파이썬에는 연산자의 종류가 상당히 많이 있습니다. 한 줄에 여러 연산자가 동시에 나올 경우 어떤 연산자를 먼저 계산할지 이미 결정되어 있는데, 이런 순서를 연산자 우선순위라고 합니다.

01 다음 중 사칙 연산자 기호가 <u>아닌</u> 것을 고르시오.

① +

② −

③ ×

④ /

02 다음 계산의 결과를 고르시오.

```
num1 = 2
num2 = 3
num3 = 4
print(num1 + num2 * num3)
```

① 20

② 14

③ 10

④ 9

03 다음은 연산자와 설명이다. 설명이 <u>잘못된</u> 것을 고르시오.

① // : 나누기(몫) 연산자

② % : 나머지 연산자

③ ** : 제곱 연산자

④ *** : 제곱근 연산자

04 다음은 대입 연산자 코드이다. 오류가 발생하는 것을 고르시오.

① num1, num2 = 10, 20

② num1, num2, num3 = 10, 20, 30

③ num1, num2 = 10

④ num1 = 20

05 다음은 대입 연산자에 대한 설명이다. 설명이 맞는 것을 고르시오.

```
num = 100
value = num + 200
```

① =의 오른쪽이 모두 계산된 후에 왼쪽에 대입되므로 value에는 300이 대입됨

② =의 왼쪽이 먼저 계산되므로 num에는 300이 대입됨

③ value와 num에는 동일한 값이 대입됨

④ num에는 100이 value에는 200이 대입됨

06 다음은 복합 대입 연산자이다. 잘못된 기호를 고르시오.

① +=

② -=

③ ×=

④ /=

07 다음 코드를 실행한 결과를 고르시오.

```
num1 = 100
num1 = num1 + 1
num1 -= 2
print(num1)
```

① 99

② 100

③ 101

④ 102

08 다음 비교 연산자 중에서 결과가 True인 것을 고르시오.

① 10 > 20

② 10 == 20

③ 10 >= 20

④ 10 <= 20

09 다음 논리 연산자 중에서 결과가 True인 것을 고르시오.

① 10 > 20 and 10 == 20

② 10 == 20 and 10 > 20

③ 10 >= 20 and 10 > 20

④ 10 <= 20 and 10 < 20

10 다음 연산자 중에서 가장 우선순위가 높은 것을 고르시오.

① *

② /

③ =

④ ( )

11 다음과 같은 결과가 나오도록 코드를 작성하시오.

[실행 결과]

```
숫자 1 ==>100 ┐
숫자 2 ==>3   ┘●────── 사용자 입력
100 / 3 = 33.333333333333336
100 % 3 = 1
100 // 3 = 33
100 ** 3 = 1000000
```

12 심화 거북이의 모양, 선 두께, 색상을 사용자가 입력해서 결정한 후에, 사용자가 입력하는 각도와 거리만큼 무한 반복해서 이동하는 코드를 작성하시오.

[실행 결과]

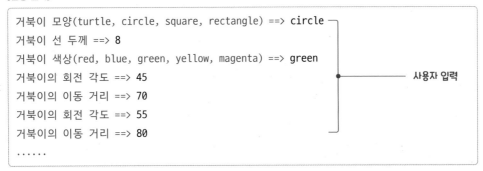

거북이 모양(turtle, circle, square, rectangle) ==> circle
거북이 선 두께 ==> 8
거북이 색상(red, blue, green, yellow, magenta) ==> green
거북이의 회전 각도 ==> 45
거북이의 이동 거리 ==> 70
거북이의 회전 각도 ==> 55
거북이의 이동 거리 ==> 80
......

사용자 입력

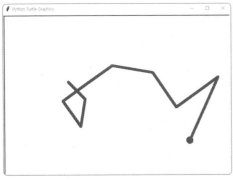

CHAPTER 04

데이터형과 문자열

학습목표

- 파이썬의 데이터 형식을 이해합니다.
- 데이터형을 활용한 응용 프로그램을 작성합니다.
- 문자열에 대해 이해하고, 응용 방법을 학습합니다.
- 문자열 함수의 종류와 그 활용법을 익힙니다.

Preview

파이썬의 데이터형은 정수, 실수, 문자열, 불 등으로 나뉩니다. 요리를 할 때도, 그릇이나 접시의 종류는 한 가지가 아니라 여러 종류가 필요합니다. 그래야 맛있고 보기 좋은 고급 요리를 만들 수 있을 겁니다. 마찬가지로 프로그래밍을 할 때도 다양한 데이터형을 사용해야 제대로 된 프로그램을 작성할 수 있습니다.

이번 장에서는 데이터형에 대한 상세한 이해와 사용법을 학습하고, 추가로 사용 빈도가 높은 문자열에 대해서는 활용 방법까지 함께 학습하는 시간을 갖겠습니다.

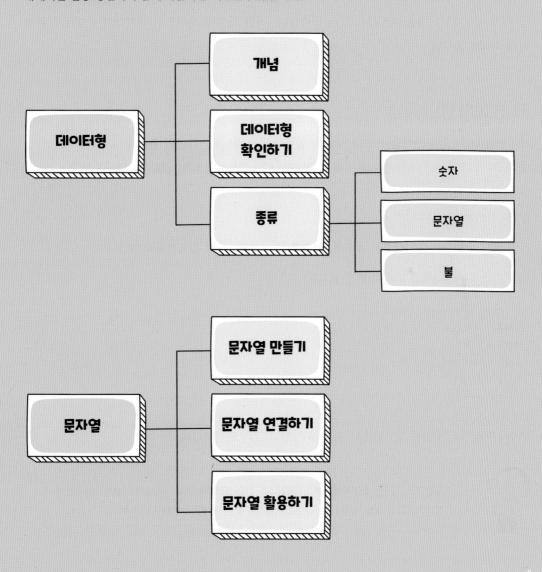

데이터형이란?

지금까지는 데이터형에 대해서 특별히 생각하지 않고 코딩을 해왔습니다. 하지만 고급 프로그래밍을 위해서는 데이터형을 이해하는 것이 좋습니다. 이번 기회에 파이썬의 데이터형에 대해서 완전하게 이해해 봅시다.

1 데이터형의 개념

데이터형(Data Type)이란 변수나 상수의 종류를 의미합니다. 그릇의 용도에 따라 국그릇, 밥그릇, 냄비 등이 있는 것처럼 변수의 종류도 다양합니다. 기본적인 데이터형부터 살펴봅시다.

4가지 기본 데이터형

가장 많이 사용하는 데이터형은 정수형, 실수형, 문자열형, 불형 등 4가지가 있습니다.

먼저 각각의 변수 4개를 준비해 보겠습니다.

```
var1 = 100
var2 = 3.14
var3 = "파이썬"
var4 = True
```

변수 4개에 각각의 값을 대입했습니다. 다음 그림과 같은 의미입니다.

불형(Boolean)은 조금 특이한 데이터형입니다. 참을 의미하는 True, 거짓을 의미하는 False 중 한 가지만 저장할 수 있는 데이터 형식입니다. 다음 5장에서 배울 if문과 관련이 깊습니다.

그림 4-1 **변수의 종류**

var1은 100이라는 소수점이 없는 데이터형인 정수(Integer)를 대입했습니다. 그러면 var1은 정수형 변수가 되는 것입니다. var2는 소수점이 있는 데이터형인 실수(Float)를 대입해서 var2는 실수형 변수가 되었습니다. var3에는 문자열(String) 데이터형을 대입해서, 문자열형 변수가 되었습니다. 마지막으로 var4는 불(Bool) 데이터형을 대입해서, 불형 변수가 되었습니다.

2 데이터형 확인하기

변수에 정수를 대입하면 정수형 변수, 실수를 대입하면 실수형 변수가 되는 것을 확인했습니다. 그렇다면, 이미 만들어진 그릇(=변수)의 종류를 확인하려면 어떻게 해야 할까요? 바로 type( ) 함수를 사용하면 됩니다. 뚜껑이 닫혀 있는 요리 그릇을 살짝 열어서 확인하는 것으로 생각하면 됩니다.

```
>>> var1 = 100
>>> type(var1)
<class 'int'>
```

결과를 보면 `<class 'int'>`라고 나왔습니다. `class`는 일단 무시하고, `int`만 봅시다. `int`는 Integer의 약자로 정수라는 의미입니다. 즉, var1은 정수 그릇이 된 것입니다.

이번에는 실수형, 문자열형, 불형을 넣고 확인해 봅시다.

```
>>> var2 = 3.14
>>> type(var2)
<class 'float'>●── 실수형
```

```
>>> var3 = "파이썬"
>>> type(var3)
<class 'str'>●── 문자열형
```

```
>>> var4 = True
>>> type(var4)
<class 'bool'>●── 불형
```

var2는 실수(Float)인 float로, var3은 문자열(String)인 str로, var4는 불(Bool)인 bool로 출력이 되었습니다.

이때 주의할 점이 있습니다. var1은 현재 정수형입니다. 그런데 var1에 다시 "Hello"라는 문자열을 넣고 type()으로 확인해 봅시다.

```
>>> type(var1)
<class 'int'>●──────── 정수형
>>> var1 = "Hello"
>>> type(var1)
<class 'str'>●──────── 문자열형
```

데이터형을 확인해보니 틀림없이 정수형 int였던 var1이 문자열 str로 변경되었습니다. 즉, 변수형은 고정되지 않고 데이터형을 넣을 때마다 그때그때 변경되는 것입니다.

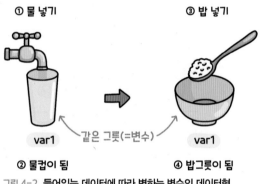

그림 4-2 **들어있는 데이터에 따라 변하는 변수의 데이터형**

[그림 4-2]처럼 그릇에 물을 넣으면 물컵이 되고, 같은 그릇에 밥을 넣으면 그때부터는 밥그릇이 되는 것입니다. 즉 var1에 정수를 넣으면 정수형 변수가 되고, var1에 다시 문자열을 넣으면 문자열형 변수가 됩니다.

데이터형의 종류

파이썬에서 지원하는 기본적인 데이터 형식으로 정수형, 실수형, 문자열형, 불형이 있다는 것을 살펴보았습니다. 이번에는 정수형, 실수형, 문자열, 불형에 대해서 좀 더 자세히 살펴봅시다.

1 숫자 데이터 형식

숫자 데이터 형식은 소수점의 여부에 따라 크게 정수형(Integer)과 실수형(Float)으로 나눌 수 있습니다. 먼저 정수형은 소수점이 없는 수를 의미합니다. 파이썬에서는 10, −300, 0 등을 기본적인 정수형으로 사용합니다.

```
>>> var1 = 123
>>> type(var1)
<class 'int'>
```

var1 변수에 정수인 123을 넣는 순간에 var1은 정수형 변수가 됩니다. int는 가장 기본적인 정수 데이터 형식입니다. 참고로 파이썬에서 int 형에는 엄청나게 큰 숫자도 저장할 수 있습니다. 즉, 저장할 크기에 제한이 없습니다.

예를 들어 다음 코드를 보면, 100의 100제곱을 한 결과를 var1에 넣어도 잘 들어갑니다. int의 크기에 제한이 없는 것을 확인할 수 있습니다.

```
>>> var1 = 100**100
>>> print(var1)
10000000000000000000000000000000000000000000000000000000000000000000000000000000
00000000000000000000000000000000000000000000000000000000000000000000000000000000
00000000000000000000000000
```

다른 언어(C, Java, C# 등)에서는 정수의 크기에 제한이 있어서 short, int, long 등으로 다양한 정수형을 사용합니다. 하지만, 파이썬은 int 하나로 모두 해결합니다.

실수형은 3.14, −8.8처럼 소수점이 있는 숫자를 의미합니다. var2 변수에 소수점이 있는 숫자를 넣으니, var2는 실수형 변수인 float으로 나왔습니다.

```
>>> var2 = 3.14
>>> type(var2)
<class 'float'>
```

그렇다면 정수형과 정수형을 계산한 결과의 데이터형은 무엇인지 볼까요?

```
>>> var1 = 100
>>> var2 = 200
>>> res = var1 + var2
>>> print(res)
300
>>> type (res)
<class 'int'>
```

계산된 결과 값은 300으로 정수형이 나왔습니다. 즉 정수와 정수의 연산은 정수가 나옵니다. 그렇다면 실수와 실수의 연산을 해봅시다. 그냥 소수점만 붙이면 실수가 됩니다.

```
>>> var1 = 100.0
>>> var2 = 200.0
>>> res = var1 + var2
>>> print(res)
300.0
>>> type(res)
<class 'float'>
```

계산 결과는 300.0으로 실수와 실수의 연산은 실수가 되었습니다. 그렇다면 정수와 실수의 연산은 무엇이 될까요? 정수와 실수 중에 누가 더 센지 확인해 봅시다.

```
>>> var1 = 100
>>> var2 = 200.0
>>> res = var1 + var2
>>> print(res)
300.0
>>> type(res)
<class 'float'>
```

var1은 정수, var2는 실수입니다. 둘이 연산을 하니 실수가 되었습니다. 결론적으로 정수와 실수의 연산은 실수가 됩니다.

그림 4-3 **정수와 실수의 연산 결과**

여기서 주의할 점이 한 가지 있습니다. 정수와 정수이지만 결과가 실수가 나오는 결과도 있습니다. 다음 코드를 봅시다.

```
>>> var1 = 100
>>> var2 = 200
>>> res = var1 / var2
>>> print(res)
0.5
>>> type(res)
<class 'float'>
```

var1과 var2 모두 정수입니다. 그런데, 정수와 정수의 나눗셈을 하니 결과는 실수가 되었습니다. 정수와 정수의 연산이라 하더라도 나눗셈을 하면 실수가 되는 점을 기억하기 바랍니다.

② 문자열 데이터 형식

문자열(String)이란 글자들의 집합을 의미합니다. "파이썬", 'python', '123' 등은 모두 문자열입니다. 문자열은 양쪽을 큰따옴표("")나 작은따옴표('')로 감싸야 합니다.

```
>>> var1 = "난생처음 파이썬"
>>> print(var1)
난생처음  파이썬
>>> type(var1)
<class 'str'>
```

문자열은 String의 약자로 str로 표현됩니다. 그리고 중간에 띄어쓰기가 있어도 상관없습니다.

문자열에 대해서 간단히 살펴봤습니다. 문자열은 지금 얘기한 것 외에도 활용할 것들이 더 많으니 잠시 후에 다시 알아보겠습니다.

다른 언어(C, Java, C# 등)에서는 한 글자를 저장하기 위해서는 작은따옴표를 사용하고, 여러 글자를 저장하기 위해서는 큰따옴표를 사용합니다. 하지만 파이썬은 둘 중 아무거나 사용해도 됩니다.

③ 불 데이터 형식

불(Bool)형은 참(True)이나 거짓(False)만 저장할 수 있는 데이터 형식으로, 논리형이라고도 합니다.

```
>>> var1 = True
>>> type(var1)
<class 'bool'>
```

청기 올려!

불형은 단독적으로 사용되기 보다는, if문에서 주로 사용됩니다. 5장에서는 if문을 상세히 배우는데, 그때 다시 언급하겠습니다.

그림 4-4 **True, False로만 구분되는 불형**

불형은 True와 False만을 저장합니다. 다음 코드를 봅시다.

```
>>> var1 = (100 > 10)
>>> print(var1)
True
```

```
>>> var2 = (100 <= 20)
>>> print(var2)
False
```

var1에는 (100 > 10)의 결과가 들어갑니다. 이 결과는 참이므로 True가 var1에 들어간 것입니다. 반면 (100 <= 20)은 거짓이므로 var2에는 False가 들어갑니다.

확인문제

1. 다음 중 잘못된 것을 고르시오.

　① 파이썬에서 정수형은 int로 표현한다.
　② 파이썬에서 정수의 크기에는 제한이 있다.
　③ 정수와 정수를 덧셈하면 정수가 된다.
　④ 정수와 정수를 나눗셈하면 정수가 된다.

2. 다음 중 내용이 잘못된 것을 모두 고르시오.

　① 문자열은 작은따옴표로 묶을 수 있다.
　② 문자열은 큰따옴표로 묶을 수 있다.
　③ 문자열 중간에 띄어쓰기가 올 수 없다.
　④ 정수와 문자열을 더하면 문자열이 된다.

3. 다음 중 결과가 다른 것 하나를 고르시오.

　① var1 = (30 > 300)　　　　② var1 = (300 <= 300)

　③ var1 = (30 <= 300)　　　　④ var1 = (300 > 30)

정답

1. ②, ④　　2. ③, ④　　3. ①

문자열 알아보기

1 문자열 만들기

문자열은 앞에서 살펴보았듯이 글자들의 집합이며, 큰따옴표 또는 작은따옴표로 묶어서 표현합니다. 문자열은 0개의 글자부터 여러 개의 글자까지 모두 문자열로 취급할 수 있습니다. 다음은 모두 문자열의 형태입니다.

```
>>> var1 = "난생처음 파이썬"
>>> var2 = '난생처음 파이썬'
```

```
>>> var3 = "난"
>>> var4 = '난'
```

```
>>> var5 = ""
>>> var6 = ''
```

var1과 var2는 여러 글자를 문자열로 만든 것이고, var3과 var4는 한 글자를 문자열로 지정했습니다. var5와 var6은 아무것도 없는 0개 글자를 문자열로 지정했습니다. 문자열은 String의 약자인 str로 표현합니다.

여러 줄의 문자열을 표현하고 싶다면, 작은따옴표나 큰따옴표 3개를 연속 사용해서 묶어줍니다.

```
>>> var1 = """난생처음
파이썬을
열공 중입니다."""
>>> print(var1)
난생처음
파이썬을
열공 중입니다.
```

> **하나 더 알기** ∨ **문자열 안에 따옴표 포함시키기**
>
> 문자열은 큰따옴표 또는 작은따옴표로 만드는데, 문자 중간에 작은따옴표 또는 큰따옴표를 출력하고 싶을 수도 있습니다. 그럴 때는 중간에 사용하고 싶은 따옴표와 전체를 묶는 따옴표를 다르게 사용하면 됩니다. 다음 코드를 봅시다.

```
>>> var1 = "작은따옴표는 ' 모양입니다."
>>> var2 = '큰따옴표는 " 모양입니다.'
>>> print(var1)
작은따옴표는 ' 모양입니다.
>>> print(var2)
큰따옴표는 " 모양입니다.
```

var1은 큰따옴표로 전체를 묶었기 때문에 중간에 작은따옴표가 나오면 그것도 그냥 글자로 취급합니다. var2는 반대로 작은따옴표로 전체를 묶었기 때문에 중간에 큰따옴표가 나와도 그냥 글자로 취급합니다.

2 이스케이프 문자 활용하기

앞에서 큰따옴표를 연속 사용하면 Enter 를 포함해 한 변수에 여러 행을 저장할 수 있었습니다. 이번에는 다른 방법을 사용해 같은 결과를 내보겠습니다.

```
>>> var1 = """난생
처음"""
>>> print(var1)
난생
처음
```

```
>>> var2 = "난생\n처음"
>>> print(var2)
난생
처음
```

var1은 바로 전에 큰따옴표 3개를 연속으로 사용한 방법입니다. var2에 \n은 줄바꿈하라는 의미로 Enter 와 동일한 효과를 냅니다. 이런 것을 이스케이프(escape) 문자 또는 서식 문자라고 부르며, 이스케이프 문자는 앞에 \(백슬래시)를 붙여 주어야 합니다. 주로 사용되는 이스케이프 문자를 정리하면 다음과 같습니다.

표 4-1 **이스케이프 문자의 종류**

이스케이프 문자	역할	설명
\n	새로운 줄로 이동	Enter 를 누른 효과
\t	다음 탭으로 이동	Tab 을 누른 효과
\b	뒤로 한 칸 이동	Backspace 를 누른 효과
\'	'를 출력	
\"	"를 출력	
\\	\를 출력	

이스케이프 문자를 연습해 봅시다.

코드 4-1   ex04-01.py

```
01    print("\n줄바꿈\n연습 ")
02    print("\t탭키\t연습")
03    print("어떤 글자를 \"강조\"하는 효과1")
04    print("어떤 글자를 \'강조\'하는 효과2")
05    print("\\\\ 백슬래시 2개 출력")
```

```
줄바꿈
연습
         탭키      연습
어떤 글자를 "강조"하는 효과1
어떤 글자를 '강조'하는 효과2
\\ 백슬래시 2개 출력
```

1행의 줄바꿈은 많이 사용해 보았으니 쉽게 이해할 수 있을 것입니다. 2행의 \t는 Tab 으로 지정된 만큼의 간격을 벌려 줍니다. 3, 4행은 " "과 ' '를 출력해서 강조하는 효과를 냈습니다. 5행은 백슬래시(\) 하나를 출력하려면 \를 두 번 사용하는 것을 보여 줍니다.

\를 1개만 사용하여 출력할 수도 있으나, \ 바로 뒤에 큰따옴표, 작은따옴표와 같이 이스케이프 문자로 취급될 수 있는 문자가 와서는 안 됩니다. 다음 예제를 봅시다.

코드 4-2   ex04-02.py

```
01    print("\난생처음")
02    print("\\난생처음")
03    print("\ ")
04    print("\")
```

```
\난생처음
\난생처음
\
오류 발생
```

1행과 2행은 동일한 결과가 나온 것을 확인할 수 있습니다. 3행은 \뒤에 공백이 1개 있기 때문에 정상적으로 \가 출력되었습니다. 그런데 4행은 \ 바로 뒤에 큰따옴표가 나왔기 때문에 이스케이프 문자인 \"로 적용됐습니다. 따라서 문자열 시작인 큰따옴표(")의 닫히는 큰따옴표(")가 없는 것으로 처리됩니다. 다시 말하면 시작하는 큰따옴표만 있고 끝나는 큰따옴표는 없는 것으로 파악하고 오류를 발생시킵니다.

③ 문자열 연결하기

문자열을 연결하는 것은 간단히 더하기(+) 연산자를 사용하면 됩니다. 간단한 예로 확인해 보겠습니다.

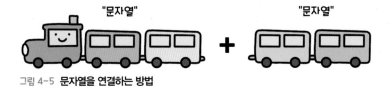
"문자열"   "문자열"

그림 4-5 **문자열을 연결하는 방법**

```
>>> var1 = "난생" + "처음" + "파이썬"
>>> print(var1)
난생처음파이썬
```

간단히 더하기 연산자를 사용하면 띄어쓰기 없이 문자열을 연결합니다. 꼭 한 행에서 연결할 필요는 없으며, 다음 코드와 같이 여러 행에 이어서 연결해도 됩니다.

```
>>> var1 = "난생"
>>> var1 = var1 + "처음"
>>> var1 += "파이썬"
>>> print(var1)
난생처음파이썬
```

문자열과 문자열의 덧셈은 문자열을 연결하라는 의미입니다. 하지만, 문자열과 숫자는 데이터형이 다르기 때문에 더할 수가 없습니다. 문자열끼리의 뺄셈, 곱셈, 나눗셈도 모두 오류가 발생합니다. 데이터형은 같지만 "난생"에서 "처음"을 뺀다는 것 자체가 논리적으로 성립되지 않기 때문입니다. 다음은 모두 오류가 발생하는 코드입니다.

```
var1 = "난생" - "처음" ┐
var2 = "난생" * "처음" ├── 모두 오류 발생
var3 = "난생" / "처음" ┘
```

하지만, 하나의 예외가 있습니다. 문자열에 숫자를 곱하는 것입니다. 문자열에 숫자를 곱한다는 것은 문자열을 숫자만큼 반복하라는 의미가 됩니다.

```
>>> var1 = "난생" * 3
난생난생난생
```

난생 문자열에 숫자 3을 곱했더니, 곱한 만큼 문자열이 반복되었습니다.

확인문제

1. 다음 중 내용이 <u>잘못된</u> 것을 고르시오.

　① 문자열은 큰따옴표 또는 작은따옴표로 묶을 수 있다.

　② 문자열의 길이는 한 글자나 여러 글자 모두 허용된다.

　③ 0개 글자는 문자열이 될 수 없다.

　④ 문자열 중간에 따옴표를 표현할 수 있다.

2. 다음은 문자열의 연산과 관련된 내용이다. <u>잘못된</u> 것을 고르시오.

　① 문자열과 문자열을 더하면 문자열이 연결된다.

　② 문자열에서 문자열을 빼면 오류가 발생한다.

　③ 문자열에서 숫자를 빼면 오류가 발생한다.

　④ 문자열에 숫자를 곱하면 오류가 발생한다.

정답

1. ③　　2. ④

4 문자열과 관련된 유용한 함수

문자열을 직접 다루는 것이 쉽지 않을 때가 많습니다. 이럴 때는 파이썬에서 제공하는 문자열 관련 함수를 사용하면 상당히 편리합니다.

len( )

문자열의 길이를 파악할 때는 len( ) 함수를 사용합니다. 앞으로 자주 사용할 함수이므로 잘 기억해 놓으세요.

```
>>> var1 = "난생처음! Python"
>>> len(var1)
12
```

> 6장의 반복문을 배우고 나면 len( ) 함수를 다양하게 활용할 수 있습니다.

글자 수로 12가 나왔습니다. 한글, 기호, 영문, 공백, 숫자까지 모두 글자로 취급합니다. 두 문자열을 입력받고 두 문자열의 길이 차이를 체크하는 프로그램을 작성하면 다음과 같습니다.

코드 4-3   ex04-03.py

```
01    var1 = input("첫 번째 문자열 ==>")
02    var2 = input("두 번째 문자열 ==>")
03
04    len1 = len(var1)
05    len2 = len(var2)
06
07    diff = len1 - len2
08
09    print("두 문자열의 길이 차이는", diff, "입니다.")
```

```
첫 번째 문자열 ==>난생처음 파이썬 ┐
두 번째 문자열 ==>First Python  ┘  ●━━━━━ 사용자 입력
두 문자열의 길이 차이는 -4 입니다.
```

upper( ), lower( )

영문 소문자를 대문자로 변환하는 함수는 upper( )이고, 대문자를 소문자로 변환하는 함수는 lower( )입니다. 그런데 이 두 함수는 문자열.upper( ) 및 문자열.lower( ) 형식으로 사용해야 합니다. 기존에 문자열의 길이를 구하는 len(문자열)과 사용법이 조금 다른 것에 주의하세요.

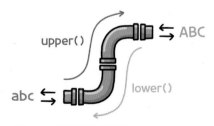

> upper( )와 lower( )의 사용법이 len( )과 다른 이유는 객체(Object)와 관련이 있기 때문입니다. 이 얘기는 상당히 어려워서 책의 후반부 10장에서 다룹니다. 우선은 사용법만 익힙니다.

그림 4-6 **대소문자 변환 함수**

```
>>> ss = 'First Python을 밤 12시까지 열공 중!'
>>> var1 = ss.upper()
>>> print(var1)
FIRST PYTHON을 밤 12시까지 열공 중!
>>> var2 = ss.lower()
>>> print(var2)
first python을 밤 12시까지 열공 중!
```

var1은 ss 문자열을 전부 대문자로 변환합니다. 반면 var2는 ss 문자열을 전부 소문자로 변환합니다. 결과를 보면 알 수 있듯이 영문을 제외한 한글, 숫자, 기호 등은 upper()나 lower() 함수의 영향을 받지 않습니다.

isupper(), islower()

문자열이 대문자인지 소문자인지 확인하는 함수도 있습니다. isupper()와 islower() 함수인데, isupper()는 문자열이 모두 대문자이면 True를 반환하고, 한 글자라도 대문자가 아니면 False를 반환합니다. islower()는 반대로 소문자라면 True를 반환합니다.

```
>>> ss = "first python"
>>> ss.isupper() ●——— 대문자가 아닌 글자가 있으므로 False 반환
False
>>> ss.islower() ●——— 모두 소문자이므로 True 반환
True
```

count()

count() 함수는 문자열에서 어떤 글자가 몇 번 등장하는지 확인하는 함수입니다. 바로 코드에서 확인해 보겠습니다.

```
>>> ss = "난생처음 파이썬을 처음으로 학습 중입니다. 파이썬은 처음이지만 재미있네요. ^^"
>>> ss.count("처음")
3
>>> ss.count("Python")
0
```

ss 변수에 저장된 문자열에서 찾는 글자가 몇 번 등장하는지 확인합니다. count("처음")에서 "처음"이라는 글자가 몇 번 나왔는지 확인했더니 3번 나왔습니다. count("Python")에서는 없는 글자인 "Python"을 찾았기 때문에 0번이 나온 것입니다.

find()

find( ) 함수는 어떤 글자가 문자열의 몇 번째에 위치하는지 찾는 함수입니다. 먼저 주의할 점은 문자열의 위치는 0번째부터 시작한다는 것입니다. 다음 그림을 보세요.

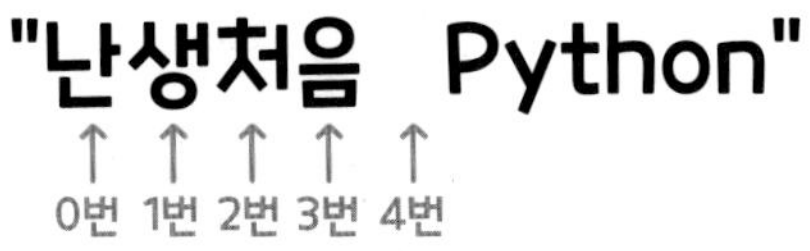

"난생처음 Python"

↑ ↑ ↑ ↑ ↑
0번 1번 2번 3번 4번

그림 4-7 **문자열의 순서**

위 그림의 첫 번째 글자인 '난'이 0번이 됩니다. 그리고 공백도 하나의 문자로 취급됩니다.

```
>>> ss = "난생처음 Python"
>>> ss.find("난생")
0
>>> ss.find("P")
5
```

ss.find("난생")은 ss 문자열에서 "난생"이라는 글자를 찾는데, 0번째에 있다고 결과가 나왔습니다. find("P")는 중간의 공백까지 순서를 치기 때문에 5번째에 있다고 나왔습니다.

그렇다면 똑같은 문자가 여러 개 나오면 그 위치를 어떻게 찾을까요? 예를 들어 "난생처음을 공부하는게 처음이네요"에서 "처음"이라는 글자의 위치를 find("처음")으로 찾으면 항상 왼쪽부터 찾아서 첫 번째로 만나는 "처음" 글자만 찾습니다. 대신 find("처음", 시작위치)를 지정하면 시작위치부터 글자를 찾습니다.

```
>>> ss = "난생처음을 공부하는게 처음이네요"
>>> ss.find("처음")
2
>>> ss.find("처음")
2
>>> ss.find("처음", 4)
12
```

반복해서 **"처음"** 글자를 찾아도 계속 첫 번째로 만나는 **"처음"** 글자의 위치인 2번째를 반환합니다. find("처음", 4)에서 시작위치를 4로 지정하니 비로소 뒤쪽 12번째 위치를 찾아냈습니다.

5 문자열 위치에 접근하기

문자열은 여러 개의 글자로 이루어져있기 때문에 각각의 문자는 위치 값을 가집니다. 다음과 같이 ss 변수에 6개 글자가 저장되어 있다면 ss의 길이는 앞에서 배웠듯이 6이 됩니다.

```
>>> ss = "Python"
>>> len(ss)
6
```

앞에서 배웠듯이 파이썬의 문자열은 0번부터 시작합니다. ss가 6글자이므로 0번에서 5번까지 6개 글자의 위치가 자동 지정됩니다.

그림 4-8 **문자열의 순번 개념**

각 문자는 '문자열[번호]' 형식으로 한 글자씩 접근할 수 있습니다. 다음 코드는 ss 문자열을 한 글자씩 접근해서 출력하고 있습니다.

```
>>> ss = "Python"
>>> print(ss[0])
P
>>> print(ss[1])
y
>>> print(ss[2])
t
>>> print(ss[3])
h
>>> print(ss[4])
o
```

```
>>> print(ss[5])
n
>>> print(ss[6])
오류 발생
```

ss[6]을 접근했을 때 발생하는 오류를 인덱스 오류(Index Error)라고 부릅니다. 지금과 같이 잘못된 위치에 접근할 때 나오는 오류입니다. 숙련된 프로그래머도 흔하게 실수하는 부분입니다.

ss[0]부터 ss[5]까지는 잘 접근이 되고 출력이 됩니다. 하지만 ss[6]이라는 위치의 문자는 존재하지 않기 때문에 ss[6]을 접근하면 오류가 발생합니다.

확인문제

1. 다음 설명에 해당하는 함수를 고르시오.

문자열을 대문자로 변경하는 함수는 [   ]이고, 소문자로 변경하는 함수는 [   ]이다.

① upper() - lower()
② lower() - upper()
③ isupper() - lower()
④ isupper() - islower()

2. 다음 빈칸에 들어갈 단어를 채우시오.

문자열의 길이가 5라면, 위치번호는 [   ]번부터 [   ]번까지 총 5개가 할당된다.

정답

1. ①　　2. 0, 4

하나 더 알기 ∨　**리스트 맛보기**

리스트(List)는 파이썬에서 가장 중요한 데이터 형식입니다. 7장에서 자세히 알아보겠지만, 지금 미리 간단히 살펴보겠습니다.

리스트와 문자열은 상당히 비슷한 점이 많은데, 리스트는 여러 개의 값을 하나로 묶어 놓은 꾸러미라고 생각할 수 있습니다. 다음은 3개의 값 10, 20, 30을 하나의 리스트로 묶은 것입니다.

```
myList = [ 10, 20, 30 ]
```

다음 [그림 4-9]와 같이 표현할 수 있습니다.

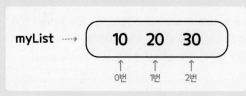

그림 4-9 **리스트 개념**

우선 myList의 개수는 문자열과 마찬가지로 len() 함수를 사용하여 구합니다.

```
len(myList)
```

myList의 개수가 3개이므로 3이 반환됩니다. 그리고 각 값에 접근하기 위해서는 myList[위치]를 사용합니다. 위치도 문자열과 마찬가지로 0번째부터 시작합니다. 만약 20을 출력하기 위해서는 다음 코드와 같이 사용합니다.

```
print(myList[1])
```

지금은 이 정도로 살펴보고 7장에서 리스트에 대하여 자세히 공부하겠습니다.

LAB 문자열을 거꾸로 출력하는 프로그램

문자열 '트와이스'를 거꾸로 뒤집어서 출력하는 프로그램을 만들어 봅시다.

트와이스

스이와트

실행 결과

```
원본 문자열 ==> 트와이스
반대 문자열 ==> 스이와트
```

1. lab04-01.py 파일을 만들고, **ss** 변수에 문자열 '트와이스'를 저장합니다.

```
ss = "트와이스"
print("원본 문자열 ==>", ss)
```

2. 반대 방향으로 출력될 문자열을 표시합니다. 마지막에 **end=''**를 사용하여 다음 행으로 넘어가서 출력되는 것을 방지합니다. print()는 끝나면 자동으로 다음 행으로 넘어가는 데 end=''를 마지막에 쓰면 다음 행으로 넘어가는 것을 강제로 막아줍니다.

```
print("반대 문자열 ==> ", end='')
```

3. 마지막 글자인 **ss[3]**부터 출력합니다. 글자의 길이가 4이므로 마지막 글자는 **ss[3]**이 됩니다. 3번째~0번째 글자를 차례로 출력하면 글자가 거꾸로 출력되는 효과를 보여줍니다.

```
print(ss[3], end='')
print(ss[2], end='')
print(ss[1], end='')
print(ss[0], end='')
```

4. [Ctrl]+[S]를 눌러 저장한 후, [F5]를 눌러서 실행하고 결과를 확인합니다.

| LAB | 대소문자 변환 프로그램 |

대문자는 소문자로, 소문자는 대문자로 변환하는 프로그램을 만들어 봅시다.

실행 결과

```
원본 문자열 ==>Python
반대 문자열 ==>pYTHON
```

지금은 배운 내용만으로 프로그램을 작성해야 해서 상당히 비효율적일 수밖에 없습니다. 6장까지 학습하고 나면 지금의 코드를 훨씬 효율적으로 작성할 수 있습니다. 우선은 대소문자 변환에만 초점을 맞춰 실습합니다.

1. lab04-02.py 파일을 만들고, ss 변수에 문자열 "Python"을 저장합니다. 대소문자를 변경한 문자를 저장할 빈 문자열 변수 ss2도 선언합니다.

```
ss = "Python"
print("원본 문자열 ==>", ss)
ss2 = ""
```

2. 첫 번째 글자인 ss[0]은 대문자이므로, lower() 함수를 사용해서 소문자로 변경합니다.

```
ss2 += ss[0].lower()
```

3. 두 번째부터 여섯 번째 글자는 소문자이므로, upper() 함수를 사용해서 대문자로 변경한 후 ss2에 연결합니다.

```
ss2 += ss[1].upper()
ss2 += ss[2].upper()
ss2 += ss[3].upper()
ss2 += ss[4].upper()
ss2 += ss[5].upper()
```

4. 결국 ss2에는 대문자인 제일 앞 글자는 소문자로, 나머지 소문자는 대문자로 변경해서 저장됩니다.

```
print("변환 문자열 ==>", end='')
print(ss2)
```

5. Ctrl + S 를 눌러 저장한 후, F5 를 눌러서 실행하고 결과를 확인합니다.

실전예제 모험을 떠나는 거북이

문제

거북이는 화면의 가운데서 출발합니다. 사용자가 원하는 X위치와 Y위치, 그리고 거북이가 쓸 문자열을 입력하면 거북이가 해당 위치를 찾아가 글자를 쓰는 프로그램을 작성해 보겠습니다.

실행 결과

```
X 이동량 ==> -300
Y 이동량 ==> 300
쓰고 싶은 글자 ==> 안녕하세요?
X 이동량 ==> 300
Y 이동량 ==> 300
쓰고 싶은 글자 ==> 난생처음
X 이동량 ==> -200
Y 이동량 ==> -200
쓰고 싶은 글자 ==> 파이썬을
X 이동량 ==> 100
Y 이동량 ==> 0
쓰고 싶은 글자 ==> 열공중입니다.
```

사용자 입력

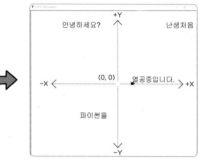

해결

ch04_turtle_01.py

```python
01   import turtle
02
03   turtle.shape("turtle")
04   turtle.penup()
05
06   while True :
07       x = int(input("X위치 ==>"))
08       y = int(input("Y위치 ==>"))
09       text= input("쓰고 싶은 글자 ==>")
10
11       turtle.goto(x,y)        x, y 좌표로 이동
12       turtle.write(text, font=("Arial", 30))
13
14   turtle.done()
```

01 데이터형(Data Type)이란 변수나 상수의 종류를 의미합니다. 가장 많이 사용하는 데이터형은 정수형, 실수형, 문자열형, 불형으로 4가지가 있습니다.

02 변수에 정수를 대입하면 정수형 변수, 실수를 대입하면 실수형 변수가 됩니다. 변수의 종류를 확인하기 위해서 type( ) 함수를 사용합니다.

03 숫자 데이터 형식은 소수점의 여부에 따라 크게 정수형과 실수형으로 나눌 수 있습니다.

04 문자열(String)이란 글자들의 집합을 의미하며, 문자열은 양쪽을 큰따옴표("")나 작은따옴표('')로 감싸야 합니다.

05 불(Bool)형은 참(True)이나 거짓(False)만 저장할 수 있는 데이터 형식으로, 논리형이라고도 합니다.

06 더하기(+) 연산자를 이용하면 문자열끼리 연결할 수 있으며, 곱하기(*) 연산자를 이용하면 곱한 숫자만큼 문자열을 반복할 수 있습니다.

07 문자열을 직접 다루는 것이 쉽지 않을 때 사용할 수 있는 유용한 함수들이 있습니다.

- len( ): 문자열의 길이를 파악하는 함수
- upper( ), lower( ): 영문 소문자(대문자)를 대문자(소문자)로 변환하는 함수
- isupper( ), islower( ): 문자열이 대문자인지 소문자인지 확인하는 함수
- count( ): 문자열에서 어떤 글자가 몇 번 등장하는지 확인하는 함수
- find( ): 어떤 글자가 문자열의 몇 번째에 위치하는지 찾는 함수

01 파이썬의 기본 데이터 형과 거리가 <u>먼</u> 것을 고르시오.

① 정수형   ② 실수형

③ 지수형   ④ 문자열형

02 변수의 형을 알려주는 함수를 고르시오.

① variable()   ② config()

③ type()   ④ what()

03 파이썬에서 출력되는 변수의 형을 짝을 지은 것이다. <u>잘못된</u> 것을 고르시오.

① 정수 : <class 'int'>

② 실수 : <class 'double'>

③ 문자열 : <class 'str'>

④ 불형 : <class 'bool'>

04 파이썬의 정수형에 대한 설명과 거리가 <u>먼</u> 것을 고르시오.

① 정수형은 <class 'int'>로 표현된다.

② 소수점이 없는 숫자를 의미한다.

③ 표현하는 숫자의 크기에는 제한이 있다.

④ 정수와 정수를 더하면 정수가 된다.

05 다른 데이터형을 계산한 것에 대한 설명과 거리가 <u>먼</u> 것을 고르시오.

① 정수와 정수를 연산하면 정수가 된다.

② 정수와 실수를 연산하면 실수가 된다.

③ 실수와 실수를 연산하면 실수가 된다.

④ 실수와 정수를 연산하면 정수가 된다.

06 다음은 변수에 문자열을 대입하는 코드이다. 오류가 발생되는 것을 고르시오.

① str1 = '난생처음'

② str1 = "난생처음"

③ str1 = ""난생처음""

④ str1 = """난생처음"""

07 다음은 이스케이프 문자에 대한 설명이다. 거리가 <u>먼</u> 것을 고르시오.

① \n : 다음 탭으로 이동

② \b : 뒤로 한 칸 이동

③ \' : '를 출력

④ \\ : \를 출력

08 다음은 문자열의 연산이다. 정상적으로 실행되는 코드를 고르시오.

```
str1 = "한빛"
str2 = "아카데미"
```

① print(str1 + str2)

② print(str1 - str2)

③ print(str1 * str2)

④ print(str1 / str2)

09 문자열의 길이를 알려주는 함수를 고르시오.

① size( )   ② length( )

③ len( )   ④ input( )

10 다음은 문자열 함수의 설명으로 <u>잘못된</u> 것을 고르시오.

① count( ) : 어떤 글자가 몇 번 나왔는지 확인

② isupper( ) : 대문자로 변경

③ find( ) : 어떤 글자가 몇 번째 위치하는지 확인

④ len( ) : 문자열의 길이를 확인

11 다음과 같은 결과가 나오도록 코드를 작성하시오. 단, 첫 행은 다음과 같이 선언한다.

```
ss = "파이썬은 재밌어요~~ Python is Funny. ^^"
```

[실행 결과]

```
원본 문자열 : 파이썬은 재밌어요~~ Python is Funny. ^^
모두 대문자로 : 파이썬은 재밌어요~~ PYTHON IS FUNNY. ^^
모두 소문자로 : 파이썬은 재밌어요~~ python is funny. ^^
Python 글자의 시작 위치 : 12
```

12 심화 거북이의 선 색상, 위치, 글자를 사용자가 입력하면, 이동한 후에 글자를 쓰는 코드를 작성하시오.
단, 사용자가 입력한 글자는 4글자까지만 유효하고, 글자를 모두 대문자로 바꾼 후에 글자의 순서를 거꾸
로 쓴다.

[실행 결과]

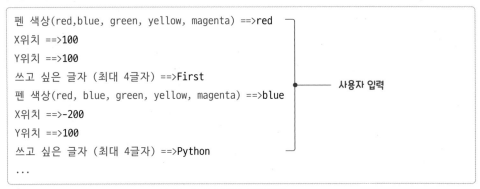

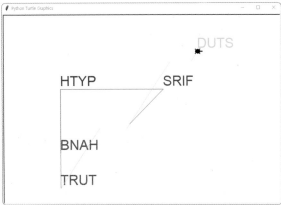

CHAPTER 05

조건문

학습목표

- 기본 제어구조 3가지에 대해서 이해합니다.
- 비교 연산자와 논리 연산자의 활용을 정확히 이해합니다.
- 기본적인 if문을 사용한 코드를 작성합니다.
- if~else문 및 elif문에 대한 활용 코드를 작성합니다.

Preview

컴퓨터 프로그래밍의 꽃을 두 가지 꼽으라면 조건문과 반복문을 얘기합니다. 조건문은 어떤 조건에 따라서 선택이 달라지는 것인데, 실생활에서 이런 경우는 무수히 많이 발생합니다. 편의점에서 카드로 계산할지 현금으로 계산할지 선택하는 경우, 운전면허에 합격될지 불합격될지 등의 예를 들 수 있습니다. 이번 장을 통해서 조건문을 완전하게 정복하여, 고급 프로그래밍에 한 발 더 나아가보도록 하겠습니다.

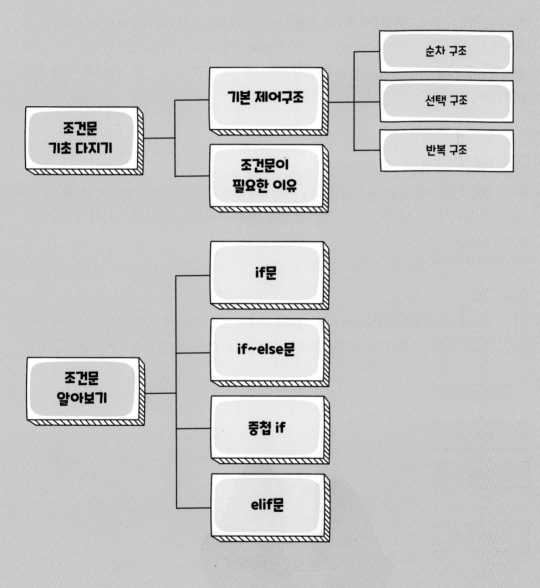

Section 01

조건문의 기초 다지기

조건문은 컴퓨터 프로그래밍에서 필수로 사용하는 개념입니다. 조건문을 사용하지 않고 코딩을 한다는 것은 단팥 없는 단팥빵과 마찬가지일 정도입니다. 지금까지는 조건문 없이 간단한 코드만 작성해 왔다면, 이제부터는 조건문과 함께 좀 더 그럴듯한 코드를 만들 수 있을 것입니다. 우선 조건문의 기초를 튼튼히 다져 봅시다.

1 기본 제어구조

프로그램의 흐름은 세 가지로 구분이 됩니다. 차례대로 진행되는 순차 구조, 몇 가지 중 하나를 고르는 선택 구조, 같은 내용을 여러 번 수행하는 반복 구조로 나눌 수 있습니다. 하나씩 개념을 파악해 보겠습니다.

순차 구조

순차 구조는 이름 그대로 순차적(Sequential)으로 코드가 실행되는 것을 말합니다. 물이 위에서 아래로 흐르듯이 차례대로 흘러가는 것과 같습니다. 순차 구조는 다음 그림과 같이 표현할 수 있습니다.

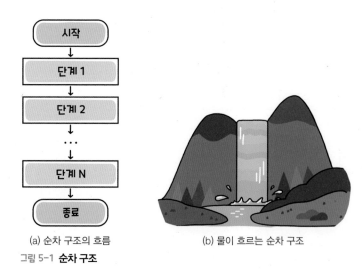

(a) 순차 구조의 흐름   (b) 물이 흐르는 순차 구조

그림 5-1 **순차 구조**

[시작]에서부터 [종료]까지 각 단계가 순서 그대로 실행되는 구조가 순차 구조입니다. 가장 단순한 구조이기도 하지만, 실제로 많이 사용되는 구조이기도 합니다. 예로 마트에서 차례대로 물건을 산 후, 계산하고 나오는 것을 들 수 있습니다.

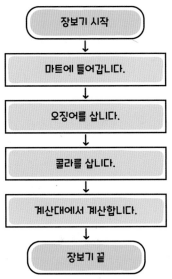

그림 5-2 **순차 구조의 예(마트에서 장보기)**

선택 구조

선택 구조는 두 가지의 경우 중에서 어느 하나를 선택한 방향으로 코드가 실행되는 것을 말합니다. 길에서 갈림길을 만나면 어느 한쪽으로만 가야하는 것과 마찬가지입니다. 선택 구조는 다음과 같은 그림으로 표현될 수 있습니다.

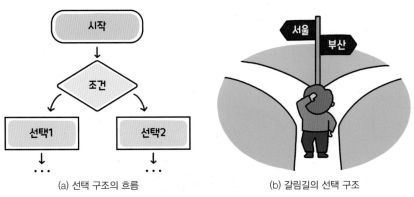

(a) 선택 구조의 흐름   (b) 갈림길의 선택 구조

그림 5-3 **선택 구조**

선택 구조는 조건을 만나면 두 가지의 갈림길로 흐름을 선택하는 것입니다. 실제 프로그램에서 상당히 많이 발생되는 구조입니다. 예를 들어 아침에 외출 준비를 하는데 바깥의 날씨가 어떤지 잘 모르겠다면, 집에서 느끼는 온도에 따라서 반팔 또는 긴팔 티셔츠를 입고 외출하는 것을 결정할 수 있습니다. 이번 장에서 집중해서 학습할 내용이 바로 이렇게 선택하는 방법입니다.

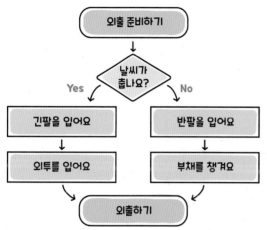

그림 5-4 **선택 구조의 예(외출 준비하기)**

반복 구조

반복 구조는 동일한 코드가 여러 번 반복해서 실행되는 것을 말합니다. 강아지가 꼬리를 물려고 계속 동일한 자리를 반복해서 도는 것과 마찬가지입니다. 반복 구조는 다음과 같은 그림으로 표현할 수 있습니다.

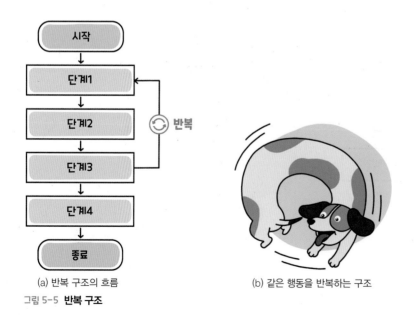

(a) 반복 구조의 흐름   (b) 같은 행동을 반복하는 구조

그림 5-5 **반복 구조**

반복 구조는 특정한 단계를 계속해서 반복해서 실행하는 것입니다. 반복 구조도 실제 프로그램에서 상당히 많이 사용합니다. 예를 들어 헬스클럽에서 운동을 할 때, 자전거 타기와 덤벨 들기를 10회 반복하는 운동이 있을 수 있습니다. 이 때 패턴을 여러 번 반복하는 것이 반복 구조입니다.

반복 구조는 6장에서 자세히 학습합니다.

그림 5-6 **반복 구조의 예(헬스클럽에서 운동하기)**

확인문제

다음 빈칸에 들어갈 내용으로 올바른 것을 넣으시오.

- 2가지 중 하나의 흐름으로 실행되는 구조는 [   ]이다.
- 순서대로만 실행되는 구조는 [   ]이다.

① 순차 구조 – 선택 구조   ② 순차 구조 – 반복 구조
③ 선택 구조 – 순차 구조   ④ 반복 구조 – 순차 구조

정답

③

---

2 조건문이 필요한 이유

실생활에서 두 가지 중 하나를 선택하는 경우는 상당히 많습니다. 예를 들어 운전면허 필기시험에서 70점 이상이면 합격, 70점 미만이면 불합격인 것도 같은 경우입니다.

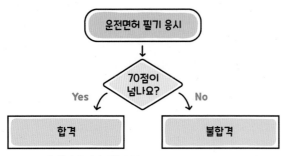

그림 5-7 **운전면허 필기시험 흐름도**

이마트, 홈플러스 등의 대형 마트에서 쇼핑을 할 때, 필요한 물건을 담은 후에, 계산대에서 카드로 지불해야 합니다. 이 과정에서도 조건문이 필요합니다. 즉 현대 사회에서는 대부분의 실생활도 모두 컴퓨터 안에서 작동하는 프로그램으로 연결되어 있습니다. 조건문은 여기서 아주 중요한 역할을 합니다.

마트에서 카드가 정상 결제되는 경우와 그렇지 않은 경우 두 가지로 나뉘는 흐름도를 작성하시오.

정답

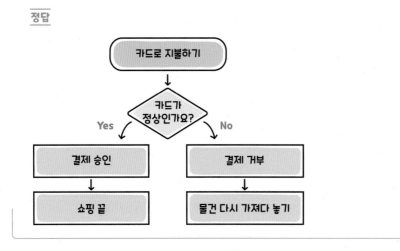

Section 02 조건문 알아보기

프로그래밍 언어에서 가장 중요한 것 중 하나인 조건문은 '만약에 … 라면'으로 해석해서 사용할 수 있습니다. 파이썬에서 제공하는 조건문에는 if문이 있습니다. if문을 완전히 파악하고 나면 여러 가지 경우의 수에 따라서 프로그램이 다른 방향으로 실행되도록 할 수 있습니다.

🚩 if문

다음 [그림 5-8]은 참일 때는 무엇을 실행하고, 거짓일 때는 아무것도 하지 않는 가장 단순한 형태의 if문을 보여줍니다. 조건식이 참이라면 실행할 문장을 실행하고, 조건식이 거짓이라면 실행할 것이 없습니다.

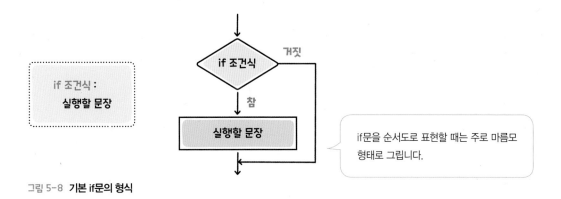

그림 5-8 **기본 if문의 형식**

[그림 5-8]에서 보이듯 `if 조건식 :` 에서 조건식이 참이라면 실행할 문장이 실행되고, 거짓이라면 아무것도 실행하지 않고 프로그램을 종료합니다. 우선 다음 [코드 5-1]을 입력해 봅시다.

코드 5-1   ex05-01.py

```
01    num = 99
02    if num < 100 :
03        print("100보다 작습니다.")
```

100보다 작습니다.

현재 num에는 99가 들어 있으므로 **조건식 num < 100**은 참이 되어 if문 안의 문장을 실행합니다. if 문에는 print()가 있으니, 해당 내용을 출력합니다. 앞 코드를 그림으로 표현하면 다음과 같습니다.

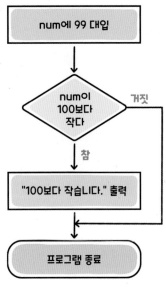

그림 5-9 **[코드 5-1]의 실행 과정**

이번에는 조건이 참일 때 실행할 문장이 2개인 경우를 살펴봅시다.

코드 5-2   ex05-02.py

```
01    num = 200
02
03    if num > 100 :
04        print("100보다 ")
05        print("큽니다.")
06
07    print("프로그램 끝")
```

```
100보다
큽니다.
프로그램 끝
```

현재 num이 200이므로 3행의 num > 100 조건식은 참이 됩니다. 그러므로 들여쓰기가 된 부분(4~5 행)을 모두 실행하고 if문이 종료된 후에, 마지막으로 7행이 실행됩니다.

파이썬에서는 들여쓰기가 매우 중요합니다. if문 다음에 실행할 문장은 if와 같은 줄이 아닌 들어쓰기를 해야 합니다. 들여쓰기를 할 때는 Tab 보다는 Spacebar 4개 정도로 들여쓰기 하는 것을 권장합니다.

그래서 파이썬 스크립트 모드에서 들여쓰기는 Spacebar 4개로 자동 지정되어 있습니다. 또한 대화형 모드에서는 실행할 문장이 모두 끝나면 Enter 를 두 번 눌러야 if문이 끝나는 것으로 간주하고 실행합니다.

한 가지 더 주의할 점은 들여쓰기는 모두 4칸으로 맞춰야 한다는 점입니다. 만약 하나는 3칸, 하나는 4칸이면 실행할 때 오류가 발생합니다. 만약 [코드 5-2]의 4, 5행을 다음과 같이 수정하면 실행할 때 오류가 발생합니다.

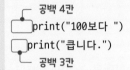

```
    공백 4칸
    print("100보다 ")
   print("큽니다.")
    공백 3칸
```

확인문제

다음 단순 if문은 오류가 발생한다. 그 이유는 무엇인가?

```
number = 100
if number == 10 :
print("10입니다")

print("프로그램 종료")
```

① number 변수 이름에 문제가 있다.

② 조건식 if number == 10에 문제가 있다.

③ if문 내부의 들여쓰기에 문제가 있다.

④ 조건식 다음에 빈 줄이 들어가 있다.

정답

③

---

2 if~else문

앞에서 배운 기본 if문은 참일 때는 실행할 문장이 있었지만, 거짓일 때는 실행할 문장이 없었습니다. 하지만 거짓일 때 실행해야 할 문장이 따로 있다면 if~else문을 사용합니다. 다음은 조건식이 참이라면 문장 1을 실행하고, 그렇지 않으면 문장 2를 실행하는 if~else문입니다.

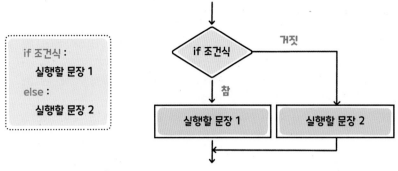

```
if 조건식 :
    실행할 문장 1
else :
    실행할 문장 2
```

그림 5-10 if~else문의 형식

[그림 5-10]을 보면 조건이 참인 경우에 실행할 문장과 거짓인 경우에 실행 문장이 다르다는 것을 알 수 있습니다. 완전한 코드로 작성하면 다음과 같습니다.

코드 5-3   ex05-03.py

```
01    num = 200
02
03    if num < 100 :
04        print("100보다 작군요.")
05    else :
06        print("100보다 크군요.")
```

```
100보다 크군요.
```

1행에서 num에는 200을 대입했으므로, 3행의 조건식은 거짓이 되어 5행의 else 아래에 있는 6행을 실행합니다. 즉, 다음 [그림 5-11]과 같은 순서로 진행됩니다.

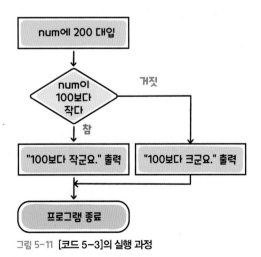

그림 5-11 **[코드 5-3]의 실행 과정**

참인 경우에 수행할 문장도 여러 개고, 거짓인 경우에 수행할 문장도 여러 개라면 들여쓰기로 맞춰주면 됩니다. 다음 코드를 실행해 보세요.

코드 5-4   ex05-04.py

```
01   num = 200
02
03   if num < 100 :
04       print("100보다 작군요.")
05       print("여기는 참입니다.")
06   else :
07       print("100보다 크군요.")
08       print("여기는 거짓입니다.")
09
10   print("프로그램 끝!")
```

```
100보다 크군요.
여기는 거짓입니다.
프로그램 끝!
```

num이 200이므로 3행은 거짓이 되어 else에 해당하는 7~8행까지 실행됩니다. 그리고 마지막에 있는 10행도 실행됩니다.

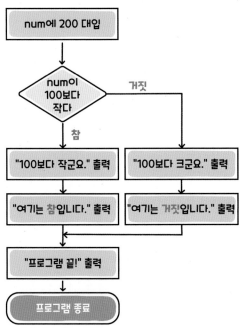

그림 5-12 [코드 5-4]의 실행 과정

사용자가 입력한 숫자가 짝수인지 홀수인지를 알아내는 프로그램을 if~else문을 이용해서 작성해보겠습니다. 짝수는 2로 나눴을 때 나머지 값이 0이고, 홀수는 2로 나눴을 때 나머지 값이 1인 것을 활용합니다.

코드 5-5   ex05-05.py

```
01    num = int(input("숫자를 입력 ==> "))
02
03    if num % 2 == 0 :
04        print("짝수입니다.")
05    else :
06        print("홀수입니다.")
```

숫자를 입력 ==> 1773 ●——— 사용자 입력
홀수입니다.

1행에서 정수를 입력받은 후에, 3행에서 입력된 수를 2로 나눠서 나머지 값이 0이면 4행에서 짝수를, 그렇지 않으면 6행에서 홀수를 출력합니다.

확인문제

다음은 홀수, 짝수를 구분하는 코드이다. 빈칸에 들어갈 문장을 고르시오.

```
number = int(input("숫자 ==> "))

if [            ] :
    print("홀수입니다.")
else :
    print("짝수입니다.")
```

① number % 2 >= 0
② number % 2 <= 0
③ number % 2 == 0
④ number % 2 != 0

정답

④

3 중첩 if문

앞에서는 if문이 딱 한번만 나오는 경우를 살펴봤습니다. 하지만 가끔 조건을 검사하는 과정이 2번 이상인 경우가 있을 수 있습니다. 예를 들어, 서울에 사는 학생 중에서 25세 이상인 학생이 몇 명인지를 구한다고 생각해 봅시다. 우선 학생의 주소가 서울인지 아닌지를 확인해야 합니다. 그리고 주소가 서울인 학생 중에서 25세 이상 여부를 구별해야 합니다. 이처럼 if문을 한 번 실행하고, 그 결과에 다시 if문을 실행하는 것을 중첩 if문(또는 중복 if문)이라 부릅니다.

중첩 if문은 if문 안에 또 다른 if문이 있는 것이라고 생각하면 쉽습니다. 하지만 조건식이 여러 개 겹쳐지면 헷갈릴 수 있으므로 주의해야 합니다.

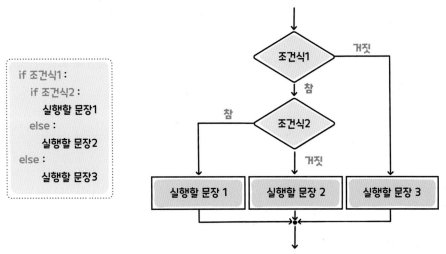

```
if 조건식1 :
    if 조건식2 :
        실행할 문장1
    else :
        실행할 문장2
else :
    실행할 문장3
```

그림 5-13 **중첩 if문의 형식**

[그림 5-13]을 보면 if 조건식1이 참이면 다시 if 조건식2를 수행합니다. 조건식2도 참이면 문장1을 실행합니다. 조건식2가 거짓이면 문장2를 실행합니다. 그리고 처음의 조건식1이 거짓이었다면 문장3을 실행합니다.

입력한 숫자가 '100보다 작다', '100에서 1000사이다', '1000보다 크다'로 구분하는 코드를 중첩 if문을 사용해서 작성해 보겠습니다.

코드 5-6   ex05-06.py

```
01    num = int(input("숫자를 입력 ==> "))
02
03    if num > 100 :
04        if num < 1000 :
05            print("100보다 크고 1000보다 작군요.")
```

```
06      else :
07          print("와~ 1000보다 크군요.")
08   else :
09          print("음~ 100보다 작군요.")
```

숫자를 입력 ==> 150 ●────── **사용자 입력**
100보다 크고 1000보다 작군요.

3행에서 num이 100보다 크면 참이 되어서 들여쓰기가 된 부분(4~7행)의 내용을 실행합니다. 그 안에서 num이 1000보다 작다면 5행을 실행하고, 그렇지 않으면 7행을 실행합니다. 만약 3행에서 num이 100보다 작거나 같다면 8행으로 바로 넘어와서 9행을 실행합니다.

다음 [코드 5-7]은 중첩 if문의 실제 사례입니다. 점수를 입력받은 후 90점 이상은 A, 80점 이상은 B, 70점 이상은 C, 60점 이상은 D, 그 외에는 F로 처리하는 프로그램입니다. 복잡해 보일 수 있지만, 중첩 if문을 이해하는 좋은 예제이므로 잘 살펴보세요.

코드 5-7   ex05-07.py

```
01   score = int(input("점수를 입력 ==> "))
02
03   if score >= 90 :
04       print("A", end='')
05   else :
06       if score >= 80 :
07           print("B", end='')
08       else :
09           if score >= 70 :
10               print("C", end='')
11           else :
12               if score >= 60 :
13                   print("D", end='')
14               else :
15                   print("F", end='')
16
17   print("학점입니다.")
```

> print()문이 끝나면 자동으로 다음 행으로 넘어갑니다. 이 코드에서는 학점을 출력하고 다음 행으로 넘어가지 않기 위해서 end='' 형식을 사용했습니다. 그래서 제일 마지막 행에서 "학점입니다." 글자가 같은 행에 붙어 나옵니다.

점수를 입력 ==> 77 ●────── **사용자 입력**
C학점입니다.

3행에서 score가 90점 이상이면 4행을 실행한 후에 바로 17행으로 빠져 나옵니다. 그렇지 않다면 (score가 90점 미만이라면) 5행으로 와서 score가 80점 이상이면 7행을 실행한 후에 바로 17행으로 빠져 나옵니다. 위 코드를 그림으로 표현하면 다음과 같습니다.

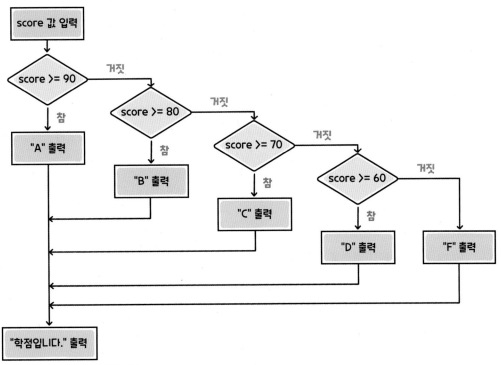

그림 5-14 [코드 5-7]의 실행 과정

확인문제

다음은 100보다 크다/작다/같다를 구분하는 코드이다. 빈칸에 들어갈 문장을 고르시오.

```
number = int(input("숫자 ==> "))

if                    :
    if number > 10 :
        print("10보다 크네요.")
    else :
        print("10이네요.")
else :
        print("10보다 작네요.")
```

① number == 10   ② number <= 10

③ number >= 10   ④ number != 10

정답

③

4 elif문

앞에서 중첩 if문을 살펴보았습니다. 그런데 if~else문 안에 다시 if~else문을 사용하니 복잡해 보입니다. 그래서 중첩 if문을 사용할 때는 중간의 if~else문을 elif문으로 줄여서 사용할 수 있습니다. 결국 if~elif~else문을 사용하면 더 짧고 깔끔하게 표현할 수 있습니다.

[코드 5-7]을 다음과 같이 수정할 수 있습니다. 실행 결과는 동일합니다.

코드 5-8   ex05-08.py

```
01    score = int(input("점수를 입력 ==> "))
02
03    if score >= 90 :
04        print("A", end='')
05    elif score >= 80 :
06        print("B", end='')
07    elif score >= 70 :
08        print("C", end='')
09    elif score >= 60 :
10        print("D", end='')
11    else :
12        print("F", end='')
13
14    print("학점입니다.")
```

점수를 입력 ==> 77 ●——— **사용자 입력**
C학점입니다.

확인문제

다음 지문에서 맞는 것에는 ○, 틀린 것에는 ×를 표시하시오.

① if문 안에는 다른 if 구문이 들어갈 수 없다. (　　)

② 조건문에서 참일 때 수행하는 문장과 거짓일 때 수행하는 문장이 다르다면 if~else문을 사용한다. (　　)

③ 조건문에서 if문이 여러 번 중복해서 나오는 것을 중첩 if문이라 부른다. (　　)

④ 중첩 if문의 else~if를 줄이면 elseif로 사용할 수 있다. (　　)

정답

×, ○, ○, ×

하나 더 알기 √　**랜덤한 값 추출하기**

랜덤(random)한 값이란 알 수 없는 임의의 숫자를 말합니다. 임의의 숫자를 뽑아야 하는 경우는 현실 세계에서도 종종 있습니다.

■ **로또 추첨하기**

로또는 1~45까지의 숫자를 뽑는 복권 게임입니다. 그런데 미리 어떤 숫자가 뽑힐지 프로그래밍해 놓는다면, 프로그램을 만든 사람이 항상 1등에 당첨될 것입니다. 그래서 로또를 뽑을 때마다 반드시 임의의 숫자가 나와야만 합니다. 파이썬에서는 랜덤한 값을 뽑기 위해 먼저 다음 코드가 필요합니다.

```
import random
```

이제부터는 랜덤한 숫자를 뽑을 수 있습니다. 1~45까지의 숫자를 추출하려면 다음과 같이 사용하면 됩니다.

```
random.randint(1,45)
```

random.randint(시작,끝) 함수를 사용하면 시작~끝까지의 숫자 중, 절대로 예측할 수 없는 하나의 숫자가 랜덤하게 나옵니다. 이런 방식으로 공정하게 로또를 추첨할 수 있습니다.

■ **점심 메뉴 고르기**

random.randint(시작, 끝) 함수는 시작과 끝 사이의 숫자 중 임의로 한 가지를 추출합니다. 하지만 숫자가 아닌 경우는 어떻게 해야 할까요? 만약 점심메뉴를 김밥/라볶이/돈까스/짜장면 중에서 랜덤하게 고르고 싶다면 다음과 같이 사용하면 됩니다.

```
random.choice(["김밥", "라볶이", "돈까스" , "짜장면"])
```

random.choice([여러 개 값]) 함수는 여러 개의 값 중에서 한 가지를 랜덤하게 뽑아줍니다. 이때 랜덤하게 뽑힐 후보군은 꼭 [ ]로 묶어줘야 하는데, [ ]는 리스트를 의미합니다. 리스트는 7장에서 자세히 학습합니다.

PC방 나이 제한 검사하기

PC방은 밤 10시가 넘으면 청소년은 출입할 수 없습니다. 밤 10시에 나이를 입력하고 출입 가능 여부를 체크하는 프로그램을 작성해 봅시다.

실행 결과

```
나이를 입력 ==> 17 •————— 사용자 입력
집에 갈 시간이네요!
협조 감사합니다.
```

1. lab05-01.py 파일을 만들고, 나이를 입력받습니다.

```python
age = int(input("나이를 입력 ==> "))
```

2. 입력받은 나이가 18살 보다 어리다면 집으로 돌려보내도록 검사하는 조건문을 작성합니다. 청소년이든 아니든 협조 감사문을 출력합니다.

```python
if age >= 18 :
    print("즐거운 시간 되세요 ^^")
else :
    print("집에 갈 시간이네요!")

print("협조 감사합니다.")
```

3. Ctrl + S 를 눌러 저장한 후, F5 를 눌러서 실행하고 결과를 확인합니다.

가위바위보 게임하기

가위, 바위, 보 게임을 통해서 컴퓨터와 대결해 봅시다. 잘 알겠지만, 가위바위보 게임은 다음의 규칙을 따릅니다. 나를 기준으로 컴퓨터가 내는 것으로 확인하면 됩니다.

나	컴퓨터	결과(나 기준)
가위	가위 바위 보	비김 짐 이김
바위	가위 바위 보	이김 비김 짐
보	가위 바위 보	짐 이김 비김

실행 결과

나의 가위/바위/보 ==> 가위 ●———— 사용자 입력
컴퓨터의 가위/바위/보 ==> 보
이겼습니다. ^^

실행 결과

나의 가위/바위/보 ==> 바위 ●———— 사용자 입력
컴퓨터의 가위/바위/보 ==> 보
졌습니다. ㅠㅠ

1. lab05-02.py 파일을 만들고, 컴퓨터가 랜덤하게 가위/바위/보를 내도록 random을 임포트합니다.

```
import random
```

2. 사용자의 가위/바위/보 중 하나를 입력받아 myHand 변수에 저장합니다.

```
myHand = input("나의 가위/바위/보 ==>")
```

3. 컴퓨터의 가위/바위/보는 랜덤하게 추출하여 comHand에 저장합니다.

```
comHand = random.choice(["가위", "바위", "보"])
print("컴퓨터의 가위/바위/보 ==>", comHand)
```

4. 게임을 진행합니다. 사용자의 가위/바위/보에 따라 if문을 사용합니다. 우선 사용자의 손이 '가위'일 때, 컴퓨터가 '가위'면 비김, 컴퓨터가 '바위'면 짐, 컴퓨터가 '보'면 이김이 되도록 코딩합니다. 규칙에 따라 사용자의 입장에서 이기고 지는 것을 판단합니다.

```
if myHand == "가위" :
    if comHand == "가위" :
        print("비겼습니다. —.—")
    elif comHand == "바위" :
        print("졌습니다. ㅠㅠ")
    elif comHand == "보" :
        print("이겼습니다. ^^")
```

5. 사용자의 손이 '바위'일 때와 '보'일 때도 위의 규칙에 맞게 작성합니다. 4에서 가위일 때가 아닌 것으로 판단된 상태에서 '바위', '보'를 판단하는 것이므로 elif문을 사용합니다.

```
elif myHand == "바위" :
    if comHand == "가위" :
        print("이겼습니다. ^^")
    elif comHand == "바위" :
        print("비겼습니다. —.—")
    elif comHand == "보" :
        print("졌습니다. ㅠㅠ")

elif myHand == "보" :
    if comHand == "가위" :
        print("졌습니다. ㅠㅠ")
    elif comHand == "바위" :
        print("이겼습니다. ^^")
    elif comHand == "보" :
        print("비겼습니다. —.—")
```

6. 사용자가 입력한 값이 가위/바위/보가 아닐 경우를 대비해 else문을 작성합니다.

```
else :
    print("가위/바위/보 중 하나를 내세요.")
```

7. Ctrl + S 를 눌러 저장한 후, F5 를 눌러서 실행하고 결과를 확인합니다.

사춘기 거북이를 지도하기

문제

청소년기의 거북이는 사춘기를 겪느라 언제 어디로 튈지 모릅니다. 그대로 둔다면 화면 밖으로 나가버리는 가출 거북이가 될 수도 있습니다. 그렇다고 해서 너무 제어하는 것도 좋지 않을 것 같아 청소년 거북이가 화면 안에서 노는 것은 그대로 두고, 화면 밖으로 나간다면 다시 화면의 중심으로 데려오는 것으로 하겠습니다.

거북이가 활동할 화면의 크기는 (300, 300)으로 지정하겠습니다. 그렇다면 화면의 중앙이 (0, 0)이므로 거북이의 활동 공간은 가로로 (−150~150), 세로로 (−150~150)이 됩니다. 거북이가 움직인 위치가 이 범위 안에 있으면 그대로 두고, 이 밖으로 나가면 중앙인 (0, 0) 위치로 데려다 놓겠습니다.

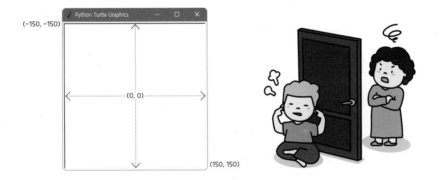

해결

ch05_turtle_01.py

```
01  import turtle
02  import random
03
04  turtle.shape("turtle")
05  turtle.pensize(5)
06  turtle.pencolor("blue")
07
08  turtle.screensize(300,300)        화면의 크기를 (300, 300)으로 설정
09  turtle.setup(330,330)             화면의 가장자리를 위해 30씩 더 크게 설정
10
11  while True :                      무한 반복
12      angle = random.randint(0, 360)
13      distance = random.randint(10, 100)   거북이의 각도와 이동거리를 랜덤하게 설정
14      turtle.right(angle)
15      turtle.forward(distance)
16
```

```
17    curX = turtle.xcor()
18    curY = turtle.ycor()
19
20    if (curX >= -150 and curX <= 150) and (curY >= -150 and curY <= 150) :
21        print("Good Boy~")
22    else :
23        turtle.goto( 0, 0 )
24
25  turtle.done()
```

거북이의 현재 위치를 알아냄

거북이의 가로/세로 위치가 -150~150 사이라면
Good Boy 출력

범위를 벗어났다면 거북이를 중앙으로 데려옴

요약

01 프로그램의 흐름은 세 가지로 구분됩니다.

- 순차 구조: 차례대로 진행되는 구조

- 선택 구조: 몇 가지 중 하나를 고르는 구조

- 반복 구조: 같은 내용을 여러 번 수행하는 구조

02 조건식 if문이 참이라면 실행할 문장을 실행하고, 조건식이 거짓이라면 실행할 것이 없습니다.

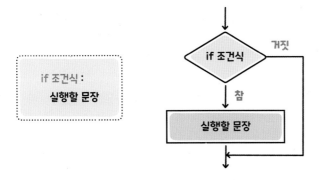

03 if~else문은 조건식이 참이라면 문장1을 실행하고, 거짓이면 문장2를 실행합니다.

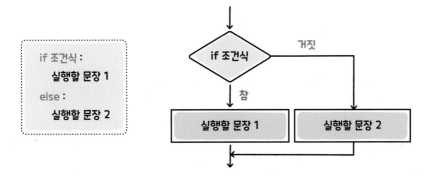

04 중첩 if문(또는 중복 if문)은 if문을 한 번 실행하고, 그 결과에 다시 if문을 실행합니다.

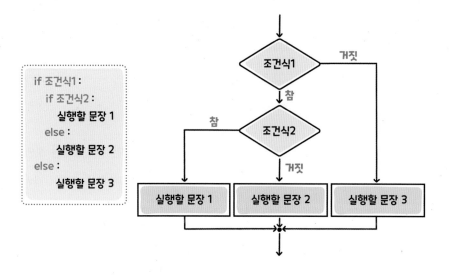

05 중첩 if문을 사용할 때는 중간의 if~else문을 elif문으로 줄여서 사용할 수 있습니다.

01 프로그램의 기본 제어구조에 속하지 <u>않는</u> 것을 고르시오.

① 순차 구조

② 선택 구조

③ 반복 구조

④ 입력 구조

02 다음 단순 if문의 결과가 맞는 것을 고르시오.

```
number = 9
if number > 10 :
    print("10보다 작습니다.")
```

① 10보다 작습니다.

② 아무것도 나오지 않는다.

③ number = 9

④ number > 10

03 다음 if~else문의 실행 결과를 고르시오(이때, 줄 바꿈은 무시한다).

```
number = 20
if number < 10 :
    print("10보다 작군요.")
else :
    print("10보다 크군요.")
```

① 10보다 작군요.

② 10보다 크군요.

③ 10보다 작군요. 10보다 크군요.

④ 10보다 크군요. 10보다 작군요.

04 다음 if~else문의 실행 결과를 고르시오(이때, 줄 바꿈은 무시한다).

```
number = 5
if number < 10 :
    print("10보다 작군요.")
    print("작은 수군요.")
else :
    print("10보다 크군요.")

print("그럼 이만.")
```

① 10보다 작군요. 작은 수군요. 그럼 이만.

② 10보다 크군요. 그럼 이만.

③ 10보다 작군요. 10보다 크군요.

④ 10보다 작군요. 10보다 크군요. 그럼 이만.

05 다음은 90 이상은 장학생, 89 미만~60 이상은 합격, 59 미만은 불합격으로 구분하는 코드이다. 빈칸에 들어갈 문장을 차례대로 고르시오.

```
value = int(input("점수 ==> "))

if [          ] :
    print("장학생", end='')
else :
    if [          ] :
        print("합격", end='')
    else :
        print("불합격", end='')

print("입니다. ")
```

① value >= 90, value <= 60

② value <= 90, value <= 60

③ value == 90, value == 60

④ value >= 90, value >= 60

06 다음의 윤년 조건과 실행 결과를 확인하여, 입력한 연도가 윤년인지 평년인지 구분하는 프로그램을 작성하시오.

[조건]

평년은 2월 달이 28일까지 있는 해를 말하고, 윤년은 2월 달이 29일까지 존재하는 해를 말한다. 윤년의 조건은 다음과 같다.

- 4로 나누어 떨어지는 연도는 윤년 : 2020, 2024, 2028 등
- 위 조건을 만족해도 100으로 나누어 떨어지면 평년 : 2100, 2200, 2300 등
- 위 조건을 만족해도 400으로 나누어 떨어지면 윤년 : 2000, 2400, 2800 등

연도를 입력 ==> 2021●——— **사용자 입력**
평년 입니다

연도를 입력 ==> 2024●——— **사용자 입력**
윤년 입니다

07 다음 실행 결과를 참고하여 0~100점까지 랜덤하게 뽑은 후에, 점수가 90점 이상이면 장학생, 60점 이상이면 합격, 60점 미만이면 불합격으로 구분하는 코드를 작성하시오.

뽑힌 점수 : 43●— **사용자 입력**
불합격입니다.

뽑힌 점수 : 97●— **사용자 입력**
장학생입니다.

뽑힌 점수 : 68●— **사용자 입력**
합격입니다.

08 　심화　 거북이 그래픽이 다음 조건을 만족하도록 코드를 작성하시오.

[조건]

1. 화면의 크기는 (300, 300)으로 한다.
2. 거북이가 랜덤하게 회전 및 이동한다.
3. 거북이가 화면 밖으로 나간 횟수에 따라 거북이의 색상을 지정한다.
   (0 이상 : blue, 1 이상 : green, 2 이상 : orange, 3 이상 : red)

CHAPTER 06

반복문

학습목표

• 반복문을 사용하는 이유를 파악합니다.

• for문의 문법을 익히고, 활용하여 코딩합니다.

• while문과 for문의 차이를 이해하고, 무한 반복을 이해합니다.

• break, continue와 같은 제어문의 사용법을 익힙니다.

프로그래밍을 하는 이유 중 하나는 지겨운 반복 작업을 사람보다 컴퓨터가 잘하기 때문입니다. 사람은 반복 작업을 할 때 비효율적이라고 느끼며, 사람이기 때문에 실수할 수도 있습니다. 하지만 컴퓨터는 사람과 비교할 수 없을 정도로 빠르게 반복 작업을 할 수 있으며 실수도 하지 않습니다. 반복 작업이야 말로 컴퓨터로 프로그래밍을 해야 하는 가장 큰 이유 중 하나라고 볼 수 있습니다. 이번 장에서는 이러한 반복 작업을 컴퓨터에게 시키는 방법을 배울 수 있습니다.

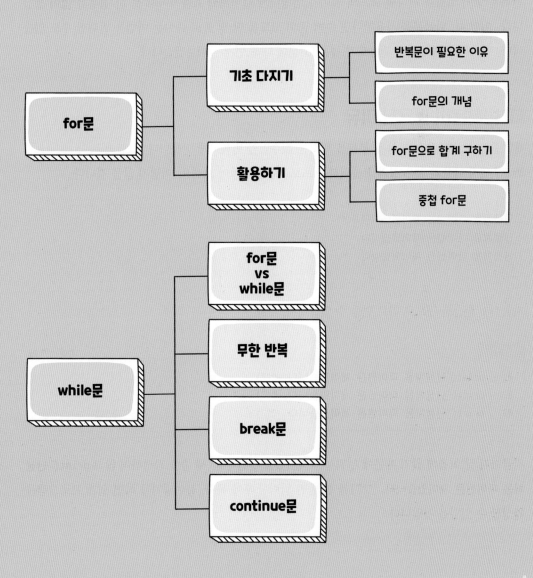

for문 기초 다지기

반복문 없이 코딩을 한다면 코드의 길이가 엄청나게 길어지고 효율적이지 못 한 경우가 많이 생깁니다. 이럴 때, 반복문을 사용한다면 수백 줄의 코드를 단 몇 줄로 줄이는 마법을 발휘할 수도 있습니다. 반복문 중에서 가장 활용도가 높은 for문에 대해 먼저 살펴보겠습니다.

1 반복문이 필요한 이유

반복문은 프로그램 안의 특정 부분을 원하는 횟수만큼 반복하게 만듭니다. 그럼 반복이 왜 필요할까요? 먼저 다음과 같은 결과를 출력하는 프로그램을 만들어 보세요. 어렵지 않을 겁니다.

```
난생처음 파이썬은 재미있습니다. ^^
난생처음 파이썬은 재미있습니다. ^^
난생처음 파이썬은 재미있습니다. ^^
```

지금까지 학습한 것으로 바로 만들 수 있습니다.

코드 6-1	ex06-01.py

```
01    print("난생처음 파이썬은 재미있습니다. ^^")
02    print("난생처음 파이썬은 재미있습니다. ^^")
03    print("난생처음 파이썬은 재미있습니다. ^^")
```

지금까지 잘 학습해 왔기 때문에 누워서 떡먹기였을 것입니다. 세 줄을 작성하지 않고 print("난생처음 파이썬은 재미있습니다. ^^")를 한 줄만 입력한 후에 복사, 붙여넣기를 하면 쉽게 프로그램을 완성할 수 있었을 것입니다.

만약 3회가 아니라 20회를 출력해야 한다면 어떨까요? 복사와 붙여넣기를 20번만 하면 되니 할 만합니다. 그렇다면 100회는 어떨까요? 아니 10000회는요? 아무리 복사해서 붙인다고 하더라도 10000회는 어려울 것 같습니다. 바로 이럴 때 필요한 것이 반복문입니다. 일단 다음 코드를 입력해서 실행해 봅시다.

```
>>> for i in range(3) :
        print("난생처음 파이썬은 재미있습니다. ^^")
난생처음 파이썬은 재미있습니다. ^^
난생처음 파이썬은 재미있습니다. ^^
난생처음 파이썬은 재미있습니다. ^^
```

> IDLE Shell에서는 print() 제일 뒤에서 Enter를 2회 눌러야 실행됩니다.

print() 함수는 두 번째 행에서 한 번밖에 사용하지 않았는데도 print()를 세 번 복사한 [코드 6-1]과 동일한 결과가 나왔습니다. 우선 range(3)은 3번 반복하라는 뜻으로, 코드에 대한 상세한 설명은 잠시 후에 살펴보겠습니다. 만약 10000번을 반복해야 한다면 숫자 3대신에 10000을 입력하면 됩니다. 즉, 숫자만 바꾸면 원하는 만큼 얼마든지 반복할 수 있습니다.

> 출력을 중지 시키려면 Ctrl + C 를 누르면 됩니다.

간단한 예제였지만 이 정도면 반복문의 위력을 알 수 있었을 것입니다. 만 번이 아니라 백만 번도 컴퓨터는 시키는 대로 틀리지 않게 잘 수행합니다.

확인문제

다음 코드는 한빛아카데미를 몇 번 출력할까요?

```
for i in range(33) :
    print("한빛아카데미")
```

정답

33번

---

2 for문의 개념

앞에서 아주 간단하게 for문을 사용해 봤습니다. for문은 앞으로 프로그래밍에서 자주 나오므로 잘 알아야 합니다.

for문의 형식

우선 for문의 형식은 다음과 같습니다.

for 변수 in range(시작값, 끝값+1, 증가값) :

> **반복할 문장**

그림 6-1 for문의 형식

range( ) 함수는 지정된 범위의 값을 반환합니다. 앞에서 사용한 range(3)의 완전한 형식은 사실 range(0, 3, 1)입니다. range(0, 3, 1)은 0에서 시작해서 2까지 1씩 증가하는 값들을 반환합니다.

즉 range(0, 3, 1)은 0, 1, 2를 반환하며, 그 앞에 있는 변수에 값을 하나씩 대입하면서 반복문을 수행합니다. 이때 range( ) 함수의 세 번째 증가값은 생략할 경우 1로 인식하기 때문에 range(0, 3, 1)은 range(0, 3)이라고 쓴 것과 동일합니다. 만약 첫 번째인 시작값이 0이라면 시작값도 생략이 가능합니다. 시작값을 생략하면 0으로 인식하므로 range(3)만 써도 range(0, 3, 1)과 동일한 것입니다.

다시 range( ) 함수를 사용한 코드를 살펴봅시다.

```
>>> for i in range(0, 3, 1) :
        print("난생처음 파이썬은 재미있습니다. ^^")
난생처음 파이썬은 재미있습니다. ^^
난생처음 파이썬은 재미있습니다. ^^
난생처음 파이썬은 재미있습니다. ^^
```

range(0, 3, 1)은 0, 1, 2를 반복하므로 [0, 1, 2]와 같이 표현할 수도 있습니다. 위의 코드는 내부적으로 다음과 같이 변경됩니다. 다음을 입력해서 실행하면 동일한 결과가 나옵니다.

```
>>> for i in [0, 1, 2] :
        print("난생처음 파이썬은 재미있습니다. ^^")
난생처음 파이썬은 재미있습니다. ^^
난생처음 파이썬은 재미있습니다. ^^
난생처음 파이썬은 재미있습니다. ^^
```

위의 for문은 i에 **0, 1, 2**를 차례로 대입하면서 다음과 같이 3회를 반복합니다. 결과적으로 "난생 처음~" 문장이 3번 출력됩니다.

- **1회:** i에 **0**을 대입한 후 print( ) 함수 수행
- **2회:** i에 **1**을 대입한 후 print( ) 함수 수행
- **3회:** i에 **2**를 대입한 후 print( ) 함수 수행

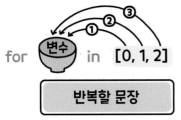

[0, 1, 2]는 리스트입니다. 리스트에 대해서는 7장에서 자세히 다룹니다. 지금은 0, 1, 2가 한꺼번에 저장된 것 정도로 기억하세요.

그림 6-2 **for i in [0, 1, 2]의 작동**

실행할 문장이 여러 개라면 [그림 6-2]의 '반복할 문장'에 들여쓰기를 맞추어 계속 작성하면 됩니다.

i 값에 접근하기

그런데 앞의 코드에서는 변수 i에 0, 1, 2를 차례로 대입만 하고 i를 코드 내부에서 사용하지는 않았습니다. 이번에는 i 값을 코드 내부에서 사용해 보겠습니다. 우선 각 행의 맨 앞에 i 값을 출력해 보겠습니다.

```
>>> for i in range(0, 3, 1) :
        print(i,": 난생처음 파이썬은 재미있습니다. ^^")
0 : 난생처음 파이썬은 재미있습니다. ^^
1 : 난생처음 파이썬은 재미있습니다. ^^
2 : 난생처음 파이썬은 재미있습니다. ^^
```

print( )에서 변수 i 값을 사용해서 제일 앞에 숫자를 출력했습니다. for문은 꼭 0부터 시작할 필요는 없으며, 사용자가 시작값을 마음대로 지정해도 됩니다. 이번에는 1~10까지 숫자들을 차례대로 출력해 보겠습니다.

```
>>> for i in range(1, 11, 1) :
        print(i , end='')
1 2 3 4 5 6 7 8 9 10
```

range(1, 11, 1)은 1부터 10까지 1씩 증가한 값을 생성합니다. 즉 1, 2, …, 10을 반환합니다. 증가값이 1이면 생략해도 되므로 range(1, 11)로 써도 괜찮습니다만 시작값은 1이므로 생략할 수 없습니다. 주의할 점은 끝값인 11입니다. 끝값을 11로 써야 11의 바로 앞인 10까지 반환하기 때문입니다. 종종 틀리는 부분이니 잘 기억하세요.

확인문제

다음과 같은 결과가 나올 수 있도록, 코드의 빈칸을 채우시오.

```
for i in range [      ] :
    print(i , end='')
```

```
2 3 4 5
```

정답

(2, 6, 1) 또는 (2, 6)

LAB 학생 줄 세우기

A, B, C, D, E 다섯 명의 학생들에게 도시락을 나눠주려고 합니다. 다섯 명의 학생들이 도시락을 받기 위해 순서대로 줄을 서려면 총 몇 가지의 경우의 수가 나올까요? 이런 경우 팩토리얼 함수를 사용하면 쉽게 해결됩니다. 팩토리얼(Factorial)은 1부터 n까지 숫자의 곱을 의미합니다. 팩토리얼은 기호로 !를 사용합니다. 예로 5!은 $1 \times 2 \times 3 \times 4 \times 5$로 계산되어 120이 됩니다.

A, B, C, D, E 학생들을 순서대로 세우는 경우의 수 : 120

1. lab06-01.py 파일을 만들고, A~E 친구들이 줄을 설 수 있는 경우의 수를 계산하기 위해 필요한 변수를 선언합니다. 주의할 점은 팩토리얼은 곱셈이므로 팩토리얼을 저장할 변수 fact의 초기 값을 1로 해야 합니다. 초기 값을 0으로 하면 0과의 모든 곱셈이 0이 됩니다.

```
i = 0
fact = 1
friends_num = 5
```

2. for문을 활용해 i가 1부터 5까지 순서대로 커지며 fact에 곱합니다. 끝값을 '입력한값 +1'로 해야 입력한 값까지 곱셈이 되는 것을 주의합니다.

```
for i in range(1, friends_num+1, 1):
    fact = fact * i

print("A, B, C, D, E 학생들을 순서대로 세우는 수:", fact)
```

3. ⌨Ctrl+⌨S를 눌러 저장한 후, ⌨F5를 눌러서 실행하고 결과를 확인합니다. friends_num 의 숫자를 변경하며 팩토리얼 계산이 잘 되는지 추가로 확인해 봅니다.

for문의 기본을 앞에서 충분히 익혔으니, 이제는 for문을 활용한 프로그램을 작성해 보겠습니다.

1 for문을 활용하여 합계 구하기

먼저 for문을 배우기 이전의 방식으로 1~10까지의 합계를 구하는 프로그램을 작성해 보겠습니다. 1부터 10까지의 합계 정도는 for문을 사용하지 않고도 덧셈(+) 연산만으로도 간단히 작성할 수 있습니다.

```
>>> hap = 1 + 2 + 3 + 4 + 5 + 6 + 7 + 8 + 9 + 10
>>> print("1에서 10까지의 합 :", hap)
1에서 10까지의 합 : 55
```

코드도 간단하고 결과도 출력됐지만, 1~10까지가 아니라 1~1000까지라면 hap = 1 + 2 + 3 + ⋯ + 1000을 직접 코딩해야 할 것입니다. 이러한 방식이라면 파이썬을 배울 이유도 없으며, 계산기를 사용하는 것이 더 나을 것 같습니다.

이처럼 반복적인 덧셈이 필요할 때는 for문을 활용해야 합니다. 먼저 한글로 코드를 준비해 보겠습니다.

```
1부터 10까지 변할 변수 i 준비

for 변수 i가 1을 시작으로 10까지 1씩 증가 :
    hap 값에 i 값을 더해 줌

hap의 값을 출력
```

이 내용을 그대로 파이썬 코드로 옮겨 보겠습니다.

코드 6-2   ex06-02.py

```
01   i = 0
02
03   for i in range(1, 11, 1) :
04       hap = hap + i
05
06   print("1에서 10까지의 합 : ", hap)
```

```
Traceback (most recent call last):
    File "C:/FirstPython/Chapter06/06-01.py", line 4, in <module>
        hap = hap + i
NameError: name 'hap' is not defined
```

[코드 6-2]의 1행은 없어도 됩니다. 하지만, 코드 안에서 변수를 선언해서 i 변수를 사용할 것이라고 명확하게 보이도록 하는 것이 코드의 흐름을 파악하는 데 좋습니다.

변수 hap을 선언하지 않았기 때문에 오류가 발생했습니다. 그런데, 파이썬은 변수를 선언하지 않아도 지금까지 문제없이 사용해 왔는데 이상합니다. 그 이유를 알아봅시다.

우선 4행을 보면 `hap = hap + i`로 되어 있습니다. `=` 연산자는 오른쪽 부분이 먼저 처리되는 것을 기억하죠? 그러므로 `hap + i`가 먼저 처리되어야 합니다. 문제는 hap에 무엇이 들어 있어야 거기에 i(1이 있음)를 더하는데, hap이 갑자기 튀어 나왔으며 hap에 무엇이 들어있는지를 알 수가 없기 때문에 더할 수 없는 오류가 발생한 것입니다. 다음 그림을 보세요.

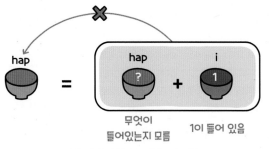

그림 6-3 hap 변수 안에 무엇이 들어있는지 모름

즉, hap에 어떤 값이 있어야만 다시 hap 자기 자신에 누적할 수가 있습니다. 1행에서 hap을 선언하고 0으로 초기화하는 코드를 추가해 보세요.

코드 6-3   ex06-03.py

```
01    i = 0
02    hap = 0
03
04    for i in range(1, 11, 1) :
05        hap = hap + i
06
07    print("1에서 10까지의 합 :", hap)
```

> 1, 2행은 다음과 같이 써도 됩니다.
> i, hap = 0, 0

1에서 10까지의 합 : 55

결과가 잘 나왔습니다. 이제는 hap에 0이 들어 있기 때문에 다음 그림과 같이 처리되어 문제가 없습니다. 이처럼 변수를 사용하기 전에 선언과 초기화를 동시에 하는 것은 매우 중요한 습관입니다.

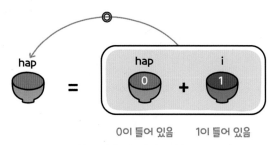

그림 6-4 hap 변수에 뭐가 있는지 알고 있음

이제 [코드 6-3]에서 주의하여 볼 것은 변수 i와 hap의 값입니다. 이 값들은 다음 그림처럼 변합니다.

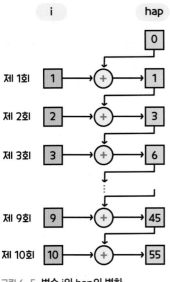

그림 6-5 **변수 i와 hap의 변화**

[코드 6-3]의 1행에서 i 및 hap을 0으로 초기화했습니다. 그리고 4행과 5행이 반복됩니다. 제 1회에서 i 값 1을 현재 hap의 값인 0과 더해 다시 hap에 넣었습니다. 제 2회에서는 i 값 2를 현재 hap의 값인 1과 더해 다시 hap에 넣었습니다. 이 과정이 제 10회까지 반복되면 1~10까지 더한 값이 hap에 들어가게 됩니다.

자! 이제부터는 반복문을 사용해서 프로그램을 작성한 것이 힘을 발휘할 차례입니다. 1부터 10까지 합이 아니라 1000~2000 사이에서 홀수의 합을 구하는 프로그램을 작성해 봅시다. 가급적 아래 코드를 안 보고 코딩한 후에, 아래 코드를 확인해 보세요.

코드 6-4   ex06-04.py

```
01    i, hap = 0, 0
02
03    for i in range(1001, 2001, 2) :
04        hap += i
05
06    print("1000에서 2000까지의 홀수의 합 :", hap)
```

> hap += i와 hap = hap + i는 동일한 코드입니다.

```
1000에서 2000까지의 홀수의 합 : 750000
```

for문의 범위를 지정하는 range(시작값, 끝값+1, 증가값)을 적절히 변경하면 다양한 형태의 합계를 구할 수 있습니다. 위 코드는 3행에서 시작값을 1001(홀수이므로 1001부터)로 지정하고, 끝값+1은 2001로, 증가값을 2로 설정하여 1001부터 2000 사이의 홀수를 모두 더하도록 했습니다.

다음은 500부터 1000까지의 짝수의 합을 구하는 코드이다. 코드의 빈칸을 채우시오.

```
i, hap = 0, 0
for i in range        :
    hap += i
print("500에서 1000까지의 짝수의 합 :", hap)
```

500에서 1000까지의 짝수의 합 : 188250

정답

```
(500, 1001, 2)
```

② 중첩 for문

for문을 한 번만 쓰는 것이 아니라, for문 안에 또 for문을 사용할 수도 있습니다. 이를 중첩 for문 또는 중복 for문이라 합니다. 다음 그림을 보면 바깥 for문과 안쪽 for문을 반복하고 있는데, 바깥 for문은 3회, 안쪽 for문은 2회 반복하고 있습니다.

먼저 바깥 for문의 첫 번째 반복을 실행하고, 안쪽 for문의 반복할 문장들은 2회 반복합니다. 다시 바깥 for문의 두 번째 반복을 실행하고, 다시 안쪽 for문의 반복할 문장들은 2회 반복합니다. 마지막으로 바깥 for문의 세 번째 반복을 실행하고, 다시 안쪽 for문의 반복할 문장들을 2회 반복합니다. 그래서 결국 바깥이 세 번 도는 동안에 안쪽은 각각 두 번씩 돌게 되어 총 3×2=6번 반복합니다. [그림 6-6]을 코드로 작성하면 다음과 같습니다.

그림 6-6 **중첩 for문의 동작 개념**

```
>>> for i in range (3) :
        for k in range(2) :
            print("난생처음은 쉽습니다. ^^ (i값:", i ,", k값:", k,")")
난생처음은 쉽습니다. ^^ (i값: 0, k값: 0)
난생처음은 쉽습니다. ^^ (i값: 0, k값: 1)
난생처음은 쉽습니다. ^^ (i값: 1, k값: 0)
난생처음은 쉽습니다. ^^ (i값: 1, k값: 1)
난생처음은 쉽습니다. ^^ (i값: 2, k값: 0)
난생처음은 쉽습니다. ^^ (i값: 2, k값: 1)
```

중첩 for문의 실행 횟수는 바깥 for문 반복 횟수 × 안쪽 for문 반복 횟수입니다. 첫 번째 for문은 i 값이 0, 1, 2로 3회 수행되고, 두 번째 for문은 k 값이 0, 1로 2회 수행됩니다. 최종적으로 3×2=6 회가 반복되었습니다. 처리되는 순서는 다음과 같습니다.

(1) 외부 for문 1회: i에 0을 대입

　　내부 for문 1회: k에 0을 대입한 후에 print( ) 수행

　　내부 for문 2회: k에 1을 대입한 후에 print( ) 수행

(2) 외부 for문 2회: i에 1을 대입

　　내부 for문 1회: k에 0을 대입한 후에 print( ) 수행

　　내부 for문 2회: k에 1을 대입한 후에 print( ) 수행

(3) 외부 for문 3회: i에 2를 대입

　　내부 for문 1회: k에 0을 대입한 후에 print( ) 수행

　　내부 for문 2회: k에 1을 대입한 후에 print( ) 수행

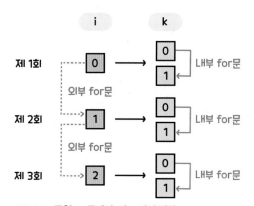

그림 6-7 **중첩 for문에서 i와 k 값의 변화**

다음 코드는 총 몇 번 출력되는가?

```
for i in range (2) :
    for k in range(3) :
        print("중첩 for문입니다")
```

정답

6번

LAB 구구단 계산기 만들기

2단부터 9단까지 구구단을 출력하는 구구단 계산기를 만들어 봅시다. 2단~9단까지 for문을 사용해야 합니다. 그런데 2단에서도 다시 2×1, 2×2, 2×3, …, 2×9까지 곱하는 숫자가 1부터 9로 변경되기 때문에 곱하는 숫자도 역시 for문을 사용해야 합니다. 결국 바깥 for문은 2단, 3단, …, 9단을, 안쪽 for문은 1, 2, 3…으로 곱하는 숫자를 사용해야 합니다. 즉, 중첩 for문을 사용해서 코드를 작성해야 합니다.

실행 결과

```
2 X 1 =  2
2 X 2 =  4
2 X 3 =  6
2 X 4 =  8
2 X 5 = 10
2 X 6 = 12
2 X 7 = 14
2 X 8 = 16
2 X 9 = 18
…생략…
```

구구단의 생성 규칙

X	1	2	3	4	5	6	7	8	9	10
1	1	2	3	4	5	6	7	8	9	10
2	2	4	6	8	10	12	14	16	18	20
3	3	6	9	12	15	18	21	24	27	30
4	4	8	12	16	20	24	28	32	36	40
5	5	10	15	20	25	30	35	40	45	50
6	6	12	18	24	30	36	42	48	54	60
7	7	14	21	28	35	42	49	56	63	70
8	8	16	24	32	40	48	56	64	72	80
9	9	18	27	36	45	54	63	72	81	90
10	10	20	30	40	50	60	70	80	90	100

1. lab06-02.py 파일을 만들고, 1행에서 단으로 사용할 변수 i와 곱할 숫자로 사용할 k를 준비합니다.

```
i = 0
k = 0
```

2. 바깥쪽 for문은 2단~9단까지 8번 반복하며, 안쪽 for문은 1~9까지 9번 반복합니다. 안쪽 for문에서 i와 k를 곱하여 구구단을 출력합니다.

```
for i in range(2, 10, 1) :
    for k in range(1, 10, 1) :
        print(i, " X ", k, " = ", i*k)
    print("")
```

3. Ctrl + S 를 눌러 저장한 후, F5 를 눌러서 실행하고 결과를 확인합니다.

while문이란?

while문은 for문과 용도가 비슷하지만, 사용하는 방법이 약간 다릅니다. while문은 for문 다음으로 활용도가 높은 반복문으로, 둘을 비교해 보면서 while문을 배워봅시다.

1 for문과 while문의 비교

for문과 while문은 상당히 친한 친구 같은 사이입니다. 둘의 용도는 상당히 비슷하면서도 약간 차이가 있습니다.

앞에서 학습한 for문의 형식은 다음과 같았습니다.

```
for 변수 in range(시작값, 끝값+1, 증가값)
```

for문은 반복할 횟수를 range()에서 결정한 후에, 그 횟수만큼 반복합니다. 이와 달리 while문은 반복 횟수를 결정하기 보다는 조건식이 참인 경우에 반복하는 방식을 사용합니다. while문의 기본적인 형식은 다음과 같습니다.

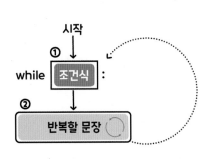

그림 6-8 **while문의 형식과 실행 순서**

먼저 while문은 조건식을 확인하여 이 값이 참이면 반복할 문장들을 수행합니다. 그리고 반복할 문장들이 끝나는 곳에서 다시 조건식으로 돌아와 같은 동작을 반복합니다. 조건식이 참인 동안 계속 반복한다는 점을 기억하기 바랍니다.

우리가 앞에서 사용했던 3번을 반복하는 for문을 다시 살펴보죠. 그리고 이것을 while문으로 변경해 보겠습니다. for문으로 3회의 "난생처음 ~" 문장이 출력한 코드를 다시 한번 살펴보죠.

```
>>> for i in range(0, 3, 1) :
        print(i, ": 난생처음 파이썬은 재미있습니다. ^^")
```

이제 동일한 결과가 나오도록 while문을 사용해 보겠습니다. for문에서는 i가 0, 1, 2로 바뀝니다. while문은 for문과 달리 i를 넣는 문법이 없어서, while 이전에 먼저 i를 시작값으로 지정해야 합니다. 그리고 while의 조건문을 작성합니다. for문에서 i가 0~2 동안 반복했던 것을 생각해 보면 조건식으로 i < 3을 사용하면 될 것 같습니다.

이때 for문 형식에서 i가 1씩 증가한 것을 while문에서는 강제로 1을 증가시키는 행을 추가해야 합니다. i에 1을 증가시키는 구문은 i = i + 1을 사용합니다.

```
>>> i=0
>>> while (i < 3) :
        print(i" : 난생처음 파이썬은 재미있습니다. ^^")
        i = i + 1
0 : 난생처음 파이썬은 재미있습니다. ^^
1 : 난생처음 파이썬은 재미있습니다. ^^
2 : 난생처음 파이썬은 재미있습니다. ^^
```

for문에서 while문으로 변경을 완료했습니다. 이처럼 for문과 while문은 서로 변환이 가능한 코드로 볼 수 있습니다. 위 코드와 같은 while문의 형태도 종종 사용되므로, for문과 함께 while문의 사용법도 기억해 두는 것이 좋습니다.

확인문제

다음 코드를 실행하면 몇 번 출력되는가?

```
i=0
while (i<5) :
    print("즐거운 난생 처음 ^^")
    i = i+1
```

② while문의 무한 반복

무한 루프란 무한 반복을 의미하며 반복문을 빠져나올 조건이 없어 무한히 while문 내부를 반복하는 것을 의미합니다. 무한 루프를 적용하려면 while 조건식 : 에 들어가는 조건식을 True로 지정하면 됩니다.

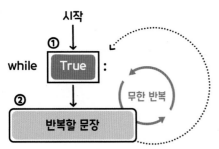

그림 6-9 while을 이용한 무한 루프

무한 반복하는 간단한 while문을 실행해 봅시다. 다음은 'ㅎ' 글자가 무한 출력되는데, 중지하려면 Ctrl + C 를 누릅니다.

```
>>> while True :
        print("ㅎ ", end = " ")
ㅎ ㅎ ㅎ ㅎ ㅎ ㅎ ...무한 반복...
```

무한 루프를 활용해서 입력한 두 숫자의 합계를 반복해서 계산하는 프로그램을 작성해 봅시다. 사용자가 프로그램을 중단하기 위해 Ctrl + C 를 누르기 전까지는 계속 두 숫자를 입력받고 두 수를 더한 결과를 출력하는 코드입니다.

```
01    hap = 0
02    num1, num2 = 0, 0
03
04    while True :
05        num1 = int(input("숫자1 ==> "))
06        num2 = int(input("숫자2 ==> "))
07
08        hap = num1 + num2
09        print(num1, "+", num2, "=", hap)
```

```
숫자1 ==> 30 ┐
숫자2 ==> 77 ┘      사용자 입력
30 + 77 = 107

숫자1 ==> 8 ┐
숫자2 ==> 12345 ┘      사용자 입력
8 + 12345 = 12353

...무한 반복 Ctrl + C 로 종료...
```

3 break문과 continue문

이번에는 반복문을 강제로 탈출하는 경우와 반복문의 처음으로 돌아가게 만드는 경우를 살펴봅니다.

반복문을 탈출하는 break문

for문은 range( ) 함수에서 지정한 범위에서 벗어나면 for문을 종료합니다. while문은 조건식이 False가 되면 while문을 종료하거나, 무한 반복의 경우 Ctrl + C 를 누르면 프로그램을 종료합니다. 하지만, 반복문을 논리적으로 빠져나가는 방법이 있는데, 이것이 바로 break문입니다.

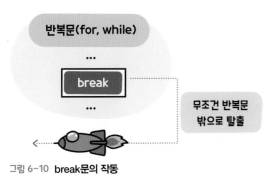

그림 6-10 break문의 작동

앞의 [그림 6-10]과 같이 반복문 안에서 break문을 만나면 무조건 반복문을 빠져 나옵니다. 먼저 간단한 코드로 확인해 보죠.

```
>>> for i in range(1, 1001, 1) :
        print("반복문을", i, "회 실행합니다.")
        break
반복문을 1 회 실행합니다.
```

위의 코드는 for문이 1000번 실행되도록 설정했지만, break문을 만나 for문이 한 번만 실행되었습니다. 즉, break문을 만나면 무조건 반복문을 빠져 나가는 것이 확인된 것입니다.

실제로 break문은 무한 루프 안에서 if문과 함께 사용되는 경우가 많습니다. 무한 루프를 돌다가 특정 조건이 되면 반복문을 빠져나가도록 설정하는 것입니다. [코드 6-5]를 break문을 사용하여 첫 번째 숫자(num1)에 0을 입력하면 반복문을 빠져나가도록 수정해 보겠습니다.

코드 6-6   ex06-06.py

```
01    hap = 0
02    num1, num2 = 0, 0
03
04    while True :
05        num1 = int(input("숫자1 ==> "))
06        if num1 == 0 :
07            break
08        num2 = int(input("숫자2 ==> "))
09
10        hap = num1 + num2
11        print(num1, "+", num2, "=", hap)
12
13    print("0을 입력해서 계산을 종료합니다.")
```

```
숫자1 ==> 30 ┐
숫자2 ==> 77 ┘ ●─── 사용자 입력
30 + 77 = 107

숫자1 ==> 0 ●─── 사용자 입력
0을 입력해서 계산을 종료합니다.
```

무한 반복 중에 num1을 입력받습니다. 이때 입력한 num1의 값이 0이라면 7행을 실행해서 break문으로 while문을 탈출하고 12행으로 갑니다. 따라서 num2도 입력받지 못하며, 자연스럽게 13행을 실행합니다.

처음으로 돌아가는 continue문

break문은 반복문을 빠져나가지만, 이와 달리 continue문은 남은 부분을 모두 건너뛰고, 반복문의 처음으로 돌아갑니다.

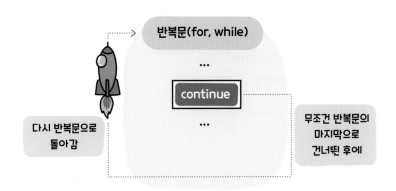

그림 6-11 continue문의 작동

간단한 예를 들어 살펴보겠습니다. 숫자 1~100을 더하되 4의 배수는 더하지 않으려 합니다. 즉 1+2+3+5+6+7+9+⋯와 같이 4의 배수를 건너뛰고 합계를 구하는 코드를 작성해 보겠습니다. 4의 배수인지 아는 방법은 4로 나눈 나머지 값이 0인지를 확인해 보면 됩니다.

```
01    i, hap = 0, 0
02
03    for i in range(1,101,1) :
04        if i % 4 == 0 :
05            continue
06
07        hap += i
08
09    print("1~100의 합계(4의 배수 제외) : ", hap)
```

```
1~100의 합계(4의 배수 제외) : 3750
```

4, 5행은 i 값을 4로 나눈 나머지 값이 0이면(=4의 배수면) for문의 끝으로 건너뛰고 다시 3행으로 돌아갑니다. 4행의 i % 4 == 0은 i를 4로 나눈 나머지 값이 0일 때 참이라는 의미입니다. 4행을 위주로 다섯 단계를 따라가 봅시다.

- **제1회:** i 값 1을 4로 나누면 나머지는 1(거짓) → hap += 1 수행
- **제2회:** i 값 2를 4로 나누면 나머지는 2(거짓) → hap += 2 수행
- **제3회:** i 값 3을 4로 나누면 나머지는 3(거짓) → hap += 3 수행
- **제4회:** i 값 4를 4로 나누면 나머지는 0(참)   → continue 수행
  다시 3행으로 돌아가서 다음 i 값을 준비함
- **제5회:** i 값 5를 4로 나누면 나머지는 1(거짓) → hap += 5 수행
- **제6회:** ……

이렇게 계속 진행하면 hap = 1 + 2 + 3 + 5 + 6 + 7 + 9 + ...와 같은 계산식이 됩니다.

LAB   주사위 3개를 동시에 던져 동일한 숫자 나오기

주사위 3개를 동시에 던져 모두 동일한 숫자가 나와야만 반복문을 탈출할 수 있는 게임을 만들어 봅시다. 몇 번을 던져야 3개의 주사위에서 동일한 숫자가 나올까요?

몇 번을 던져야 3개의 주사위가 동시에 같은 수가 나오는지 알 수가 없으므로, 일단은 무한 루프로 주사위를 던지겠습니다. 그리고 무한 루프 안에서 조건문으로 3개의 주사위가 같은 숫자면 무한 루프를 빠져나가도록 하겠습니다.

3개 주사위는 모두 4 입니다.
같은 숫자가 나오기까지 132번 던졌습니다.

1. lab06-03.py 파일을 만들고, 무작위로 주사위를 던지기 위해 random을 임포트합니다. 또한 주사위를 던진 횟수를 저장할 변수와 주사위 3개도 선언합니다.

```python
import random

count = 0
dice1, dice2, dice3 = 0, 0, 0
```

2. 3개의 주사위 던지기를 무한 반복하면서 주사위 던진 횟수를 1씩 증가시킵니다.

```python
while True :
    count += 1
    dice1 = random.randint(1,6)
    dice2 = random.randint(1,6)
    dice3 = random.randint(1,6)
```

3. 3개의 주사위 숫자가 같다면 break문으로 무한 반복을 탈출합니다.

```python
    if (dice1 == dice2) and (dice2 == dice3) :
        break
```

4. 주사위 3개에서 동시에 나온 숫자와 횟수를 출력합니다.

```python
print("3개 주사위는 모두", dice1, "입니다.")
print("같은 숫자가 나오기까지", count, "번 던졌습니다.")
```

5. Ctrl + S 를 눌러 저장한 후, F5 를 눌러서 실행하고 결과를 확인합니다.

컴퓨터와 인간의 숫자 맞히기 대결

컴퓨터가 1~5까지 숫자 중 한 가지를 생각하면, 사람이 그 숫자를 맞히는 게임입니다. 단 10번 안에는 맞혀야 합니다. 이세돌 9단과 알파고의 바둑 대결만큼은 아니지만, 컴퓨터와 인간의 대결이라고 볼 수 있습니다. 숫자를 맞힌다면 break문으로 반복문을 빠져 나가고, 맞히지 못하면 continue문으로 다시 반복문의 처음 부분으로 돌아가도록 구현합니다.

게임 1 회: 컴퓨터가 생각한 숫자는 ? 3 ●────── **사용자 입력**
아까워요. 4 였는데요. 다시 해보세요. ㅠ
게임 2 회: 컴퓨터가 생각한 숫자는 ? 2 ●────── **사용자 입력**
아까워요. 1 였는데요. 다시 해보세요. ㅠ
게임 3 회: 컴퓨터가 생각한 숫자는 ? 4 ●────── **사용자 입력**
맞혔네요. 축하합니다 !!
게임을 마칩니다.

1. lab06−04.py 파일을 만들고, 컴퓨터가 무작위로 숫자를 고르도록 random을 임포트합니다. 또한 컴퓨터가 뽑은 숫자와 인간이 고른 숫자를 저장하기 위한 변수를 선언합니다.

```
import random

computer, user = 0, 0
```

2. 게임 전체 횟수인 10회를 반복합니다. 컴퓨터가 1~5 중 랜덤한 숫자를 고르고, 게임의 현재 횟수를 출력하면서 사용자에게 숫자를 입력받습니다.

```
for i in range(1, 11, 1) :
    computer = random.randint(1, 5)
    print ("게임", i, "회:", end='')
    user = int(input("컴퓨터가 생각한 숫자는 ? "))
```

3. 컴퓨터가 고른 숫자와 사용자가 생각한 숫자가 같다면 정답 메시지를 출력하고, for문을 빠져나갑니다. 숫자가 틀리면 오답 메시지를 출력하고 다시 반복문의 처음으로 올라갑니다.

```
if computer == user :
    print(" 맞혔네요. 축하합니다 !! ")
    break
else :
    print(" 아까워요. ", computer, "였는데요.  다시  해보세요. ㅠ")
    continue
```

4. 정답을 맞히거나, 10번의 기회가 끝나면 게임을 마친다는 메시지를 출력합니다.

```
print("게임을 마칩니다.")
```

5. Ctrl + S 를 눌러 저장한 후, F5 를 눌러서 실행하고 결과를 확인합니다.

거북이 무늬의 벽지 만들기

문제

흰 벽지에 알록달록한 거북이 모양의 무늬를 가지런하게 그려보려고 합니다. 벽지의 크기는 가로 300, 세로 300으로 하고, 거북이는 약 50 거리만큼 떨어져서 다양한 색상의 거북이를 그려봅시다. 중첩 for문을 활용해서 코드를 작성해야 합니다.

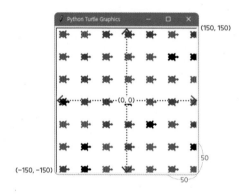

해결

ch06_turtle_01.py

```
01    import turtle
02    import random
03
04    turtle.shape("turtle")
05    colors = ['red','green','magenta', 'blue', 'black']  ●──── 다양한 색상의 모음 준비
06    turtle.penup()
07    turtle.screensize(300,300)
08    turtle.setup(330,330)
09
10    for i in range(7) :
11        for k in range(7) :            ●──── 총 49회 반복됨
12            x = i*50 - 150
13            y = k*50 - 150             ●──── 거북이의 위치 설정
14            turtle.goto( x, y )
15            turtle.color(random.choice(colors))  ●──── 색상을 랜덤하게 고름
16            turtle.stamp()             ●──── 현재 위치에서 도장 찍음
17
18    turtle.done()
```

01 반복문은 프로그램 안의 특정 부분을 원하는 횟수만큼 반복하게 만듭니다.

02 for문의 형식은 다음과 같습니다.

for 변수 in range(시작값, 끝값+1, 증가값) :

반복할 문장

03 for문과 while문은 상당히 친한 친구 같은 사이입니다. 둘의 용도는 상당히 비슷하면서도 약간 차이점이 있습니다. while문의 기본적인 형식은 다음과 같습니다.

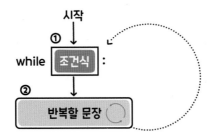

04 무한 루프란 무한 반복을 의미하며 반복문을 빠져나올 조건이 없어 무한히 while문 내부를 반복하는 것을 의미합니다.

05 반복문 안에서 break문을 만나면 무조건 반복문을 빠져 나옵니다. 이와 달리 continue문은 남은 부분을 모두 건너뛰고, 반복문의 처음으로 돌아갑니다.

01 print()문이 각각 몇 번 반복되는지 고르시오.

```
for _ in range(5) :
    print("한빛 아카데미")
```

```
for _ in range(1, 5, 1) :
    print("한빛 아카데미")
```

① 3 − 4

② 4 − 5

③ 5 − 4

④ 4 − 3

02 다음 코드의 1행과 동일한 코드를 고르시오.

```
for _ in range(1, 5, 1) :
    print("한빛 아카데미")
```

① for _ in [1, 2, 3, 4, 5] :

② for _ in [1, 2, 3, 4] :

③ for _ in [0, 1, 2, 3, 4, 5] :

④ for _ in [0, 1, 2, 3, 4] :

03 다음의 실행 결과를 참고하여 빈칸에 들어갈 코드를 고르시오.

```
for n in range          :
    print(n , end='')
```

[실행 결과]

```
3 4 5 6
```

① (3, 4, 5, 6)

② (3, 6)

③ (3, 7)

④ (2, 6)

04 다음 중 무한 반복을 하는 코드를 고르시오.

① for True :

② for False :

③ while True :

④ while False :

05 다음은 1에서 100까지의 합계를 구하는 코드이다. 빈칸에 들어갈 코드를 고르시오.

```
hap = 0
for i in range [      ] :
    hap = hap + i
print(hap)
```

① (1, 99, 1)

② (0, 99, 1)

③ (1, 100, 1)

④ (1, 101, 1)

06 다음은 1000에서 2000까지의 홀수의 합계를 구하는 코드이다. 빈칸에 들어갈 코드를 고르시오.

```
hap = 0
for i in range [      ]:
    hap = hap + i
print(hap)
```

① (1000, 2001, 2)

② (1001, 2001, 2)

③ (1000, 2000, 1)

④ (1001, 2000, 1)

07 다음 두 코드는 동일한 결과를 출력한다. 빈칸에 들어갈 코드를 구하시오.

```
i = 0
for i in range (5) :
    print("난생처음")
```

```
i = 0
while [      ] :
    print("난생처음")
    i   += 1
```

① i < 5   ② i <= 5

③ i > 5   ④ i >= 5

08 다음 빈칸에 들어갈 단어를 알맞게 나열한 것을 고르시오.

> for문이나 while 반복문 중에서 [　　　　　]문을 만나면 반복문을 빠져나간 후 반복문 이후부터 실행하고, [　　　　　]문을 만나면 반복문의 처음으로 돌아간다.

① continue, break

② break, continue

③ continue, exit

④ exit, continue

09 다음 실행 결과를 참고하여 시작값, 끝값, 증가값을 사용자에게 입력받아 시작값과 끝값 사이에서 증가값만큼 커진 숫자들의 합을 구하시오(예를 들어 시작값이 10, 끝값이 40, 증가값이 7일 경우 10+17+24+31+38로 120이 나와야 한다).

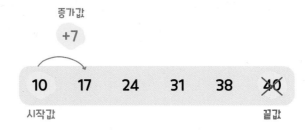

[실행 결과]

시작값 ==> 10 ┐
끝값 ==> 40 ●─── 사용자 입력
증가값 ==> 7 ┘
10에서 40까지 7씩 증가한 값의 합 : 120

10 심화 거북이 그래픽이 다음 조건을 만족하도록 코드를 작성하시오.

[조건]

1. 거북이가 중앙에서부터 50회 반복해서 선을 그린다.
2. 선의 길이는 0부터 10씩 증가한다(0, 10, 20, 30, …).
3. 각 선을 그린 후, 왼쪽으로 90도 회전한다.
4. 색상은 랜덤하게 추출한다.

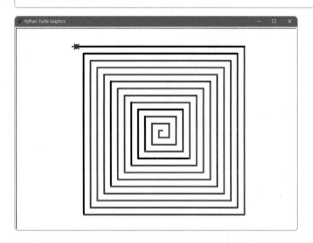

CHAPTER 07

리스트, 튜플,
딕셔너리

학습목표

• 리스트의 개념을 이해하고 활용합니다.

• 2차원 리스트 생성법을 익힙니다.

• 튜플을 이해하고 리스트와 차이점을 파악합니다.

• 딕셔너리의 개념과 활용법을 익힙니다.

리스트는 파이썬 자료구조의 꽃으로, 아주 유연한 자료구조이기에 고급 프로그래밍을 작성할 때, 자주 사용하게 됩니다. 리스트는 많은 데이터를 넣어 놓은 데이터의 집합이라고 할 수 있습니다. 튜플은 리스트와 상당히 비슷합니다. 단, 읽기만 할 수 있습니다. 튜플은 처음 만든 후에는, 추가로 넣을 수는 없고 꺼낼 수만 있다고 보면 됩니다. 마지막으로 배울 딕셔너리는 말 그대로 사전과 같은 구성으로 고급 코딩에 종종 활용됩니다.

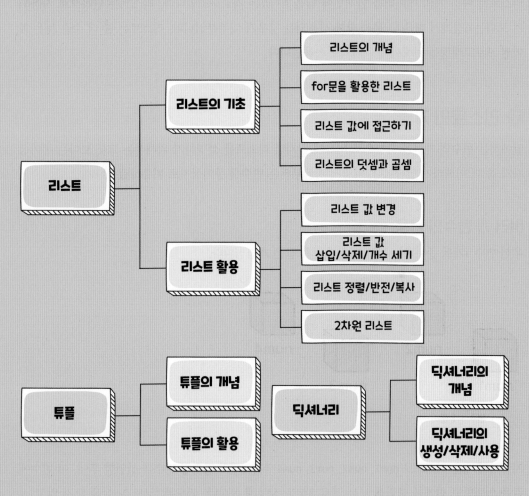

리스트의 기초

리스트는 여러 개의 데이터를 한꺼번에 담을 수 있는 자료구조입니다. 리스트는 단독으로 사용되기 보다는 6장에서 배운 for문과 함께 사용되는 경우가 대부분입니다. 리스트는 좀 더 수준 높은 파이썬 프로그래밍을 위해서 필수적으로 사용됩니다.

1 리스트의 개념

앞에서는 변수의 개념을 그릇으로 비유해 왔지만 리스트를 설명하기 위해서는 그릇 보다는 종이상자가 좀 더 이해하기 쉽습니다. 따라서 지금부터는 변수를 종이상자로 비유하겠습니다.

여러 개 변수의 사용

우선 변수 4개를 준비하는 것은 다음 그림과 같은 개념입니다.

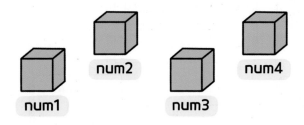

그림 7-1 **변수 4개 준비**

지금까지 배운 지식으로 num1, num2, num3, num4까지 4개의 정수형 변수를 선언한 후에, 이 변수에 값을 입력받고 합계를 출력해 보는 프로그램을 작성해 봅시다. 되도록 [코드 7-1]을 보지 않고 직접 프로그램을 작성해 보세요.

```
01    num1, num2, num3, num4 = 0, 0, 0, 0
02    hap = 0
03
04    num1 = int(input("숫자 : "))
05    num2 = int(input("숫자 : "))
06    num3 = int(input("숫자 : "))
07    num4 = int(input("숫자 : "))
08
09    hap = num1 + num2 + num3 + num4
10
11    print("합계 ==> " ,hap)
```

```
숫자 : 10 ┐
숫자 : 20 │
숫자 : 30 ├── 사용자 입력
숫자 : 40 ┘
합계 ==> 100
```

이제 우리에게 [코드 7-1] 정도는 그리 어렵지 않습니다. 4개의 변수를 선언하여 입력받고 합을 구하는 것은 코드가 간단합니다. 하지만 변수가 1000개라면 어떨까요? num1부터 num1000까지 변수를 선언하고, 입력하는 것은 현실적으로 어려울 것 같습니다. 그래서 리스트가 필요합니다.

리스트의 생성

리스트(List)는 다음 그림과 같이 하나씩 사용하던 변수를 붙여서 한 줄로 붙여놓은 개념입니다. 그리고 전체는 한 덩어리여서 변수 이름이 하나면 됩니다.

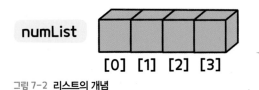

numList

[0] [1] [2] [3]

> 리스트도 변수이기 때문에 이름을 마음대로 지어도 괜찮습니다. 이 책에서는 이름만으로 리스트인 것을 알기 쉽도록 숫자 리스트를 의미하는 numList라고 이름을 지었습니다.

그림 7-2 **리스트의 개념**

지금까지는 종이상자(변수)의 이름을 각각 num1~num4로 지정해서 사용해왔지만, 리스트는 종이상자를 한 줄로 붙인 후에 박스 전체의 이름(numList)을 지정하여 사용하고 각각의 데이터에는 번호(첨자)를 붙여서 접근합니다.

리스트를 만드는 형식은 다음과 같이 대괄호([ ]) 안에 값들을 선언하면 됩니다.

```
리스트이름 = [값1, 값2, 값3, ...]
```

4개의 값을 담은 정수형 리스트를 생성해 보겠습니다.

```
numList = [10, 20, 30, 40]
```

리스트를 사용하지 않는다면 각각의 변수를 ❶처럼 num1, num2, num3, num4와 같이 사용해야 합니다. 하지만 리스트의 경우에는 ❷처럼 첨자를 사용하여 numList[0], numList[1], numList[2], numList[3]과 같이 사용합니다. 주의할 점은 개수가 4개인 리스트를 생성했다면 첨자는 1~4가 아닌, 0~3까지 사용해야 합니다. 틀리기 쉬운 부분이니 잘 기억해 두세요.

❶ 각 변수 사용	❷ 리스트 사용
num1, num2, num3, num4 = 10, 20, 30, 40	numList = [10, 20, 30, 40]
num1 사용	numList[0] 사용
num2 사용	numList[1] 사용
num3 사용	numList[2] 사용
num4 사용	numList[3] 사용

이제는 [코드 7-1]을 리스트를 사용하는 프로그램으로 변경해 보겠습니다.

코드 7-2 ex07-02.py

```
01    numList = [0, 0, 0, 0]
02    hap = 0
03
04    numList[0] = int(input("숫자 : "))
05    numList[1] = int(input("숫자 : "))
06    numList[2] = int(input("숫자 : "))
07    numList[3] = int(input("숫자 : "))
08
09    hap = numList[0] + numList[1] + numList[2] + numList[3]
10
11    print("합계 ==> " ,hap)
```

```
숫자 : 10
숫자 : 20          사용자 입력
숫자 : 30
숫자 : 40
합계 ==> 100
```

[코드 7-1]의 1행에서는 변수를 4개 설정했으나, 여기서는 numList = [0, 0, 0, 0]으로 4개의 항목이 있는 리스트를 생성했습니다. 그리고 4행에서 num1 대신 numList[0]을 사용했고, 5~7행 역시 numList 리스트를 사용했습니다.

9행에서도 각각의 변수를 쓰는 대신 numList[0] + numList[1] + numList[2] + numList[3]으로 수정했습니다. 실행 결과는 리스트를 사용하기 전과 동일합니다. 좀 편리하게 보이지만, 만약 1~100개의 숫자를 더하려면 numList[0] + numList[1] + ... + numList[99]와 같은 작업이 필요합니다. 이 역시 엄청난 고생입니다. 하지만, 리스트의 특성을 잘 이해하면 그런 수고를 줄일 수 있습니다. 이어서 살펴보겠습니다.

확인문제

3개 숫자 10, 20, 30을 리스트에 저장하기 위해 빈칸을 채우시오.

```
numList = [        ]
```

정답

```
[10, 20, 30]
```

리스트의 다양한 형태

다음은 리스트를 다양하게 생성하는 코드입니다.

```
❶ numList = []
❷ intList = [10, 20, 30]
❸ strList = ['난생처음', '파이썬', 'Good']
❹ mixList = [10, 20, '난생']
```

> ❹와 같은 형태는 자주 사용하지 않으므로 참고만 하세요.

❶은 비어있는 리스트를 만들었습니다. ❷는 정수로만 구성된 리스트이며, ❸은 문자열로만 구성된 리스트입니다. ❹는 다양한 데이터 형식을 섞어서 리스트를 생성한 것입니다.

② for문을 활용한 리스트

리스트의 기본 사용은 이해했으니 한발 더 나아가보기로 하죠. [코드 7-2]에서는 리스트의 특성을 제대로 활용하지 못했습니다. 하지만 리스트를 for문과 결합하면 프로그래머의 수고를 상당히 덜어 줄 수 있습니다. 여기에서는 리스트와 반복문의 관계뿐 아니라 리스트에 값을 입력하는 방법, 프로그래머가 만든 리스트의 크기를 알아내는 방법들을 살펴보겠습니다.

빈 리스트와 리스트의 추가 사용

[코드 7-2]의 1행에서는 4개의 요소를 numList = [0, 0, 0, 0]으로 만들었습니다. 동일한 방법으로 먼저 비어있는 리스트를 만들고, **리스트이름.append(값)** 함수로 리스트를 하나씩 추가할 수 있습니다.

```
>>> numList = []
>>> numList.append(0)  ┐
>>> numList.append(0)  │
>>> numList.append(0)  ├──── 리스트에 0 추가
>>> numList.append(0)  ┘
>>> print(numList)
[0, 0, 0, 0]
```

위 코드는 다음 그림과 같이 작동합니다.

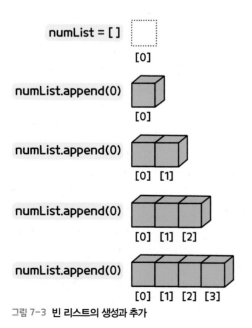

그림 7-3 **빈 리스트의 생성과 추가**

numList=[]는 아무것도 없는 빈 리스트를 생성해 줍니다. 그리고 append( ) 함수로 0값을 하나씩 4회 추가했습니다. 즉 [코드 7-2]의 1행과 동일한 결과를 얻을 수 있습니다. 그런데 오히려 더 불편하게 느껴질 것입니다. 지금처럼 작은 리스트를 만들 때는 numList = [0, 0, 0, 0]으로 리스트를 생성하는 것이 더 낫습니다. 하지만 100개의 리스트를 만들기 위해 numList = [0, 0, 0, 0, ..., 0]을 만드는 것은 쉬운 일이 아닙니다. 이럴 때 append( )와 함께 for문을 활용하면 간단히 해결됩니다.

```
>>> numList = []
>>> for i in range(0, 4) :
        numList.append(0) ●────── 리스트에 0 추가
>>> len(numList) ●────── 리스트의 개수 반환
4
```

for문으로 4회(0부터 3까지)를 반복하여 **리스트이름**.append(0)로 0을 4번 추가했습니다. 그리고 리스트의 개수는 len(리스트) 함수로 리스트의 개수를 확인했습니다. 자주 사용되는 함수이므로 잘 기억해 놓으세요. 이제는 100개짜리 리스트가 필요하면 range(0, 4)를 range(0, 100)으로 수정하면 됩니다.

리스트에 값 대입

이번에는 리스트에 값을 대입하는 부분을 살펴보겠습니다. [코드 7-2]의 4~7행은 1~100까지의 리스트일 때 numList[0]~numList[99]까지 코딩해야 하기 때문에 실제로는 사용하지 않는 코드입니다. 이렇게 리스트 안의 첨자를 직접 숫자로 쓰는 것은 의미가 없습니다. 리스트의 첨자가 순서대로 변할 수 있도록 반복문과 함께 활용해야만 리스트의 가치가 빛납니다. 이번에는 다음 그림과 같이 입력 부분에 for문을 활용하겠습니다.

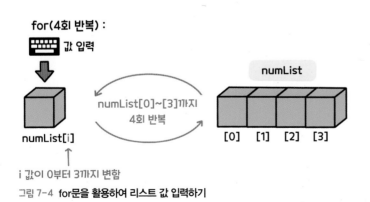

그림 7-4 for문을 활용하여 리스트 값 입력하기

값을 입력하기 위해서 for문을 4번 돌면서 numList[i]의 첨자를 0~3까지 변하게 합니다. 그러면 4개의 변수에 자동으로 값이 입력됩니다. [코드 7-2]를 for문을 활용해 리스트를 생성하고 값을 대입하도록 수정해 봅시다.

코드 7-3　　　　　　　　　　　　　　　　　　　　　　　　　　　　　ex07-03.py

```
01    numList = []
02    for i in range(0, 4) :
03        numList.append(0)
04    hap = 0
05
06    for i in range(0, 4) :
07        numList[i] = int(input( " 숫자 : " ))
08
09    hap = numList[0] + numList[1] + numList[2] + numList[3]
10
11    print("합계 ==> ", hap)
```

```
숫자 : 10 ┐
숫자 : 20 │
숫자 : 30 ├── 사용자 입력
숫자 : 40 ┘
합계 ==> 100
```

i가 0~3까지 반복하면서 numList[0]~numList[3]까지 4개의 변수에 값을 차례대로 입력해 [그림 7-4]처럼 작동합니다.

9행에서는 마찬가지로 4개의 변수를 더했습니다. 이 부분도 리스트의 개수가 100개라면 9행은 hap = numList[0] + numList[1] + ... + numList[99]로 많은 코딩을 해야 합니다. 그래서 9행도 마찬가지로 for문을 활용하는 것이 바람직합니다. 9행을 다음과 같이 수정하고 실행하면 동일한 결과가 나올 것입니다.

```
for i in range(0, 4) :
    hap = hap + numList[i]
```

하나 더 알기 ∨　**append()의 사용**

append()를 사용할 때도 아무 값이나 append()해도 됩니다. 자주 사용하지는 않지만, 문법상 문제는 없습니다.

```
>>> mixList = []
>>> mixList.append(100)
>>> mixList.append(3.14)
>>> mixList.append(True)
>>> mixList.append("한빛아카데미")
>>> print(mixList)
[100, 3.14, True, '한빛아카데미']
```

3 리스트 값에 접근하기

리스트를 생성한 후에는 첨자와 함께 접근이 가능합니다. 앞에서도 이미 여러 번 리스트이름[첨자] 형식으로 접근했습니다. 이번에는 음수 값으로 접근해 보겠습니다.

```
>>> numList = [10, 20, 30, 40]
>>> print("numList[-1]은 ",numList[-1],", numList[-2]는 ", numList[-2])
numList[-1]은 40, numList[-2]는 30
```

첨자는 맨 뒤가 -1로 시작하여 그 바로 앞은 -2가 되는 것을 확인할 수 있습니다.

리스트에 접근할 때 콜론(:)을 사용해서 범위를 지정할 수도 있습니다. 리스트이름[시작:끝+1]로 지정하면 리스트의 시작 위치부터 끝 위치까지 모든 값을 의미합니다. 예를 들어 numList[0:3]은 0부터 2까지, 즉 numList[0]~numList[2]를 의미하며, numList[3]은 포함되지 않는 점을 주의하세요.

```
>>> numList = [10, 20, 30, 40]
>>> print(numList[0:3])
[10, 20, 30]
>>> print(numList[2:4])
[30, 40]
```

이때 콜론의 앞이나 뒤의 숫자를 생략할 수도 있습니다.

```
>>> numList = [10, 20, 30, 40]
>>> print(numList[2:])
[30, 40]
>>> print(numList[:2])
[10, 20]
```

numList[2:]는 numList[2]부터 끝까지를 의미하며, numList[:2]는 처음부터 numList[1]까지를
의미합니다. numList[2]는 포함되지 않는 점을 주의해야 합니다.

확인문제

다음 코드의 결과는 무엇인가?

```
numList = [10, 20, 30, 40, 50]
print(numList[2:4])
```

정답

[30, 40]

🄳 리스트의 덧셈과 곱셈

리스트끼리는 더하거나 곱하기 연산도 가능합니다. 리스트끼리의 덧셈은 요소들이 합쳐져서 하나
의 리스트가 됩니다. 또한 리스트의 곱셈은 곱한 횟수만큼 리스트가 반복되어 나옵니다.

```
>>> numList = [10, 20, 30]
>>> myList = [40, 50, 60]
>>> print(numList + myList)
[10, 20, 30, 40, 50, 60]
>>> print(numList * 3)
[10, 20, 30, 10, 20, 30, 10, 20, 30]
```

하나 더 알기 ∨ 인덱스 오류

리스트를 사용할 때 가장 많이 실수하는 것이 리스트 첨자의 범위를 넘어선 것을 접근하는 것입니다. 이럴 때 발생하는
오류를 인덱스 오류(IndexError)라고 부릅니다. 다음 코드를 실행해 봅시다.

```
>>> numList = [10, 20, 30]
>>> print(numList[3])
Traceback (most recent call last):
    File "<pyshell#13>", line 1, in <module>
        print(numList[3])
IndexError: list index out of range
```

오류가 발생했습니다. 오류 메시지의 제일 마지막 행을 보면 IndexError와 out of range
라는 용어를 볼 수 있습니다. 이는 범위를 벗어났다는 것을 의미합니다. numList는 현재 3개
의 값이 들어있으며 그 첨자는 0~2입니다. 그런데 존재하지 않는 numList[3]을 출력하려고
시도했기 때문에 out of range 오류가 발생한 것입니다.
자주 실수하는 이유는 numList가 3개이므로 numList[3]이 있을 것이라 착각하기 쉽기 때
문입니다. numList를 3개 설정했다면 numList[0], numList[1], numList[2]까지만 있다
는 것을 주의하여 기억해야 합니다.

LAB   오늘의 명언 출력하기

여러 개의 명언을 리스트에 저장해 놓고, 저장된 명언을 랜
덤하게 출력하는 코드를 작성해 봅시다.

실행 결과

오늘의 명언 ==> 언제나 현재에 집중할 수 있다면 행복할
것이다

1. lab07−01.py 파일을 만들고, 컴퓨터가 무작위로 명언을 고르도록 random을 임포트합니다.

```
import random
```

2. 10개의 명언을 리스트에 준비합니다.

```
wiseSay = [
"삶이 있는 한 희망은 있다",
"언제나 현재에 집중할 수 있다면 행복할 것이다",
"신은 용기있는 자를 결코 버리지 않는다",
"피할 수 없으면 즐겨라",
"행복한 삶을 살기위해 필요한 것은 거의 없다",
"내일은 내일의 태양이 뜬다",
"계단을 밟아야 계단 위에 올라설 수 있다",
"행복은 습관이다, 그것을 몸에 지니라",
"1퍼센트의 가능성, 그것이 나의 길이다",
"작은 기회로 부터 종종 위대한 업적이 시작된다"     ]
```

3. 랜덤하게 명언의 위치를 추출하기 위해 randint( ) 함수를 사용합니다. 뽑힌 명언을 출력합니다.

```
today = random.randint(0, len(wiseSay)-1)

print("오늘의 명언 ==>", wiseSay[today])
```

4. Ctrl + S 를 눌러 저장한 후, F5 를 눌러서 실행하고 결과를 확인합니다.

Section 02 리스트 활용하기

1 리스트 값 변경하기

리스트의 값을 변경하는 다양한 방법이 있습니다. 다음은 1번째에 위치한 20의 값을 변경하는 방법입니다. 첨자를 사용해서 그 위치의 값을 변경합니다.

```
>>> numList = [10, 20, 30]
>>> numList[1] = 200
>>> print(numList)
[10, 200, 30]
```

리스트의 인덱스는 0부터 시작합니다. 따라서 본문의 0, 1, 2번째는 인덱스를 의미합니다.

연속된 범위의 값을 변경할 수도 있습니다. 예를 들어 1번째 값인 20을 2개의 값 200과 201로 변경하기 위한 방법은 다음과 같습니다.

```
>>> numList = [10, 20, 30]
>>> numList[1:2] = [200, 201]
>>> print(numList)
[10, 200, 201, 30]
```

numList[1:2]는 numList의 1번째부터 1번째(2−1)를 의미합니다. 즉, numList[1]의 값 20을 두 개의 값 [200, 201]로 교체하라는 의미입니다. 그런데 numList[1:2] 대신에 그냥 numList[1]을 사용하면 어떻게 될까요? 다음 코드를 실행해 보세요.

```
>>> numList = [10, 20, 30]
>>> numList[1] = [200, 201]
>>> print(numList)
[10, [200, 201], 30]
```

이전 결과와 다르게 리스트 안에 또 리스트로 추가가 된 것을 확인할 수 있습니다. 결과가 틀린 것은 아니지만, 이렇게 사용하는 경우는 많지 않으니 주의할 필요가 있습니다.

확인문제

다음 코드의 실행 결과는 무엇인가?

```
numList = [10, 20, 30]
numList[2:3] = [200, 201]
print(numList)
```

정답

[10, 20, 200, 201]

---

❷ 리스트 값 삽입/삭제/개수 세기

이번에는 리스트에 값을 삽입, 삭제, 개수 세기에 도움을 주는 함수에 관하여 알아봅니다.

리스트에 값 삽입하기

리스트에 값을 추가하는 방법으로 append( ) 함수를 사용했습니다. 그런데 append( )는 맨 뒤에 값을 추가하는 함수입니다. 이와 달리 정해진 위치에 값을 삽입하기 위해서는 insert( ) 함수를 사용합니다. `insert(위치, 값)` 형식을 사용합니다. 리스트의 위치는 0부터 시작합니다.

```
>>> numList = [10, 20, 30]
>>> numList.insert(1, 123)●——— 1번째 자리에 123 삽입
>>> print(numList)
[10, 123, 20, 30]
```

리스트에 값 삭제하기

리스트의 항목을 삭제하려면 del( ) 함수를 사용합니다. 다음은 numList[1]의 값을 삭제하는 방법입니다.

```
>>> numList = [10, 20, 30]
>>> del(numList[1]) ●——— numList[1] 값 삭제
>>> print(numList)
[10, 30]
```

del( ) 함수에 리스트 이름을 넣으면 리스트가 통째로 삭제됩니다.

```
>>> numList = [10, 20, 30]
>>> del(numList)
>>> print(numList)
오류 발생 ●——— numList가 없기 때문에 오류 발생
```

리스트에서 특정 값을 찾아서 지우려면 remove(지울 값)을 사용합니다.

```
>>> numList = [10, 20, 30]
>>> numList.remove(10)
>>> print(numList)
[20, 30]
```

remove(지울 값)에서 주의할 점은 중복된 값을 지울 때 모든 값을 지우지 않고, 처음 만나는 하나만 지운다는 것입니다.

```
>>> numList = [10, 20, 30, 10, 10]
>>> numList.remove(10) ●——— 맨 앞의 10만 제거
>>> print(numList)
[20, 30, 10, 10]
```

그러므로, 위와 같은 경우는 remove(10)을 추가로 2회 더 해야 모든 10이 다 지워집니다.

리스트의 값 추출하기

pop( )은 제일 뒤의 값을 지웁니다. 사실 '지운다'기 보다 '**뽑아낸다**'가 더 어울리는 표현입니다. 값이 지워지기는 하지만 뽑아내서 값을 알려주기 때문입니다.

```
>>> numList = [10, 20, 30]
>>> numList.pop() ●——— 마지막 값을 뽑아내 알려줌
30
>>> print(numList)
[10, 20]
```

리스트에서 개수 세기

count(찾을 값)은 찾을 값이 몇 개인지 개수를 세서 알려줍니다. 다음은 리스트에서 10이 몇 개 있는지 알려줍니다.

```
>>> numList = [10, 20, 30, 10, 10]
>>> numList.count(10) ●——— 10의 개수 카운트
3
```

❸ 리스트 정렬/반전/복사하기

어떠한 값을 순서대로 나열하는 것을 정렬이라고 부릅니다. 리스트에는 값을 정렬하는 함수를 제공하는데 sort( ) 함수가 그 기능을 합니다.

```
>>> numList = [20, 10, 40, 50, 30]
>>> numList.sort()
>>> print(numList)
[10, 20, 30, 40, 50]
```

기본 정렬은 작은 것부터 정렬되는 오름차순입니다. 큰 것부터 정렬되는 것을 내림차순 정렬이라고 합니다. sort(reverse=True)를 사용하면 내림차순으로 정렬됩니다.

```
>>> numList = [20, 10, 40, 50, 30]
>>> numList.sort(reverse=True)
>>> print(numList)
[50, 40, 30, 20, 10]
```

리스트의 차례를 거꾸로 하려면 reverse( )를 사용합니다. 리스트의 마지막 인덱스부터 위치가 반대로 됩니다.

```
>>> numList = [20, 10, 40, 50, 30]
>>> numList.reverse()
>>> print(numList)
[30, 50, 40, 10, 20]
```

리스트를 새로운 리스트로 복사하려면 copy( )를 사용합니다.

```
>>> numList = [10, 20, 30]
>>> numList2 = numList.copy()
>>> print(numList2)
[10, 20, 30]
```

확인문제

1. 다음 빈칸에 들어갈 단어를 채우시오.

리스트에서 특정 값을 지우는 함수는 [   ]이며, 마지막 값을 뽑아내는 함수는 [   ]
이다.

2. 다음 빈칸에 들어갈 단어를 채우시오.

리스트를 정렬하는 함수는 [   ]이고, 차례를 반전하는 함수는 [   ]이다.

정답

1. remove( ), pop( )   **2.** sort( ), reverse( )

④ 2차원 리스트

2차원 리스트는 1차원 리스트를 여러 개 연결한 것으로, 2개의 첨자를 사용하는 리스트입니다. 앞서 1차원 리스트는 종이박스를 나란히 세워 놓은 것이라고 했습니다.

numList1 = [10, 20, 30]   numList1

[0]   [1]   [2]

그림 7-5 **1차원 리스트의 개념**

1차원 리스트를 확장하면 2차원 리스트를 정의할 수 있습니다. 3행 4열의 리스트를 생성하면 총 요소의 개수는 다음 그림과 같이 3×4=12개가 됩니다.

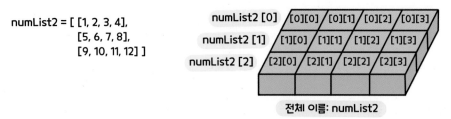

numList2 = [[1, 2, 3, 4],
　　　　　　 [5, 6, 7, 8],
　　　　　　 [9, 10, 11, 12]]

그림 7-6　**2차원 리스트의 개념**

2차원 리스트의 경우 각 요소에 접근하려면 numList2[0][0]과 같이 2개의 첨자를 사용해야 합니다. 1차원 리스트와 마찬가지로 첨자는 가로의 경우 0~2, 세로의 경우 0~3으로 변한다는 점을 주의해야 합니다. 즉 numList2에는 numList2[3][4]와 같은 요소는 존재하지 않습니다.

이번에는 for문을 활용하여 2차원 리스트를 출력해 보겠습니다. 첨자가 2개이므로 중첩 for문을 사용해야 합니다.

코드 7-4　　　　　　　　　　　　　　　　　　　　　　　　　　　　　　　　　　ex07-04.py

```
01    numList2 = [[1, 2, 3, 4],
02                [5, 6, 7, 8],
03                [9, 10, 11, 12]]
04
05    for i in range(0, 3) :
06        for k in range(0, 4) :
07            print(" ", numList2[i][k], end='')
08        print("")
```

```
1  2   3   4
5  6   7   8
9  10  11  12
```

1~3행에서는 3행 4열짜리 2차원 리스트를 만들었습니다. 5~8행은 2차원 리스트를 출력합니다. 7행은 리스트이름[행][열] 방식으로 각각의 항목을 출력했습니다. end=''는 print() 함수의 행이 넘어가지 않고 띄어쓰기로 출력되도록 추가하였습니다. 8행은 1개 행을 출력한 후, 줄을 띄우고 다음 행을 출력하기 위해서 print() 함수를 사용했습니다.

심사위원 점수 결과 구하기

동계 올림픽에서 피겨 스케이팅 경기는, 심사위원 5명이 점수를 각
10점 만점으로 줄 수 있습니다. 홍길동 선수의 경기 후에 5명 심사
위원의 점수를 리스트에 저장하고, 점수의 평균을 구하는 프로그램
을 구현해 봅시다.

실행 결과

```
홍길동 선수 경기 끝났습니다~~ 짝짝짝
평가 점수 ==>10 ┐
평가 점수 ==>9  │
평가 점수 ==>8  ├──── 사용자 입력
평가 점수 ==>9  │
평가 점수 ==>10 ┘
심사위원 평균 점수 :  9.2
```

1. lab07-02.py 파일을 만들고, 홍길동 선수의 경기가 끝났음을 print( )로 알립니다.

```python
print("홍길동 선수 경기 끝났습니다~~ 짝짝짝")
```

2. 심사위원의 점수를 입력받을 리스트 score를 선언하고, 5번 반복하며 평가 점수를 입력
받아 리스트에 추가합니다.

```python
score = []
for i in range(5) :
    jumsu = int(input("평가 점수 ==>"))
    score.append(jumsu)
```

3. 5명의 평가 점수를 더할 합계변수 hap을 선언하고 0으로 초기화합니다. hap에 리스트의
값을 모두 더해줍니다.

```python
hap = 0
for i in range(5) :
    hap += score[i]
```

4. 심사위원의 평균 점수를 구하여 출력합니다.

```
avg = hap / 5
print("심사위원 평균 점수 :", avg)
```

5. Ctrl + S 를 눌러 저장한 후, F5 를 눌러서 실행하고 결과를 확인합니다.

LAB **컴퓨터끼리 가위바위보 대결하기**

두 대의 컴퓨터끼리 가위바위보 게임을 10000번 시켜서 결과를 리스트에 저장하겠습니다. 최종적으로 누가 더 많이 이겼는지 결과를 확인해 봅시다. 5장에서도 살펴봤지만, 가위바위보는 다음의 규칙을 따릅니다.

컴퓨터A	컴퓨터B	이긴 컴퓨터
가위	가위	없음
	바위	B
	보	A
바위	가위	A
	바위	없음
	보	B
보	가위	B
	바위	A
	보	없음

실행 결과
```
10000번 중 컴퓨터A의 승리 : 3306
10000번 중 컴퓨터B의 승리 : 3267
10000번 중 비긴 경기 : 3427
```

1. lab07-03.py 파일을 만들고, 컴퓨터가 랜덤하게 가위/바위/보를 내도록 random을 임포트합니다. 그리고 가위바위보에서 이긴 컴퓨터를 저장하기 위한 빈 리스트 toss도 준비합니다.

```
import random

toss = []
```

2. 10000번을 반복해서 두 컴퓨터가 가위/바위/보 게임을 자동으로 수행합니다.

```
for i in range(10000) :
    comA = random.choice(["가위", "바위", "보"])
    comB = random.choice(["가위", "바위", "보"])
```

3. 각 컴퓨터가 내는 것을 랜덤하게 추출한 후, 표에 따라 어떤 컴퓨터의 승리인지를 리스트에 저장합니다. 비기는 경우는 "없음"으로 리스트에 저장합니다.

```
    if comA == "가위" :
        if comB == "가위" :
            toss.append("없음")
        elif comB == "바위" :
            toss.append("B")
        elif comB == "보" :
            toss.append("A")
    elif comA == "바위" :
        if comB == "가위" :
            toss.append("A")
        elif comB == "바위" :
            toss.append("없음")
        elif comB == "보" :
            toss.append("B")
    elif comA == "보" :
        if comB == "가위" :
            toss.append("B")
        elif comB == "바위" :
            toss.append("A")
        elif comB == "보" :
            toss.append("없음")
```

4. 컴퓨터A, 컴퓨터B, 비긴 결과의 개수를 세고 출력합니다.

```
aWin = toss.count("A")
bWin = toss.count("B")
noWin = toss.count("없음")

print("10000번 중 컴퓨터A의 승리 : ", aWin)
print("10000번 중 컴퓨터B의 승리 : ", bWin)
print("10000번 중 비긴 경기 : ", noWin)
```

5. Ctrl + S 를 눌러 저장한 후, F5 를 눌러서 실행하고 결과를 확인합니다.

Section

03 튜플

이번 절에서는 리스트와 비슷하면서도 다른 튜플에 대해서 학습합니다.

1 튜플의 개념

튜플(Tuple)을 한 마디로 정의하자면 '읽기 전용의 리스트'라고 볼 수 있습니다. 리스트는 마술사의 모자처럼 크기에 제한 없이 무엇이든 들어가고 나올 수 있었습니다. 튜플은 리스트와 상당히 비슷하지만, 마술사의 모자에서 꺼내기만 할 수 있을 뿐 넣을 수는 없습니다.

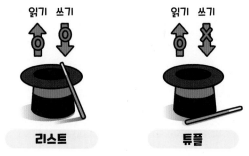

그림 7-7 **리스트와 튜플의 차이**

튜플은 다음과 같은 특징이 있습니다.

- 튜플은 소괄호(( ))로 만듭니다.
- 튜플은 읽기 전용입니다. 따라서 처음에 생성한 이후에는 수정할 수 없습니다.

튜플을 만드는 방식은 다음과 같습니다.

```
>>> numTup1 = (10, 20, 30)
>>> print(numTup1)
(10, 20, 30)
```

```
>>> numTup2 = 10, 20, 30
>>> print(numTup2)
(10, 20, 30)
```

튜플은 괄호를 생략해도 됩니다. numTup2를 보면 괄호를 생략해서 동일한 튜플을 생성했습니다. 주의할 점은 다음과 같이 하나의 항목만 가진 튜플을 만들 때입니다.

```
>>> numTup3 = (10)
>>> print(numTup1)
10
```

```
>>> numTup4 = 10
>>> print(numTup2)
10
```

```
>>> numTup5 = (10,)
>>> print(numTup3)
(10,)
```

```
>>> numTup6 = 10,
>>> print(numTup4)
(10,)
```

numTup3와 numTup4는 튜플이 아닌 일반 값입니다. numTup5와 numTup6처럼 하나의 항목만 가진 튜플은 뒤에 콤마(,)를 붙여줘야 합니다.

앞에서 언급했듯이 튜플은 읽기 전용이어서 다음 코드는 모두 오류가 발생합니다.

```
>>> numTup1.append(40)
>>> numTup1[0] = 40          모두 오류 발생
>>> del(numTup1[0])
```

하지만 튜플 자체를 통째로 삭제하려면 **del(튜플이름)** 함수를 사용합니다.

```
>>> del(numTup1)
>>> del(numTup2)
```

튜플은 리스트에서 사용한 sort( ), reverse( ) 등의 함수도 사용할 수 없습니다.

❷ 튜플의 활용

튜플의 항목에 접근할 때도 리스트와 마찬가지로 **튜플이름[인덱스]**를 사용하면 됩니다.

```
>>> numTup1 = (10, 20, 30, 40)
>>> print(numTup1[0])
10
>>> print(numTup1[0] + numTup1[1] + numTup1[2])
60
```

튜플의 범위에 접근하려면 리스트와 마찬가지로 콜론(시작인덱스:끝인덱스+1)을 사용하면 됩니다.

```
>>> print(numTup1[1:3])
(20, 30)
>>> print(numTup1[1:])
(20, 30, 40)
>>> print(numTup1[:3])
(10, 20, 30)
```

튜플은 더하기 및 곱하기 연산도 가능합니다.

```
>>> numTup2 = ('A', 'B')
>>> print(numTup1 + numTup2)
(10, 20, 30, 40, 'A', 'B')
>>> print(numTup2 * 3)
('A', 'B', 'A', 'B', 'A', 'B')
```

하나 더 알기 ✓ 튜플과 리스트의 상호 변환

튜플과 리스트는 서로 변환할 수 있습니다. 예를 들어 튜플의 항목을 변경하려면 튜플을 리스트로 변경해서 항목을 변경한 후, 다시 리스트를 튜플로 변환하는 방법을 사용할 수 있습니다.

list(튜플) 함수는 튜플을 리스트로 변환해 주며, tuple(리스트) 함수는 리스트를 튜플로 변환해 줍니다. 다음은 튜플 → 리스트 → 튜플로 변환한 예입니다.

```
>>> myTuple = (10, 20, 30)  ──── 튜플 선언
>>> myList = list(myTuple)  ──── 리스트로 변환
>>> myList.append(40)
>>> myTuple = tuple(myList)  ──── 튜플로 변환
>>> print(myTuple)
(10, 20, 30, 40)
```

튜플은 리스트에 비해서 활용도가 다소 떨어지기 때문에 튜플에 대해서는 지금 소개한 정도만 알아도 충분합니다.

1. 다음 빈칸에 들어갈 단어를 채우시오.

리스트는 대괄호를 사용하며 읽기/쓰기가 되지만, ⬚⬚⬚⬚⬚(은)는 ⬚⬚⬚⬚⬚(을)를 사용하며 읽기 전용이다.

2. 다음 중 올바른 것을 고르시오.

```
numTup = (10, 20, 30)
```

① numTup.append(40)　　　　　② numTup[0] = 40

③ del(numTup[0])　　　　　　④ del(numTup)

정답

1. 튜플, 소괄호　　2. ④

딕셔너리

영어사전은 단어와 뜻의 쌍으로 이루어져 있습니다. 예로 LOVE:사랑, TURTLE:거북이와 같이 단어와 뜻이 하나로 묶여 있습니다. 파이썬에서 사용하는 딕셔너리의 개념도 이와 비슷합니다.

1 딕셔너리의 개념

딕셔너리(Dictionary)는 단어의 의미 그대로 '영어사전'과 같은 구조라고 생각할 수 있습니다. 즉, 딕셔너리는 2개의 쌍이 하나로 묶이는 자료구조를 말합니다.

그림 7-8 **딕셔너리의 개념**

딕셔너리는 중괄호({ })로 묶여 있으며, 키(Key)와 값(Value)의 쌍으로 이루어져 있습니다. 키가 단어, 값이 뜻이라고 보면 됩니다. 다음은 딕셔너리의 형식입니다.

```
딕셔너리변수 = { 키1:값1 , 키2:값2, 키3:값3, ... }
```

간단한 딕셔너리를 만드는 방식은 다음과 같습니다.

```
>>> myDict = {1:'a', 2:'b', 3:'c'}
>>> print(myDict)
{1: 'a', 2: 'b', 3: 'c'}
```

위 코드는 키(Key)를 1, 2, 3으로 하고, 값(Value)을 'a', 'b', 'c'로 만들었습니다. 하지만 키와
값을 반대로 생성해도 됩니다.

```
>>> myDict = {'a':1, 'b':2, 'c':3}
>>> print(myDict)
{'a': 1, 'b': 2, 'c': 3}
```

즉, 키와 값을 사용자가 지정하는 것이지 어떤 값을 반드시 사용해야 하는 규정은 없습니다. 여기
서 기억할 점은 딕셔너리는 순서가 없다는 점입니다. 즉, 딕셔너리를 생성한 순서대로 구성이 되어
있다는 보장을 할 수 없습니다.

위에서는 개수가 얼마 되지 않아서 만든 순서 그대로 {'a': 1, 'b': 2, 'c': 3}이 출력되었지만,
{'c': 3, 'a': 1, 'b': 2}처럼 순서가 섞여서 출력될 수도 있습니다. 딕셔너리는 리스트나 튜플
과 달리 순서에 의미가 없기 때문입니다. 이에 대해서는 잠시 후에 다뤄보겠습니다.

❷ 딕셔너리의 생성과 삭제

딕셔너리는 여러 개의 정보를 하나의 변수로 표현할 때 유용하게 사용할 수 있습니다. 예를 들어 회
사원은 다음과 같은 정보를 가지고 있습니다.

표 7-1 **회사원의 정보**

키(Key)	값(Value)
사번	1000
이름	홍길동
부서	케이팝

[표 7-1]을 딕셔너리로 표현하면 하나의 변수인 empDict에 홍길동 사원의 모든 정보가 저장될 수
있습니다.

```
>>> empDict = {'사번':1000 , '이름':'홍길동', '부서':'케이팝'}
>>> print(empDict)
{'사번': 1000, '이름': '홍길동', '부서': '케이팝'}
```

필요하면 딕셔너리에 정보를 더 추가할 수 있습니다. 정보를 추가할 때는 키와 값을 쌍으로 추가해야 하며, 딕셔너리이름[키] = 값 형식을 사용합니다. 예를 들어 앞에서 생성한 empDict에 연락처를 추가하려면 다음과 같은 코드를 사용합니다.

```
>>> empDict['연락처'] = '010-1111-2222'
>>> print(empDict)
{'사번': 1000, '이름': '홍길동', '부서': '케이팝', '연락처': '010-1111-2222'}    ——— 연락처 추가
```

정보를 추가할 때 이미 키가 딕셔너리에 존재한다면, 새로운 '키:값' 쌍이 추가되는 것이 아니라 기존의 키에 대한 값이 변경되는 것을 주의해야 합니다. 다음 코드에서 부서 키의 값이 추가되는 것이 아니라 기존 키 값이 변경되는 것을 확인할 수 있습니다.

```
>>> empDict['부서'] = '한빛아카데미'
>>> print(empDict)                        ┌─── 부서(키)의 값이 변경됨
{'사번': 1000, '이름': '홍길동', '부서': '한빛아카데미', '연락처': '010-1111-2222'}
```

여기서 딕셔너리의 중요한 특징을 알 수 있습니다. 딕셔너리의 키는 중복되지 않고 유일합니다. 이는 딕셔너리의 중요한 특징이므로 잘 기억해야 합니다. 만약 동일한 키를 갖는 딕셔너리를 생성한다면 오류가 발생하지는 않고, 마지막에 있는 키의 값이 적용되어 생성됩니다.

```
>>> empDict2 = { '사번':1000 , '이름':'홍길동', '사번':2000 }
>>> print(empDict2)                        ——— 마지막 값이 적용됨
{'사번': 2000, '이름': '홍길동'}
```

딕셔너리의 값은 중복되어도 상관없습니다.

딕셔너리의 쌍을 삭제하려면 **del(딕셔너리이름[키])** 함수를 사용하면 됩니다. 다음은 empDict의 부서를 삭제하는 코드입니다.

```
>>> del(empDict['부서'])
>>> print(empDict)
{'사번': 1000, '이름': '홍길동', '연락처': '010-1111-2222'}
```

하나 더 알기 ✓ **딕셔너리의 개수 파악하기**

딕셔너리의 개수는 len(딕셔너리이름) 함수로 확인할 수 있으며 한 쌍을 한 개로 계산합니다. 현재 empDict의 개수는 3이 됩니다.

```
>>> len(empDict)
3
```

③ 딕셔너리의 사용

딕셔너리는 키를 이용해서 값을 구하는 데 주로 사용합니다. 다음은 키를 가지고 값을 접근하는 예입니다.

```
>>> empDict = {'사번':1000, '이름':'홍길동', '부서':'케이팝'}
>>> print(empDict['사번'])
1000
>>> print(empDict['이름'])
'홍길동'
>>> print(empDict['부서'])
'케이팝'
```

딕셔너리와 관련된 유용한 함수 몇 개를 살펴보죠. **딕셔너리이름.keys()** 함수는 딕셔너리의 모든 키만 뽑아서 반환합니다.

```
>>> empDict.keys()
dict_keys(['사번', '이름', '부서'])
```

이때 출력 결과에 dict_keys가 붙어서 반환이 되는 것이 싫다면 list(딕셔너리이름.keys()) 함수를 사용하면 됩니다.

```
>>> list(empDict.keys())
['사번', '이름', '부서']
```

딕셔너리이름.values() 함수는 딕셔너리의 모든 값을 리스트로 만들어서 반환합니다. 역시 앞의 dict_values가 보기 싫으면 list(딕셔너리이름.values()) 함수를 사용하면 됩니다.

```
>>> empDict.values()
dict_values([1000, '홍길동', '케이팝'])
```

키와 값의 쌍에 딕셔너리이름.items() 함수를 사용하면 튜플 형태로도 구할 수 있습니다.

```
>>> empDict.items()
dict_items([('사번', 1000), ('이름', '홍길동'), ('부서', '케이팝')])
```

딕셔너리 안에 키가 있는지는 in을 사용하면 확인이 가능합니다. 다음 코드는 딕셔너리에 키가 있으면 True, 없으면 False를 반환합니다. in은 if문과 함께 사용되는 경우가 많습니다.

```
>>> '이름' in empDict
True
```

```
>>> '주소' in empDict
False
```

딕셔너리에 저장된 것을 한 건씩 출력하려면 다음과 같이 for문과 함께 사용할 수 있습니다.

```
>>> for key in empDict.keys() :
        print( key , empDict[key])
사번 1000
이름 홍길동
부서 케이팝
```

empDict.keys()는 전체 키의 목록을 반환하므로 위 코드는 다음과 같이 변형될 수 있습니다.

```
for key in ['사번', '이름', '부서'] :
    print( key, empDict[key])
```

for key in 리스트 구문은 리스트에 있는 것을 하나씩 추출해서 key에 넣고 반복문을 실행하므로 같은 결과가 나옵니다.

확인문제

1. 다음 빈칸에 들어갈 단어를 채우시오.

   (키:값)의 형태로 구성된 데이터 구조를 [   ](이)라고 부른다.

2. 다음 중 잘못된 것을 고르시오.

   ① 딕셔너리의 개수는 한 쌍을 1개로 계산한다.
   ② 딕셔너리의 쌍을 삭제하려면 del(딕셔너리이름[키]) 함수를 사용한다.
   ③ 딕셔너리의 키는 중복될 수 없다.
   ④ 딕셔너리의 값은 중복될 수 없다.

3. 다음 빈칸에 들어갈 단어를 채우시오.

   empDict 딕셔너리의 키를 전부 추출하려면 empDict.[   ]() 함수를 사용하고, 값을 전부 추출하려면 empDict.[   ]() 함수를 사용한다.

정답

1. 딕셔너리   2. ④   3. keys, values

LAB **가수 정보를 딕셔너리에 저장하고 출력하기**

딕셔너리 구조를 활용해서 가수그룹의 이름, 구성원수, 데뷔 프로그램, 대표곡을 저장해 보겠습니다. 또, 저장된 딕셔너리를 모두 출력해 봅시다.

```
이름  ==>  트와이스
구성원수  ==>  9
데뷔  ==>  서바이벌 식스틴
대표곡  ==>  CRY FOR ME
```

1. lab07-04.py 파일을 만들고, 가수 정보를 저장할 비어있는 딕셔너리를 준비합니다.

```
singer = {}
```

2. 다음과 같이 가수그룹 정보를 딕셔너리에 저장하는 프로그램을 작성합니다.

```
singer['이름'] = "트와이스"
singer['구성원수'] = 9
singer['데뷔'] = "서바이벌 식스틴"
singer['대표곡'] = "CRY FOR ME"
```

3. 키에 해당하는 값을 차례대로 출력합니다.

```
for k in singer.keys() :
    print(k, " ==> ", singer[k])
```

4. Ctrl + S 를 눌러 저장한 후, F5 를 눌러서 실행하고 결과를 확인합니다.

LAB 편의점 재고 관리하기

편의점 물품의 재고를 관리하는 코드를 작성해 봅시다. 사용자가 편의점 물품과 재고량를 입력하면 딕셔너리에 키를 물품으로, 재고량을 값으로 저장시키겠습니다. 그리고 재고량이 있는 물품을 검색하는 프로그램을 작성해 봅시다.

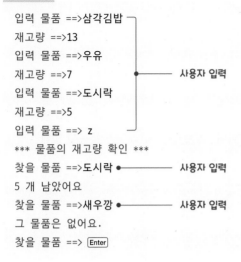

```
입력 물품 ==>삼각김밥
재고량 ==>13
입력 물품 ==>우유
재고량 ==>7                    ●——— 사용자 입력
입력 물품 ==>도시락
재고량 ==>5
입력 물품 ==> z
*** 물품의 재고량 확인 ***
찾을 물품 ==>도시락 ●——— 사용자 입력
5 개 남았어요
찾을 물품 ==>새우깡 ●——— 사용자 입력
그 물품은 없어요.
찾을 물품 ==> [Enter]
```

1. lab07-05.py 파일을 만들고, 물품 정보를 저장할 비어있는 딕셔너리를 준비합니다.

```python
store = {}
```

2. 물품을 입력하는 작업을 무한 반복합니다. 이때 z를 누르면 무한 반복을 빠져나가도록
조건을 설정합니다.

```python
print("*** 물품과 재고량 입력 ***")
while True :
    item = input("입력 물품 ==>")
    if item == "z" :
        break
```

3. 물품에 대한 재고량을 입력받고, 물품명과 재고량의 쌍으로 딕셔너리에 대입합니다.

```python
    count = int(input("재고량 ==>"))
    store[item] = count
```

4. 물품을 검색하는 작업을 무한 반복합니다. 우선 찾을 물품을 입력받습니다. 이때 [Enter]
를 누르면 더 이상 입력할 물품이 없는 것으로 처리하고 무한 반복을 빠져나갑니다.

```
print("*** 물품의 재고량 확인 ***")
while True :
    item = input("찾을 물품 ==>")
    if item == "" :
        break
```

5. 딕셔너리에 찾는 물품이 있으면 재고량을 출력합니다. 찾는 물품이 없다면 물품이 없다고 출력합니다.

```
    if item in store :
        print(store[item], " 개 남았어요")
    else :
        print("그 물품은 없어요.")
```

6. Ctrl + S 를 눌러 저장한 후, F5 를 눌러서 실행하고 결과를 확인합니다.

100마리의 거북이 쇼

문제

거북이 100마리를 만들어서 화면의 중앙에서 각 거북이가 다양한 방향으로 선을 그리면서 나가는 거북이 쇼 프로그램을 작성하겠습니다. 우선 거북이 한 마리는 다음과 같은 정보를 튜플로 갖습니다.

```
(거북이, X위치, Y위치, 선 색상)
```

'거북이'는 거북이 모양의 종류 중 하나입니다. 거북이 모양, 원 모양, 사각형 모양, 삼각형 모양 등이 있습니다. X와 Y위치는 거북이가 화면 중앙에서 선을 그리면서 이동할 위치입니다. 선 색상은 거북이가 그릴 선의 색상입니다. 이러한 거북이 100개를 리스트로 저장합니다. 다음 구조와 같습니다.

```
[(거북이, X위치, Y위치, 선 색상), (거북이, X위치, Y위치, 선 색상), ... ]
```

거북이를 모두 생성한 후에는 리스트에 있는 거북이 100마리가 차례대로 선을 긋도록 합니다.

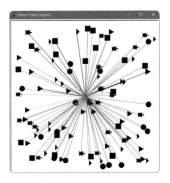

해결

ch07_turtle_01.py

```
01    import turtle
02    import random
03
04    turtleList = []  ●——— 100마리의 거북이를 저장할 빈 리스트
05    colorList = ["red", "green", "blue", "black", "magenta", "orange", "gray"]
06    shapeList = ["arrow", "circle", "square", "triangle", "turtle"]  ●—— 다양한 거북이 모양 준비
07
08    turtle.setup(550, 550)
09    turtle.screensize(500, 500)
10
```

```
11    for i in range(0, 100) :                    # 거북이 100마리 생성
12        shape = random.choice(shapeList)
13        color = random.choice(colorList)        거북이의 모양과 색상을 랜덤 추출
14        x = random.randint(-250, 250)
15        y = random.randint(-250, 250)           거북이가 이동할 위치를 랜덤 추출
16        myTurtle = turtle.Turtle(shape)
17        tup = (myTurtle, color, x, y)           한 마리 거북이 튜플을 생성
18        turtleList.append(tup)                   거북이 리스트에 추가
19
20    for tup in turtleList :                      # 리스트에 담긴 거북이 100마리 그리기
21            myTurtle = tup[0]                    리스트에서 100마리 중 한 마리씩 꺼내서
22            myTurtle.pencolor( tup[1] )          tup에 담음
23            myTurtle.goto(tup[2], tup[3])
24
25    turtle.done()
```

01 리스트는 다음 그림과 같이 하나씩 사용하던 변수를 붙여서 한 줄로 붙여놓은 개념입니다. 그리고 전체는 한 덩어리여서 변수 이름이 하나면 됩니다.

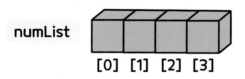

02 4개의 요소가 있는 리스트를 만들려면, 먼저 비어있는 리스트를 만들고, '리스트이름.append(값)' 함수로 리스트를 하나씩 추가할 수 있습니다.

03 첨자는 맨 뒤가 -1로 시작하여 그 바로 앞은 -2로 지정합니다. '리스트이름[시작:끝+1]'로 지정하면 리스트의 시작 위치부터 끝 위치까지 모든 값을 의미합니다.

04 리스트끼리의 덧셈은 요소들이 합쳐져서 하나의 리스트가 됩니다. 또한 리스트의 곱셈은 곱한 횟수만큼 리스트가 반복되어 나옵니다.

05 리스트의 정해진 위치에 값을 삽입하기 위해서는 insert( ) 함수를 사용합니다. insert(위치, 값) 형식으로 사용합니다. 리스트의 항목을 삭제하려면 del( ) 함수를 사용합니다.

06 리스트에서 특정 값을 찾아서 지우려면 remove(지울 값)을 사용하고, pop( )은 제일 뒤의 값을 지웁니다. count(찾을 값)은 찾을 값이 몇 개인지 개수를 세서 알려줍니다.

07 리스트에는 값을 정렬하려면 sort( ) 함수를, 차례를 거꾸로 하려면 reverse( )를 사용합니다.

08 튜플은 '읽기 전용의 리스트'라고 볼 수 있으며, 소괄호(( ))로 만듭니다.

09 딕셔너리는 중괄호({ })로 묶여 있으며, 키(Key)와 값(Value)의 쌍으로 이루어져 있습니다.

01 5개의 값 100, 200, 300, 400, 500을 저장하는 리스트를 정의하는 구문을 고르시오.

① myList = <100, 200, 300, 400, 500>

② myList = (100, 200, 300, 400, 500)

③ myList = [100, 200, 300, 400, 500]

④ myList = {100, 200, 300, 400, 500}

02 myList 이름의 리스트에 저장된 첫 번째 데이터에 접근하는 방식을 고르시오.

① myList[0]   ② myList["0"]

③ myList[1]   ④ myList["1"]

03 다음은 0이 100개 저장된 myList를 만드는 코드이다. 빈칸에 들어갈 코드를 고르시오.

```
myList = []
for i in range(0, 100) :
```

① myList[i] = 0

② myList = myList[0]

③ myList.add(0)

④ myList.append(0)

04 다음은 myList에 저장된 데이터의 합계를 출력하는 코드이다. 빈칸에 들어갈 코드를 고르시오.

```
myList = [100, 200, 300, 400, 500]

hap = 0
for i in range(0, 5) :
```

① hap = myList[i]

② hap += myList[i]

③ hap += myList.apped(i)

④ hap[i] += myList

05 다음 코드의 실행 결과를 고르시오.

```
myList = [100, 200, 300, 400, 500]

print(myList[4])
print(myList[-1])
```

① 500, 100
② 500, 400
③ 500, 500
④ 400, 500

06 다음 코드의 실행 결과를 고르시오.

```
myList = [100, 200, 300, 400, 500]

print(myList[2:])
```

① [300]
② [300, 400]
③ [300, 400, 500]
④ [200, 300, 400, 500]

07 다음 코드의 실행 결과를 고르시오.

```
myList = [200, 100, 500, 300, 400]
myList.sort(reverse=True)
print(myList)
```

① [100, 200, 300, 400, 500]
② [500, 400, 300, 200, 100]
③ [200, 100, 500, 300, 400]
④ [400, 300, 500, 100, 200]

08 다음은 튜플을 만드는 코드이다. 오류가 발생하는 코드를 고르시오.

```
myTup = (200, 100, 500, 300, 400)
```

① myTup[0] = 1234

② print(myTup[1])

③ print(myTup[1:4])

④ len(myTup)

09 다음은 딕셔너리를 만드는 코드이다. 오류가 발생하는 코드를 고르시오.

```
myDict = {1:'a', 2:'b', 3:'c'}
```

① print(myDict[0])

② print(myDict[1])

③ print(myDict[2])

④ print(myDict[3])

10 딕셔너리에서 키만 고르는 함수와 값만 고르는 함수를 차례대로 나열한 것을 고르시오.

① key(), value()　　　　　　　② value(), key()

③ keys(), values()　　　　　　④ values(), keys()

11 주사위를 100번 던져서 그 값을 리스트에 저장해 놓고, 던진 주사위의 평균값을 구하는 코드를 작성하시오. 다음은 코드를 3회 실행한 결과이다.

[실행 결과]

> 100번 던진 주사위 값의 평균은 3.36 입니다.

> 100번 던진 주사위 값의 평균은 3.62 입니다.

> 100번 던진 주사위 값의 평균은 3.68 입니다.

12 심화 거북이 그래픽이 다음 조건을 만족하도록 코드를 작성하시오.

[조건]

> 1. 화면의 크기는 (500, 500)로 한다.
> 2. 랜덤하게 (색상, X위치, Y위치) 튜플을 100개 생성해서 리스트에 저장한다.
> 3. 리스트에 저장된 차례로 거북이가 선을 긋고 스탬프를 찍는다.

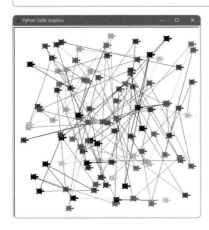

CHAPTER 08

함수를 이용한
고급 프로그래밍

학습목표

• 함수에 대한 이해와 작성법을 익힙니다.

• 함수에서 전달되는 매개변수의 작동원리를 이해합니다.

• 함수에서 반환하는 반환값을 이해합니다.

• 지역변수와 전역변수의 차이점과 활용법을 익힙니다.

Preview

함수는 한 마디로 음료 자판기와 같은 역할을 합니다. 여러분은 음료수 자판기에서 동전을 넣고 버튼을 눌러서 뽑은 음료수를 마시면 됩니다. 그런데, 음료수 자판기 안에서는 상당히 복잡한 과정을 거쳐서 음료가 나왔을 것입니다.

함수는 이렇듯 호출을 하면, 어떤 결과가 나오는 자판기인 것입니다. 이번 장에서는 음료수 자판기를 만드는 과정 즉, 함수를 만드는 과정을 학습합니다.

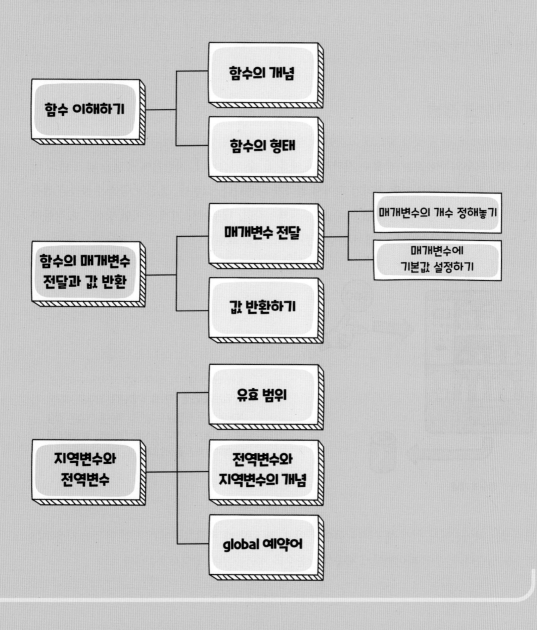

Section 01 함수 이해하기

함수는 긴 코드를 작성하거나 고급 프로그래밍을 하기 위해서 반드시 알아야 하는 내용입니다. 함수의 기본적인 사용법은 어렵지 않으나, 그 개념들이 좀 까다로운 것이 있으므로 정확히 파악하고 사용하는 것이 좋습니다.

1 함수의 개념

함수(Function)는 무엇을 넣으면 그것이 처리되어 다시 어떤 것을 돌려주는 기능을 합니다. 가장 대표적인 함수의 비유로는 '음료수 자판기'의 예를 들 수 있습니다. 자판기에 동전을 넣고 콜라 버튼을 누르면, 그 안에서 어떤 처리가 되어서 콜라가 나옵니다. 그런데, 동전의 금액이 콜라를 뽑을 수 있는 액수인지, 만약 콜라를 뽑을 수 있는 금액이라면, 내부에서 기계가 어떤 방식으로 작동하는지 등은 알 수가 없습니다. 그래서 함수를 블랙박스라고 표현합니다.

블랙박스란 내부가 보이지 않아서 작동 과정을 알 수 없는 검은색 상자를 말합니다. 반대로 내부의 작동이 모두 투명하게 보이는 화이트 박스도 있습니다. 자동차의 사고 감시용 카메라인 블랙박스와는 의미가 다른 용어입니다.

그림 8-1 **함수의 개념**

함수에는 파이썬에서 원래 제공하는 함수도 있고, 필요할 때 프로그래머가 직접 만들어 사용하는 함수도 있습니다. 우선 파이썬에서 제공하는 함수의 개념을 먼저 살펴보겠습니다.

2 파이썬에서 제공하는 함수

함수에는 무조건 뒤에 괄호가 붙어 있습니다. 파이썬에서 제공하는 함수를 사용하려면 다음과 같이 코딩하면 됩니다.

```
함수이름()
```

위 형식은 함수가 별도의 반환값이 없는 경우입니다. 만약에 함수에 별도의 반환값이 있다면 다음과 같이 변수에 반환값을 받아야합니다.

```
변수이름 = 함수이름()
```

반환값이 없는 함수

먼저 반환값이 없는 함수를 살펴보죠. 지금까지 우리가 가장 많이 사용해온 함수인 print()가 대표적으로 반환값이 없는 함수입니다.

```
>>> print("난생처음 파이썬")
난생처음 파이썬
```

print() 함수는 괄호 안에 들어있는 내용을 화면에 출력합니다. 단순히 print() 함수에 '난생처음 파이썬'만 넣었을 뿐인데, 우리가 알지 못하는 여러 과정을 거친 뒤 모니터에 글자 출력이 일어났습니다.

이때 우리는 print() 함수의 내부에서 어떤 일이 일어났는지 알지 못하고, 꼭 알려고 할 필요도 없습니다. 단지 무엇을 입력하면 그 내용을 화면에 출력하는 기능을 하는 함수라고 생각하면 됩니다.

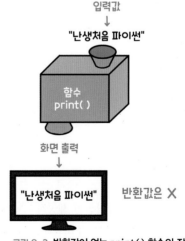

그림 8-2 **반환값이 없는 print() 함수의 작동**

반환값이 있는 함수

print() 함수는 입력받은 글자만 모니터에 출력하고, 별도로 돌려주는 값은 없었습니다. 반면 문자열을 정수로 바꿔주는 int() 함수는 입력받은 문자열을 변환해서 정수로 반환합니다. 따라서 반환하는 값을 받는 변수가 필요합니다.

```
>>> num = int("1234")
>>> print(num)
1234
```

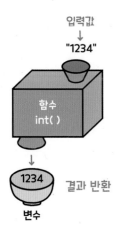

그림 8-3 반환값이 있는 int( ) 함수의 작동

int() 함수는 입력받은 문자열을 정수로 변환해서 변환된 결과를 돌려줍니다. 그러므로 [그림 8-3]처럼 변수에 돌려준 결과를 받아야 합니다.

이렇게 print(), int()처럼 파이썬에서 제공해주는 함수도 있지만, 필요하다면 직접 함수를 새로 만들어서 사용할 수도 있습니다. 직접 함수를 만드는 방법에 대해서는 잠시 후에 알아보도록 하죠.

 함수와 메소드(Method)는 상당히 비슷합니다. 메소드는 함수를 객체 지향 프로그래밍에서 부르는 용어입니다. 아직은 객체 지향을 배우지 않았으므로 그냥 통일해서 함수라고 부르겠습니다. 객체 지향은 10장에서 학습하겠습니다.

❸ 사용자 정의 함수의 필요성

이번 장에서는 파이썬이 제공해 주는 함수가 아닌, 우리가 직접 함수를 만들어서 사용해 보겠습니다. 그렇다면 함수를 왜 만들어야 할까요? 다음의 경우를 생각해 보겠습니다.

3명의 사용자 A, B, C가 두 숫자를 입력하고, 입력한 값을 더해서 그 결과를 출력하는 간단한 코드를 작성해 보겠습니다.

코드 8-1   ex08-01.py

```
01    print("A님. 두 숫자를 입력하세요")
02    num1 = int(input("정수1 ==>"))
03    num2 = int(input("정수2 ==>"))
04    hap = num1 + num2
05    print("결과 :", hap)
06
07    print("B님. 두 숫자를 입력하세요")
08    num1 = int(input("정수1 ==>"))
09    num2 = int(input("정수2 ==>"))
10    hap = num1 + num2
11    print("결과 :", hap)
12
13    print("C님. 두 숫자를 입력하세요")
14    num1 = int(input("정수1 ==>"))
15    num2 = int(input("정수2 ==>"))
16    hap = num1 + num2
17    print("결과 :", hap)
```

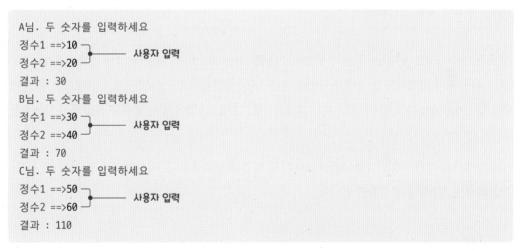

1~5행은 사용자 A에게 정수 2개를 입력받은 후, 합계를 구하고 출력하는 코드입니다. 그리고 7~11행, 13~17행에서 B, C에게도 같은 동작을 반복했습니다. 아무 문제가 없는 코드입니다.

그런데 만약 정수가 아닌 실수를 입력받아야 하는 프로그램인데, 잘못 코딩을 했다면 어떨까요? int( ) 함수를 float( ) 함수로 고쳐야 하고, 정수 입력 안내도 실수로 일일이 바꿔야 합니다.

이것을 해결할 획기적인 방법이 있습니다. 바로 함수를 만드는 것입니다. 함수의 상세한 문법은 잠시 후에 살펴보고 일단 [코드 8-1]을 다음과 같이 수정해 보겠습니다.

> int( )는 입력값을 정수로, float( )는 입력값을 실수로 변경하는 함수입니다.

코드 8-2   ex08-02.py

```
01    def hapFunc() :
02        num1 = int(input("정수1 ==>"))        ┐
03        num2 = int(input("정수2 ==>"))        ├── 함수 정의
04        return num1 + num2                    ┘
05
06    print("A님. 두 숫자를 입력하세요")
07    hap = hapFunc() ●─────────────── 함수 호출
08    print("결과 :", hap)
09
10    print("B님. 두 숫자를 입력하세요")
11    hap = hapFunc() ●─────────────── 함수 호출
12    print("결과 :", hap)
13
14    print("C님. 두 숫자를 입력하세요")
15    hap = hapFunc() ●─────────────── 함수 호출
16    print("결과 :", hap)
```

[코드 8-1]과 [코드 8-2]는 완전히 동일한 기능을 하는 코드이기 때문에 실행 결과가 같습니다. [코드 8-1]에서 반복되는 2~4행, 8~10행, 14~16행 부분을 [코드 8-2]에서 1~4행으로 한 곳에 모아 함수 hapFunc( )로 만든 것입니다. 그리고 7행, 11행, 15행에서 이 함수를 호출해서 사용했습니다.

이제 앞에서 문제가 되었던 int( )를 float( )로 변경해 보겠습니다. 어디만 고치면 될까요? [코드 8-2]에서는 2, 3행만 수정하면 됩니다.

```
def hapFunc() :
    num1 = float(input("실수1 ==>"))
    num2 = float(input("실수2 ==>"))
    return num1 + num2
```

[코드 8-1]은 무려 6개 행을 수정해야 했는데 [코드 8-2]에서는 2개 행만 수정하니까 실수를 입력받을 수 있었습니다. 이처럼 함수를 만들어서 사용하면 소스 코드도 짧아지며 코드의 변경이나 유지보수가 쉬워집니다.

④ 함수의 형태

앞에서 함수의 기본 개념과 필요성을 살펴보았습니다. 이렇게 함수를 만들어 사용하면 반복적으로 코딩해야 할 내용을 한 번만 코딩해 놓고, 필요할 때마다 가져다 사용할 수 있습니다. 이번에는 함수의 기본 형태를 살펴보겠습니다.

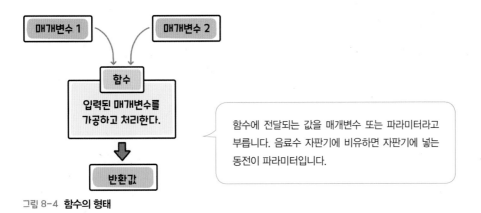

함수에 전달되는 값을 매개변수 또는 파라미터라고 부릅니다. 음료수 자판기에 비유하면 자판기에 넣는 동전이 파라미터입니다.

그림 8-4 **함수의 형태**

[그림 8-4]와 같이 함수는 매개변수(Parameter)를 입력받은 후 그 매개변수를 가공 및 처리한 후에 반환값을 돌려줍니다. 앞에서도 연습 삼아 살펴봤던, 두 정수를 입력받아서 두 정수의 합계를 반환하는 plus( ) 함수를 만들어 보겠습니다.

코드 8-3 ex08-03.py

```
01    ## 함수 정의 부분
02    def plus(v1, v2) :
03        result = 0
04        result = v1 + v2
05        return result
06
07    ## 전역변수 선언 부분
08    hap = 0
09
10    ## 메인 코드 부분
11    hap = plus(100, 200)
12    print("100과 200의 plus() 함수 결과는 ", hap)
```

```
100과 200의 plus() 함수 결과는 300
```

2~5행에 plus( )함수를 정의했습니다. 주의할 점은 def로 되어 있는 함수 정의 부분은 바로 실행되지 않는다는 것입니다. 즉, 2~5행에서는 plus( ) 함수를 만들고 준비만 하고 있는 상태입니다.

코드는 7행부터 먼저 실행됩니다. 11행에서 plus( ) 함수를 호출하면 그때서야 2~5행이 실행됩니다. 비유하자면 '함수를 정의했다 == 음식을 준비했다', '함수를 실행했다 == 음식을 먹었다' 정도로 이해하면 됩니다. 즉 2~5행은 요리를 만든 것이고, 11행에서 요리를 먹은 것입니다.

4행은 매개변수로 받은 두 값의 합계를 구하고 5행에서 구한 값을 반환했습니다. 11행에서는 2개의 값 100, 200을 전달하면서 plus( ) 함수를 호출해 결과를 hap에 대입했습니다. 12행에서는 plus( ) 함수에서 반환된 값을 출력했습니다.

다음 [그림 8-5]를 통해 함수를 정의하고 호출하는 동작을 이해해 봅시다.

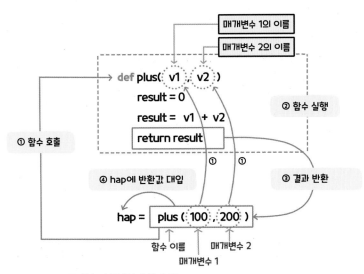

그림 8-5 plus() 함수의 형태와 호출 순서

[코드 8-3]의 plus() 함수는 매개변수를 2개 받습니다. 그러므로 plus() 함수를 호출할 때는 plus(숫자1, 숫자2)와 같은 형식으로 호출해야 합니다.

❶ 함수 호출

plus(100, 200)으로 함수를 호출하면 100과 200이라는 숫자를 가지고 plus() 함수를 호출합니다. 이때 plus() 함수의 두 매개변수인 v1에는 100이, v2에는 200이 차례대로 할당됩니다.

❷ 함수 실행

plus() 함수의 내부을 보면 v1과 v2를 더해 result에 대입시킨 후에, return result 문장에 의해 이 함수를 호출했던 곳(11행)으로 돌아갑니다.

❸ 결과 반환

함수를 실행하여 얻은 결과인 result 값 300을 plus()를 호출했던 곳으로 돌려줍니다.

❹ 반환값 대입

반환된 값 300을 변수 hap에 대입합니다.

매개변수(=파라미터)는 지역변수로 취급됩니다. [코드 8-3]의 plus() 함수가 받는 매개변수 v1, v2는 모두 plus() 함수 안에서만 사용되는 지역변수입니다. 지역변수와 전역변수에 대해서는 잠시 후에 자세히 살펴봅니다.

앞으로 작성할 코드는 기존 코드에 비해서 코드가 좀 길어질 수 있기 때문에 다음과 같이 코드를 세 부분으로 나눕니다. 아래와 같이 굳이 나누지 않아도 프로그램 작동에는 문제가 없지만, 프로그램을 작성하는 좋은 구조이므로 이 책에서는 아래 방식을 주로 사용하겠습니다.

```
## 함수 정의 부분

## 전역변수 선언 부분

## 메인(main) 코드 부분
```

전역변수에 대한 것은 잠시 후에 다루므로 지금은 그냥 변수라고 이해해도 됩니다. 그리고 전에 언급했듯이 #은 주석(remark)으로 #이 나오면 그 줄은 설명 줄이 됩니다. 즉, 없어도 되는 문장이지만 주석을 많이 달아 놓으면 프로그램 코드를 보기가 편해지므로, 주석을 다는 것은 좋은 프로그래밍 습관입니다.

LAB   **함수를 사용한 계산기 구현**

계산을 위한 기호 +, −, *, /를 입력받은 후에, 두 수를 입력하면 선택한 계산이 되는 계산기를 함수를 사용해 만들어 봅시다.

실행 결과

```
계산 입력 ( +, -, * , / ) :.-
첫 번째 숫자 입력 : 55 ┐
두 번째 숫자 입력 : 33 ┘━━  사용자 입력
## 계산기 : 55 - 33 = 22
```

1. lab08−01.py 파일을 만들고, 매개변수를 3개 받는 calc( ) 함수를 정의합니다. 이후 계산이 필요할 때 calc( ) 함수를 호출해서 사용합니다.

```python
## 함수 정의 부분
def calc(v1, v2, op) :
    result = 0
    if op == '+' :
        result = v1 + v2
    elif op == '-' :
```

```
            result = v1 - v2
        elif op == '*' :
            result = v1 * v2
        elif op == '/' :
            result = v1 / v2

        return result
```

2. 계산 결과를 저장할 변수(res) 및 연산자(op)와 두 숫자(var1, var2)를 저장할 변수를
   준비합니다. 그리고 어떤 연산을 할지 연산자를 입력받은 후에, 계산할 숫자 2개를 입력
   받습니다.

```
## 전역변수 선언 부분
res = 0
var1, var2, oper = 0, 0, ""

## 메인 코드 부분
oper = input("계산 입력 ( +, -, * , / ) : ")
var1 = int(input("첫 번째 숫자 입력 : "))
var2 = int(input("두 번째 숫자 입력 : "))
```

3. calc( ) 함수에 3개의 매개변수를 넘겨주며 호출합니다. 이 매개변수는 calc( ) 함수가
   정의된 1의 var1(→ v1), var2(→ v2), oper(→ op)에 각각 대응됩니다. 그리고 사용자
   가 입력한 연산자에 따라 필요한 연산을 수행한 후에, 계산된 값을 return으로 반환합니
   다. calc( )에서 반환한 값을 res에 넣고, 계산식을 출력합니다.

```
res = calc(var1, var2, oper)

print("## 계산기 : ", var1, oper, var2, "=", res)
```

4. Ctrl + S 를 눌러 저장한 후, F5 를 눌러서 실행하고 결과를 확인합니다.

앞에서 함수의 기본적인 사용 방법에 대해서 알아보았습니다. 이번에는 함수에서 값을 반환하는
방법과 매개변수를 전달하는 방법을 좀 더 자세하게 살펴보겠습니다.

1 함수의 매개변수 전달

앞의 [코드 8-3]에서 실습했듯이 함수에 매개변수의 개수를 정해 놓으면 함수를 호출할 때, 매개변
수의 개수를 정확히 맞춰서 호출해야 합니다. 이번에는 간단하게 숫자 2개의 합과 3개의 합을 구하
는 함수를 만들어보겠습니다.

코드 8-4   ex08-04.py

```
01    ## 함수 정의 부분
02    def para2_func(v1, v2) :
03        result = 0
04        result = v1 + v2
05        return result
06
07    def para3_func(v1, v2, v3) :
08        result = 0
09        result = v1 + v2 + v3
10        return result
11
12    ## 전역변수 선언 부분
13    hap = 0
14
15    ## 메인 코드 부분
16    hap = para2_func(10, 20)
17    print("매개변수 2개 함수 호출 결과 ==> ", hap)
18    hap = para3_func(10, 20, 30)
19    print("매개변수 3개 함수 호출 결과 ==> ", hap)
```

```
매개변수 2개 함수 호출 결과 ==> 30
매개변수 3개 함수 호출 결과 ==> 60
```

2~5행은 매개변수를 2개, 7~10행은 매개변수를 3개 받아 합계를 반환하는 함수의 표준입니다.

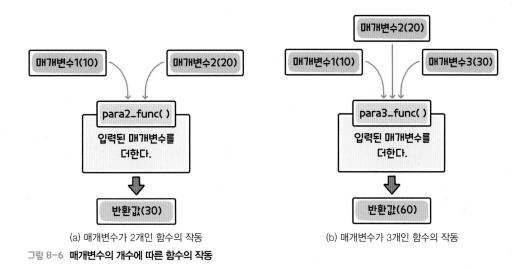

(a) 매개변수가 2개인 함수의 작동   (b) 매개변수가 3개인 함수의 작동

그림 8-6 **매개변수의 개수에 따른 함수의 작동**

2 매개변수 전달의 다양한 방법

매개변수는 매개변수의 개수를 정확히 지정해서 전달하는 방법과 기본값을 설정해 생략이 가능한
방법으로 나눌 수 있습니다.

매개변수의 개수를 정해 놓는 방법

앞의 [코드 8-4]에서 실습했듯이 함수에 매개변수의 개수를 정해 놓으면 함수를 호출할 때는 정확
히 매개변수의 개수에 맞춰서 호출해야 합니다. 이와 같이 매개변수의 개수가 다르면 별도의 함수
를 만들어야 하는데, 좀 불편한 것 같습니다. 이렇게 매개변수를 2개 또는 3개를 사용하는 함수를
여러 개 만들지 않고 하나의 함수로 만드는 방법도 있습니다. 이어서 설명하겠습니다.

매개변수에 기본값을 설정해 놓는 방법

하나의 함수에서 2개 또는 3개의 매개변수를 처리하기 위해서는, 가장 많이 전달될 매개변수 개수
를 준비해 놓고 각 매개변수에 기본값을 설정해 놓으면 됩니다.

[코드 8-4]에서 para2_func( )과 para3_func( ) 중 3개의 파라미터를 사용하는 para3_func( )를

기준으로 하나의 함수만 작성하도록 수정하겠습니다. 2개의 매개변수는 기존과 동일하게 전달받고, 3번째 매개변수는 전달받지 않으면 0으로 설정합니다. 이를 기본값이라고 부릅니다.

코드 8-5   ex08-05.py

```
01    ## 함수 정의 부분
02    def para_func(v1, v2, v3=0) :
03        result = 0
04        result = v1 + v2 + v3
05        return result
06
07    ## 전역변수 선언 부분
08    hap = 0
09
10    ## 메인 코드 부분
11    hap = para_func(10, 20)
12    print("매개변수 2개 함수 호출 결과 ==> ", hap)
13
14    hap = para_func(10, 20, 30)
15    print("매개변수 3개 함수 호출 결과 ==> ", hap)
```

```
매개변수 2개 함수 호출 결과 ==> 30
매개변수 3개 함수 호출 결과 ==> 60
```

2~5행까지 함수를 하나만 정의했습니다. para_func() 함수는 2행에서 매개변수를 3개 받았지만, 3번째 매개변수는 v3=0과 같이 설정했습니다. 이 의미는 3번째 매개변수가 없으면 0을 기본으로 사용하라는 의미입니다. 그래서 11행에서 매개변수를 10, 20으로 2개만 사용할 경우에 10 → v1, 20 → v2만 전달되고 v3에는 0이 대입되는 것입니다. 반면 14행에서 매개변수를 3개 사용하면 기본값은 무시되고, 10 → v1, 20 → v2, 30 → v3으로 기존 방식대로 전달됩니다.

확인문제

1. 다음 빈칸에 들어갈 단어를 채우시오.

함수에 매개변수가 2개라면 호출할 때도 [   ]개를 넘겨줘야 하고, 함수에 매개변수가 3개라면 호출할 때도 [   ]개를 넘겨줘야 한다.

2. 다음은 매개변수 v4에 기본값을 0으로 설정하는 함수의 정의이다. 빈칸에 들어갈 단어를 채우시오.

```
def myFunc(v1, v2, v3,          ) :
    함수 내용
```

정답

1. 2, 3   **2.** v4=0

3 값 반환하기

함수는 필요할 경우 처리된 결과를 돌려줄 때도 있고, 아무것도 돌려주지 않을 때도 있습니다. 또, 하나의 값만 돌려줄 때와 여러 개의 값을 돌려주는 경우도 나눠서 생각해 보겠습니다.

반환값이 없는 함수

함수를 실행한 결과, 돌려줄 것이 없는 경우에는 return문을 생략합니다. 또는 반환값 없이 return 만 써도 됩니다. 대체로 return 없이 함수를 끝내는 경향이 있습니다.

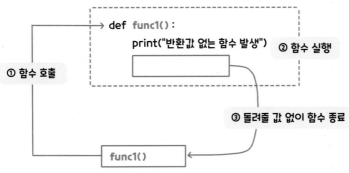

그림 8-7 **반환값이 없는 함수의 작동**

위 그림과 같이 함수를 실행한 후 반환값 없이 함수를 마치면 아무것도 반환하지 않고 함수가 종료됩니다.

코드 8-6   ex08-06.py

```
01   ## 함수 정의 부분
02   def func1() :
03       print("반환값이 없는 함수 실행")
04
05   ## 전역변수 선언 부분
06
```

```
07    ## 메인 코드 부분
08    func1()
```

반환값이 1개 있는 함수

함수에서 어떤 계산이나 작동을 한 후에 반환할 값이 있으면 'return 반환값' 형식으로 표현합니다. 우선 반환값이 1개인 함수를 살펴보겠습니다.

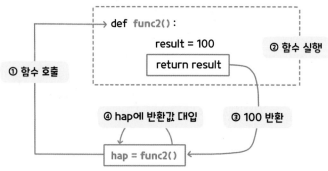

그림 8-8 **값을 1개 반환하는 함수의 작동**

우선 ❶함수 호출을 하면 ❷함수 실행이 됩니다. 그리고 함수의 마지막에 ❸값을(100) 반환하면 호출했던 곳으로 돌아와서 ❹반환값을 대입하게 되는 것입니다.

코드 8-7   ex08-07.py

```
01    ## 함수 정의 부분
02    def func2() :
03        result = 100
04        return result
05
06    ## 전역변수 선언 부분
07    hap = 0
08
09    ## 메인 코드 부분
10    hap = func2()
11    print("func2()에서 돌려준 값 ==> ", hap)
```

func2()에서 돌려준 값 ==> 100

반환값이 2개 있는 함수

이번에는 반환값이 2개인 함수를 살펴보겠습니다. 반환할 값이 2개라면 return 반환값1, 반환값2 형식으로 표현하면 됩니다. 다음 그림을 보세요.

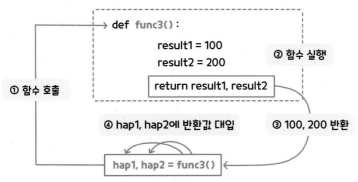

그림 8-9 **값을 2개 반환하는 함수의 작동**

먼저 **❶함수 호출**을 하면 **❷함수 실행**이 됩니다. 그리고 함수의 마지막에 **❸값 2개(100, 200)를 반환**하면 호출했던 곳으로 돌아와서 **❹반환값을 각 변수에 대입**하게 되는 것입니다. 완전한 코드는 다음과 같습니다. 주의할 점은 반환값이 2개라면 **❹**와 같이 돌려받는 변수도 2개여야 합니다. 완전한 코드는 다음과 같습니다.

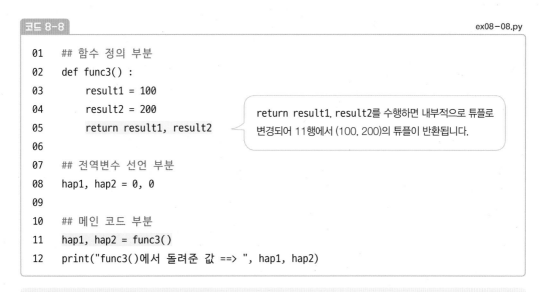

코드 8-8   ex08-08.py

```
01    ## 함수 정의 부분
02    def func3() :
03        result1 = 100
04        result2 = 200
05        return result1, result2
06
07    ## 전역변수 선언 부분
08    hap1, hap2 = 0, 0
09
10    ## 메인 코드 부분
11    hap1, hap2 = func3()
12    print("func3()에서 돌려준 값 ==> ", hap1, hap2)
```

> return result1, result2를 수행하면 내부적으로 튜플로 변경되어 11행에서 (100, 200)의 튜플이 반환됩니다.

```
func3()에서 돌려준 값 ==> 100 200
```

pass 키워드

종종 함수의 이름과 형태만 만들어 놓고, 내부는 나중에 코딩하고 싶은 경우가 있습니다. 그럴 때 만약 함수 이름만 만들어 놓으면 오류가 발생합니다. 함수 내부는 무조건 1행 이상의 코드가 필요하기 때문입니다. 이럴 때 사용할 수 있는 키워드가 pass입니다. pass는 아무것도 안한다는 의미이지만, pass도 예약어이므로 문법상 1행 이상을 채워서 오류가 발생하지 않습니다.

```
def myFunc() :●────── 오류 발생
```

```
def myFunc() :
    pass
```

pass 키워드는 함수뿐 아니라, if문이나 반복문에서도 아무것도 안하는 코드로 채울 때 사용해도 됩니다. 만약 조건이 참인 경우에는 할 일이 아무것도 없다고 해서 빈 줄로 두면 문법상 오류가 발생합니다.

```
if True :
●────────── 오류 발생
else :
    print('거짓입니다')
```

문법상 오류를 없애기 위해서 True와 False를 바꿔서 코드를 수정해도 되지만, 다음과 같이 아무것도 할 것이 없는 줄에 pass 키워드를 넣는 방식이 더 편리할 수도 있습니다.

```
if True :
    pass
else :
    print('거짓입니다')
```

1. 다음 중 잘못된 것을 고르시오.

   ① 반환값이 없는 함수는 함수의 끝에 아무것도 쓰지 않거나, 그냥 return만 써도 됩니다.

   ② 반환값이 2개라도 돌려받는 변수는 1개여야 합니다.

   ③ 반환값이 없는 함수는 오류를 발생합니다.

   ④ 함수의 빈 부분이나, if문의 빈 부분을 채울 때 아무것도 안하는 의미의 키워드는 pass 입니다.

2. 다음은 2개의 값을 반환하는 myFunc( ) 함수를 호출하는 구문입니다. 빈칸에 들어갈 단어를 채우시오.

```
res1, res2 = 0, 0


[          ] = myFunc()
```

정답

1. ③   2. res1, res2

LAB 로또 추첨하기

로또 복권은 1~45 숫자 중에서 6개를 추첨하는 게임입니다. 로또를 추첨하는 함수를 작성해서 함수를 호출할 때 마다, 숫자를 하나씩 뽑아서 반환하도록 코드를 작성해 봅시다. 주의할 점은 새로 뽑은 숫자가 기존에 뽑은 적이 있는지 확인해야 하고 기존에 뽑은 적이 있는 숫자라면 무시하고 새로 뽑아야 합니다.

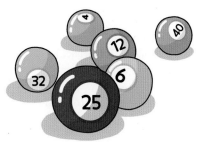

실행 결과

** 로또 추첨을 시작합니다. **

오늘의 로또 번호 ==> 3 5 24 41 44 45

1. lab08-02.py 파일을 만들고, 로또 숫자를 랜덤하게 뽑기 위해서 random을 임포트합니다. 로또 추첨 프로그램은 실행할 때마다 다른 6개의 숫자가 출력될 것입니다.

```
import random
```

2. lottoFunc() 함수를 정의합니다. 이 함수는 추첨된 로또 번호 1개를 돌려주는 함수입니다. random.randint(1, 45) 함수로 1~45 중에서 임의의 숫자 하나를 추출하고 반환합니다.

```
## 함수 정의 부분
def lottoFunc() :
    lottoNum = random.randint (1, 45)
    return lottoNum
```

3. 추첨된 로또 숫자를 저장할 lottoList 리스트와 추첨된 숫자를 임시로 저장할 num 변수를 준비합니다.

```
## 전역변수 선언 부분
lottoList = []
num = 0
```

4. 로또 추첨을 시작하는 부분을 구현해 봅시다. 우선 무한 반복을 실행합니다. 뽑을 숫자가 6개이므로 6번만 수행하면 될 것 같지만, 무한 반복하는 이유는 이미 뽑힌 숫자가 계속 뽑힐 수 있기 때문입니다. 다시 말해, 임의의 숫자를 lottoFunc() 함수로 뽑는데, 뽑힌 숫자(num)가 이전에 이미 뽑힌 숫자일 수 있습니다.

```
## 메인(main) 코드 부분
print("** 로또 추첨을 시작합니다. ** \n");

while True :
    num = lottoFunc()
```

5. 만약 뽑은 숫자가 lottoList 리스트에 이미 들어 있으면 무시하고 lottoFunc() 함수를 호출하여 다시 숫자를 추출합니다. 그렇지 않고 뽑힌 숫자(num)가 lottoList에 없다면 lottoList.append(num) 함수로 lottoList에 숫자를 추가합니다.

```
        if num in lottoList :
            continue
        else :
            lottoList.append(num)
```

6. 이 무한 반복이 끝나려면 lottoList에 6개 이상이 저장되면 됩니다. 즉, 6개의 숫자가 모두 뽑혔기 때문에 더 이상 숫자를 뽑을 필요가 없는 것입니다.

```
        if len(lottoList) == 6 :
            break
```

7. 뽑힌 6개의 숫자를 lottoList.sort() 함수로 정렬한 후, 차례대로 출력합니다.

```
print("오늘의  로또 번호 ==>  ", end='')
lottoList.sort()
for i in range(0,6) :
    print(lottoList[i], " ", end='')
```

8. ⌈Ctrl⌉+⌈S⌉를 눌러 저장한 후, ⌈F5⌉를 눌러서 실행하고 결과를 확인합니다.

지역변수와 전역변수

변수는 범위에 따라 크게 두 종류로 나눌 수 있습니다. 집(함수) 안에서만 사용하는 변수인 지역 (local)변수와 집 밖에서도 사용할 수 있는 전역(global)변수로 나뉩니다. 프로그램을 짜다 보면 간 혹 의도한 대로 변수의 범위가 지정되지 않아 프로그램의 흐름에 이상이 생기기도 합니다. 그러므 로 지역변수와 전역변수를 제대로 사용할 수 있도록 두 변수의 개념을 이해하고, 정확한 사용법에 대해 배워보겠습니다.

1 유효 범위 이해하기

유효 범위란 자신이 활동할 수 있는 범위라고 보면 됩니다. 예를 들어 동물들은 자신의 영역 안에서 주로 살고 있습니다. 집에서 키우는 닭은 집 마당이 자신의 영역이며, 돼지는 돼지 우리가 자신의 영역일 것입니다. 야생 독수리는 전체 산과 들이 모두 자신의 영역입니다.

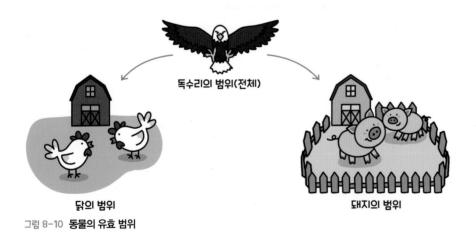

독수리의 범위(전체)

닭의 범위

돼지의 범위

그림 8-10 **동물의 유효 범위**

이처럼 지역변수는 특정 범위(주로 함수) 안에서만 인식되는 변수를 말합니다. 반대로 전역변수는 함수와 상관없이 전체 프로그램 안에서 인식되는 변수를 말합니다. 위 그림에서 닭, 돼지는 지역변수에 해당합니다. 닭은 마당 안에서만, 돼지는 우리 안에서만 존재가 인정된다고 보면 됩니다. 산과 들 어디든 다닐 수 있는 독수리는 전역변수에 해당합니다.

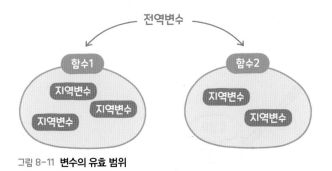

그림 8-11 **변수의 유효 범위**

② 지역변수와 전역변수 이해하기

지역변수란 말 그대로 한정된 지역(local)에서만 사용되는 변수이며, 전역변수란 프로그램 전체(global)에서 사용되는 변수를 말합니다. 주로 한정된 지역을 함수라고 생각하면 됩니다.

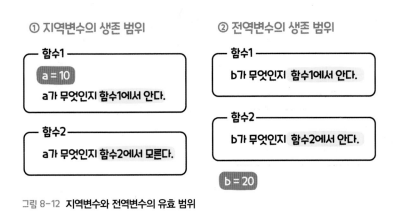

그림 8-12 **지역변수와 전역변수의 유효 범위**

❶의 지역변수 a는 현재 함수1 안에서 선언되었기 때문에 a는 함수1 안에서만 사용될 수 있고, 함수2에서는 a의 존재 자체를 알지 못합니다. ❷의 전역변수 b는 함수(함수1, 함수2) 안이 아니라 바깥에 선언되어 있으므로 모든 함수에서 b의 존재를 알게 됩니다. 여기서 b가 선언된 위치는 제일 아래든 제일 위든 관계가 없으며, 함수 밖에만 선언되면 됩니다.

간혹 지역변수와 전역변수의 이름이 같을 수 있는데, 이런 경우에는 지역변수가 우선됩니다. 예를 들어 1반 교실과 복도에 홍길동이라는 같은 이름을 가진 학생이 있다고 가정해 봅시다. 1반에서 홍길동 학생을 부르면 복도의 홍길동이 아닌 1반의 홍길동이 대답합니다. 하지만 2반에서 선생님이 홍길동을 부르면 복도에 있는 홍길동이 대답할 것입니다. 이처럼 변수의 이름이 같다면 지역변수가 우선됩니다.

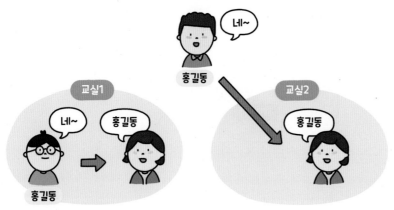

그림 8-13 **이름이 같은 경우**

이처럼 지역변수와 전역변수의 이름이 같을 때는 함수 내에 변수가 정의되어 있는가를 확인하면 간단히 구분할 수 있습니다. 다음 그림을 보면, 같은 a라고 해도 함수1의 a는 함수 내에서 따로 정의했으므로 지역변수고, 함수2의 a는 함수 안에 정의된 것이 없으므로 전역변수입니다.

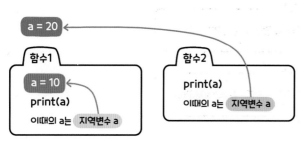

그림 8-14 **지역변수와 전역변수의 공존**

코드 8-9   ex08-09.py

```
01    ## 함수 정의 부분
02    def func1() :
03        a = 10 ●──────── 지역변수
04        print("func1()에서 a의 값 ", a)
05
06    def func2() :
07        print("func2()에서 a의 값 ", a)
08
09    ## 전역변수 선언 부분
10    a = 20 ●──────── 전역변수
```

```
11
12    ## 메인 코드 부분
13    func1()
14    func2()
```

```
func1()에서 a의 값 10
func2()에서 a의 값 20
```

2~4행에 정의한 func1()의 3행에서 a를 선언했는데, 함수 안에서 선언했으므로 지역변수입니다. 그리고 10행에서 선언한 a는 함수의 밖에 선언했으므로 전역변수입니다. 13행에서 func1()을 호출했습니다. 4행에서 변수 a를 출력하니, 지역변수 a 값 10이 출력됩니다. 14행에서는 func2()를 호출했습니다. 7행에서 변수 a를 출력하니, func2()에는 a가 없으므로 10행에서 선언한 전역변수 a의 값 20이 출력되었습니다.

확인문제

※ 다음 지문에서 옳은 것에는 ○, 틀린 것에는 ×를 표시하시오.

1. 전체 프로그램에서 인식되는 변수를 전역변수라 부르고, 함수 안에서만 인식되는 변수를 지역변수라 부른다. ( )

2. 함수 안에서 선언한 변수는 전역변수이고, 함수 밖에서 선언한 변수는 지역변수이다. ( )

3. 지역변수와 전역변수의 이름이 동일할 경우 전역변수가 우선된다. ( )

정답

1. ○ 2. × 3. ×

3 global 예약어

함수 안에서 사용되는 변수로 지역변수 대신에 무조건 전역변수로 사용하고 싶을 수도 있습니다. 다시 말해 1반 선생님이 같은 반의 홍길동이 아닌 복도의 홍길동을 부르고 싶은 것입니다. 이럴 때는 global 예약어를 사용합니다. global 예약어와 함께 나오는 변수명은 무조건 전역변수입니다.

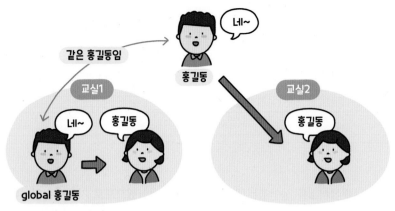

같은 홍길동임

교실1

네~

홍길동

네~ 홍길동

global 홍길동

교실2

홍길동

그림 8-15 global 예약어의 개념

나중에 응용 프로그램을 작성할 때, 유용하게 사용될 예정이며 그 때 다시 언급하도록 하겠습니다. 지금은 다음 코드 정도만 익히면 됩니다.

코드 8-10   ex08-10.py

```
01    ## 함수 정의 부분
02    def func1() :
03        global a ●──────── fun1( ) 함수 안에서 a는 전역변수
04        a = 10
05        print("func1()에서 a의 값 ", a)
06
07    def func2() :
08        print("func2()에서 a의 값 ", a)
09
10    ## 전역변수 선언 부분
11    a = 20      # 전역변수
12
13    ## 메인 코드 부분
14    func1()
15    func2()
```

```
func1()에서 a의 값 10
func2()에서 a의 값 10
```

3행에서 global로 변수 a를 전역변수로 지정하고, 전역변수 a 값을 10으로 변경했습니다. 그러므로 11행의 20이었던 a는 func1()과 func2() 호출에서 모두 값이 변경된 전역변수 a의 값을 출력한 것입니다. global 예약어는 다른 프로그래밍 언어와 좀 다른 형식이므로 잘 기억해 둘 필요가 있습니다.

264 • 난생처음 파이썬 프로그래밍

100일 기념일 날짜 구하기

현재 시간을 구하고, 현재 시간부터 일정 날짜가 지난 후의 날짜를 구하는 코드를 작성해 봅시다. 예를 들어 연인과 오늘부터 1일일 경우에, 100일 기념일이 언제인지 체크하는 코드를 작성합니다.

실행 결과

```
현재 날짜와 시간     ==> 2021-04-14 22:46:42.366982
100일 후 날짜와 시간  ==> 2021-07-23 22:46:42.366982
```

1. lab08-03.py 파일을 만들고, 날짜와 관련된 라이브러리를 임포트합니다. datetime 및 timedelta와 관련된 함수를 사용할 수 있습니다.

```
from datetime import datetime, timedelta
```

2. 현재 날짜를 구해서 반환하는 함수를 만듭니다. datetime.now()는 현재 날짜 및 시간을 구합니다.

```
## 함수 정의 부분
def getCurrent() :
    curDate = datetime.now()
    return curDate
```

3. 전달받은 날짜(now)부터 지정 일자(day) 후의 날짜를 구해서 반환하는 함수를 만듭니다. 전달받은 날짜인 now에 timedelta(days=일자)를 더해 지난 일자를 알아냅니다.

```
def getAfterDate(now, day) :
    retDate = now + timedelta(days=day)
    return retDate
```

4. 오늘 날짜 및 100일 후의 날짜를 저장할 변수를 준비합니다. 아무 값도 들어 있지 않은 상태로 두 변수를 초기화하기 위해 None을 넣습니다.

```
## 전역변수 선언 부분
nowDate, afterDate = None, None
```

5. 현재 날짜를 구하고 출력합니다. 그리고 현재 날짜에서 100일이 지난 날짜를 구하고 출력합니다.

```
## 메인 코드 부분
nowDate = getCurrent()
print("현재 날짜와 시간 ==>", nowDate)
afterDate = getAfterDate(nowDate, 100)
print("100일 후 날짜와 시간  ==>", afterDate)
```

6. Ctrl + S 를 눌러 저장한 후, F5 를 눌러서 실행하고 결과를 확인합니다.

LAB 비밀번호 생성하기

입력한 비밀번호가 비밀번호 규칙에 맞으면 생성되고, 규칙에 맞지 않으면 다시 생성하도록 메시지를 출력하는 프로그램을 작성해 봅시다.

[비밀번호의 규칙]

(1) 8글자 이상이어야 함
(2) 영문자 및 숫자로만 생성해야 하며 기호는 불가능

Password

```
abc!
```
▬▬ ▬▬ ▬▬ ▬▬ ▬▬ weak

실행 결과

새로운 비밀번호를 입력하세요 :abcd ●────── 사용자 입력
오류! 비밀번호가 규칙에 맞지 않습니다

새로운 비밀번호를 입력하세요 :abcd1234$$ ●────── 사용자 입력
오류! 비밀번호가 규칙에 맞지 않습니다

새로운 비밀번호를 입력하세요 :1234abcd ●────── 사용자 입력
Good~ 비밀번호가 올바르게 생성되었어요

1. lab08-04.py 파일을 만들고, 비밀번호를 전달받아서 규칙에 맞는지 체크하는 함수를 만듭니다. 비밀번호 길이가 8글자 미만이면 False를 반환하고 더 이상 진행할 필요가 없습니다.

```
## 함수 정의 부분
def checkPassword(pwd) :
    if len(pwd) < 8 :
        return False
```

2. 비밀번호가 8글자 이상이면 문자 및 숫자로만 구성되었는지 체크합니다. **문자열.isalnum()**
함수는 문자열이 숫자 또는 문자로만 이루어져 있으면 **True**를 반환합니다. 그 외에 문자
열에 기호 등이 섞여 있다면 **False**가 됩니다.

```
    if pwd.isalnum() :
        return True
    else :
        return False
```

3. 비밀번호를 저장할 변수를 준비합니다.

```
## 전역변수 선언 부분
password = ""
```

4. 비밀번호를 입력받고, 비밀번호 체크함수를 호출합니다. **True**가 반환되면 ' Good~ '을,
False가 반환되면 ' 오류!~ '를 출력합니다.

```
## 메인 코드 부분
password = input("새로운 비밀번호를 입력하세요 :")

if checkPassword(password) :
    print("Good~ 비밀번호가 올바르게 생성되었어요")
else :
    print("오류! 비밀번호가 규칙에 맞지 않습니다")
```

5. Ctrl + S 를 눌러 저장한 후, F5 를 눌러서 실행하고 결과를 확인합니다.

실전 예제

훈민정음 그래픽 디자인

문제

거북이는 화면에 글자도 쓸 수 있습니다. 세종대왕께서 창제하신 훈민정음을 거북이가 화면에 예쁘게 쓰며 그래픽 디자인스럽게 보이도록 프로그램을 작성해 보겠습니다. 그래픽 디자인처럼 보이기 위해 랜덤한 위치와 크기 그리고 랜덤한 색상으로 한 글자씩 써지도록 구현하겠습니다.

해결

ch08_turtle_01.py

```
01    import turtle
02    import random
03
04    def getXYAS() :        ●──── 거북이의 위치(x,y)와 글자 크기(size)를 랜덤하게 추출해서 반환하는 함수
05        x, y, angle, size = 0, 0, 0, 0
06        x   = random.randint(-250, 250)
07        y   = random.randint(-250, 250)
08        size = random.randint(10, 50)
09        return x, y, size
10
11    ## 전역변수 선언 부분 ##
12    koreanStr = """ 나랏말싸미 듕귁에 달아 문자와로 서르 사맛디 아니할쎄 ┐
13    이런 젼차로 어린 백셩이 니르고져 홀 배 이셔도
14    마참내 제 뜨들 시러펴디 몯 할 노미 하니라                        │ 훈민정음 문자열
15    내 이랄 위하야 어엿비 너겨 새로 스믈 여듧 짜랄 맹가노니            ●│ 준비
16    사람마다 해여 수비 니겨 날로 쑤메 뻔한킈 하고져 할따라미니라 ┘
17    """
18    colorList = ["red", "green", "blue", "black", "magenta", "orange", "gray"]
19    tX, tY, txtSize = 0,0,0
20
21    ## 메인 코드 부분 ##
22    turtle.shape('turtle')
23    turtle.setup(550, 550)
24    turtle.screensize(500, 500)
```

```
25    turtle.penup()
26    turtle.speed(5)●─────────────────── 거북이의 움직이는 속도. 숫자가 높을수록 빨라짐
27
28    for  ch  in koreanStr :●─────────── 문자열(koreaStr)에서 한 글자씩 ch에 넣으며 반복
29        tX, tY, txtSize = getXYAS()●──── 거북이의 위치, 글자의 크기를 함수로 얻음
30        color = random.choice(colorList)
31        turtle.goto(tX,tY)
32        turtle.pencolor(color)
33        turtle.write(ch, font=('맑은고딕', txtSize, 'bold'))
34
35    turtle.done()
```

01 함수(Function)는 무엇을 넣으면 그것이 처리되어 다시 어떤 것을 돌려주는 기능을 합니다.

02 함수는 반환값이 있는 함수와 반환값이 없는 함수로 나눌 수 있습니다. 만약에 함수가 별도의 반환값이 있다면 다음과 같이 변수에 반환값을 받아야 합니다.

03 함수의 기본 형태는 다음과 같습니다.

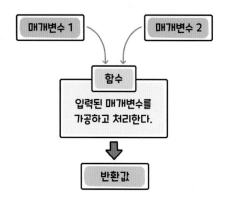

04 매개변수는 매개변수의 개수를 정확히 지정해서 전달하는 방법과 기본값을 설정해 생략이 가능한 방법으로 나눌 수 있습니다.

05 함수는 필요할 경우 처리된 결과를 돌려줄 때도 있고, 아무것도 돌려주지 않을 때도 있습니다. 또 하나의 값만 돌려줄 때와 여러 개의 값을 돌려주는 경우도 있습니다.

06 함수의 이름과 형태만 만들어 놓고, 내부는 나중에 코딩하고 싶은 경우에 사용할 수 있는 키워드가 pass입니다.

07 지역변수란 말 그대로 한정된 지역(local)에서만 사용하는 변수이며, 전역변수란 프로그램 전체(global)에서 사용하는 변수를 말합니다.

08 함수 안에서 사용하는 변수로 지역변수 대신에 무조건 전역변수로 사용하고 싶을 때는 global 예약어를 사용하면 됩니다. global 예약어와 함께 나오는 변수명은 무조건 전역변수입니다.

01 함수에 대한 설명과 거리가 <u>먼</u> 것을 고르시오.

① 음료수의 자판기와 비유할 수 있다.

② 화이트 박스라고도 부른다.

③ 뒤에 무조건 괄호가 붙는다.

④ print()의 경우 파이썬이 제공하는 함수 중 하나이다.

02 myFunc 함수의 결과를 myVar 변수에 저장하는 코드를 고르시오.

① myFunc() = myVar   ② myVar = myFunc()

③ myFunc = myVar()   ④ myVar() = myFunc

03 다음은 입력받은 수에 100을 더한 결과를 반환하는 함수이다. 빈칸에 들어갈 코드가 차례대로 나열된 것을 고르시오.

```
          sumFunc() :
    number = int(input("정수 ==>"))
          number + 100
```

① define, return   ② def, exit   ③ define, exit   ④ def, return

04 다음은 반환값이 2개인 함수의 정의와 호출입니다. 빈칸에 들어갈 코드가 차례대로 나열된 것을 고르시오.

```
def myFunc() :
    retValue1 = 100
    retValue2 = 200
          (1)

## 메인 코드
       (2)
print(retVar1, retVar2)
```

① (1) return retValue1, retValue2   (2) retVar1, retVar2 = myFunc()

② (1) return retValue1, retValue2   (2) retVar1, retVar2 = myFunc()

③ (1) retValue1, retValue2   (2) myFunc()

④ (1) return retValue1, retValue2   (2) myFunc()

05 다음은 파라미터 2개 또는 3개를 모두 받아서 곱셈으로 처리하는 함수이다. 빈칸에 들어갈 코드를 고르시오.

```
def multi_func(                    ) :
    result = var1 * var2 * var3
    return result
```

① var1=0, var2, var3=1   ② var1, var2=0, var3=1

③ var1, var2, var3=0   ④ var1, var2, var3=1

06 다음은 반환값이 없는 함수의 정의와 호출이다. 빈칸에 들어갈 코드가 차례대로 나열된 것을 고르시오.

```
def myFunc() :
    print("난생처음")
        (1)


## 메인 코드
    (2)
```

① (1) return 0   (2) myFunc()

② (1) return   (2) retVar = myFunc()

③ (1) return None   (2) myVar = myFunc()

④ (1) return   (2) myFunc()

07 다음은 반환값이 1개인 함수의 정의와 호출이다. 빈칸에 들어갈 코드가 차례대로 나열된 것을 고르시오.

```
def myFunc() :
    retValue = 100
        (1)


## 메인 코드
    (2)
print(retValue)
```

① (1) return retValue   (2) retVar = myFunc()

② (1) return   (2) retVar = myFunc()

③ (1) return retValue   (2) myFunc()

④ (1) return   (2) myFunc()

08 다음은 파라미터 2개를 받아서 두 수의 곱셈을 반환하는 함수이다. 빈칸에 들어갈 코드를 고르시오.

```
def plus(            ) :
    result = var1 * var2
    return result
```

① var1, var2

② v1, v2

③ result, var1, var2

④ int var1, int var2

09 다음 설명 중 빈칸에 들어갈 용어를 차례대로 나열한 것을 고르시오.

변수는 유효 범위에 따라서 두 가지로 나눌 수 있다. ☐☐☐☐☐(은)는 함수 내부와 같이 한정된 범위에서만 사용되는 변수이며, ☐☐☐☐☐(은)는 프로그램 모든 곳에서 접근할 수 있는 변수를 말한다.

① 지역변수, 지역변수

② 전역변수, 전역변수

③ 지역변수, 전역변수

④ 전역변수, 지역변수

10 두 실수를 입력받고 사칙연산 결과 4개를 한꺼번에 반환하는 함수를 포함하는 코드를 작성하시오.

[실행 결과]

```
숫자 1 ==> 3 ┐
숫자 2 ==> 7 ┘ ●──── 사용자 입력
3.0 + 7.0 = 10.0
3.0 - 7.0 = -4.0
3.0 * 7.0 = 21.0
3.0 / 7.0 = 0.42857142857142855
```

```
숫자 1 ==> 5.8 ┐
숫자 2 ==> 3.14 ┘ ●──── 사용자 입력
5.8 + 3.14 = 8.94
5.8 - 3.14 = 2.6599999999999997
5.8 * 3.14 = 18.212
5.8 / 3.14 = 1.8471337579617833
```

11 심화 거북이 그래픽에서 훈민정음을 36글자씩 잘라서 원의 둘레 위에 한 글자씩 쓰는 writeKorean36( ) 함수를 작성하시오.

[조건]

1. 글자는 36글자씩 잘라서 함수에 파라미터로 넘겨주도록 설정한다.
2. 원의 반지름은 안쪽부터 100, 150, 200, …으로, 함수에 파라미터로 넘겨주도록 설정한다.
3. 10, 20, 30, …, 360 각도 위치에 글자를 써야 한다.
4. 글자 크기는 10으로 고정하고, 글자 색상은 랜덤하게 고를 수 있다.

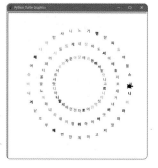

CHAPTER 09

파일 읽기와 쓰기

학습목표

- 파일을 읽는 방법을 살펴봅니다.
- 읽은 파일의 내용을 처리하는 방법을 익힙니다.
- 파일을 쓰는 방법을 살펴봅니다.
- 파일을 읽어서 동일한 파일로 쓰는 방법을 학습합니다.

컴퓨터 프로그램은 무엇인가를 입력하고 처리하여 결과를 얻는 것을 목표로 합니다. 예를 들어 엑셀 프로그램은 숫자를 입력해서 함수 처리를 하고 결과를 얻습니다. 그런데 엑셀에 10000개의 데이터를 밤새도록 입력해서, 그 결과를 얻었는데 다음날 다시 입력해야 한다면 생각만 해도 끔찍할 것입니다. 때문에 사람들은 한 번 입력한 것을 파일로 저장해 놓고 나중에 다시 파일을 열어서 사용합니다. 이것이 파일 처리입니다. 이제부터는 우리도 입력한 내용을 저장하거나, 저장된 내용을 불러와서 처리해 봅시다.

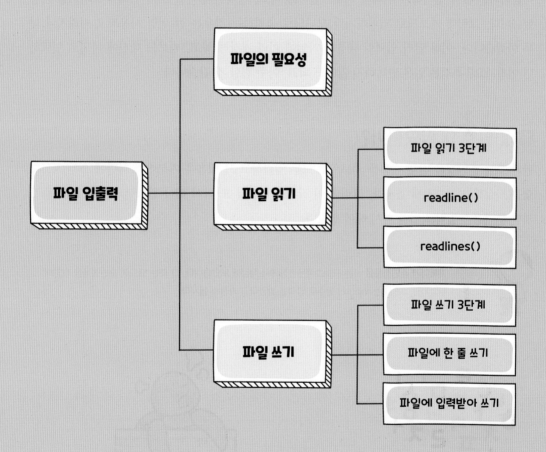

파일을 사용하는 이유

지금까지는 값을 입력하기 위해서 키보드를 사용하고, 처리된 결과를 보기 위해서 모니터를 사용했습니다. 그런데 키보드로 입력하거나 모니터로 출력하는 경우는 한 번만 사용되고 버려지니 너무 아깝습니다. 이와 달리 입력할 내용을 파일에 미리 저장해 놓고, 키보드 대신에 파일로 입력하면 어떨까요? 똑같은 일은 반복하지 않아도 되고, 아주 편할 것 같습니다.

① 파일은 왜 필요한가?

만약 오늘 훈민정음 전체 내용을 키보드로 모두 입력하고 그 내용을 거북이가 화면에 쓰는 프로그램을 작성했다고 가정해 봅시다. 그런데 이 작업을 다음날 또 다시 해야 한다면 어떨까요? 힘들겠지만 훈민정음 입력 작업을 다시 해야 합니다.

> 거북이가 훈민정음을 쓰는 프로그램은 8장에서 작성해 보았습니다. 그 때는 코드에 훈민정음을 선언해 두었지만, 이번에는 input( ) 함수로 입력을 받았다고 가정해 봅시다.

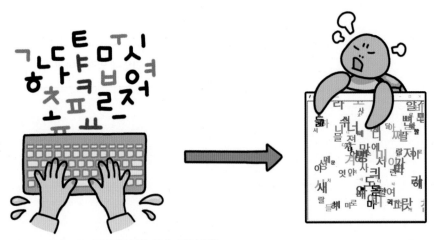

그림 9-1 **키보드를 사용한 훈민정음 입력 작업의 반복**

이 때 키보드로 훈민정음을 입력하는 것이 아니라, 훈민정음이 저장된 파일을 읽어서 처리하면 어떨까요? 이렇게 파일을 처리하면 입력 작업이 아무리 반복되어도, 파일에서 자동으로 읽어서 처리하면 되기에 상당히 편해집니다.

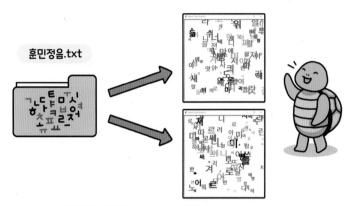

그림 9-2 파일에서 훈민정음을 읽어서 화면에 출력

파일에 쓰기도 마찬가지 개념입니다. 기존에는 print( ) 함수로 화면에 출력한 후, 나중에 다시 결과를 확인하려면 프로그램을 다시 실행해야 했습니다. 또는 현재 처리된 결과를 다른 곳에 있는 사람에게 보여줘야 한다면, 결과 화면을 사진으로 찍어 두거나 컴퓨터를 건드리지 않고 그대로 둬야할 것입니다.

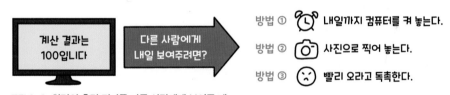

그림 9-3 화면의 출력 결과를 다른 사람에게 보여줄 때

하지만 실행 결과를 파일로 저장해 놓는다면 아무 때나 파일을 열어서 보여주거나 파일을 메일, 메신저 등으로 보내주면 되니 상당히 편리해 집니다.

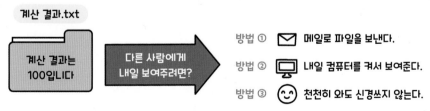

그림 9-4 파일에 저장된 출력을 다른 사람에게 보여줄 때

이렇게 입력 또는 출력을 파일로 처리하는 경우 많은 장점이 있습니다. 물론 간단한 코드의 경우에는 굳이 파일을 사용하지 않아도 됩니다. 다음 절부터 본격적으로 파일을 읽고 쓰는 방법에 관하여 배우겠습니다.

확인문제

다음 빈칸에 들어갈 단어를 (모니터, 파일) 중에 골라 채우시오.

[   ]에 출력하면 한 번만 보고 없어지지만, [   ]에 출력하면 계속 반복해서 내용을 확인할 수 있다.

정답

모니터, 파일

Section
02
파일 읽기

◩ 파일 읽기의 3단계

키보드가 아닌 파일에서 값을 읽기 위해서는 파일 열기, 파일 읽기, 파일 닫기의 3단계 작업이 필요합니다. 앞으로 계속 3단계를 이용해서 프로그래밍할 것입니다.

|1단계|2단계|3단계|
|**파일 열기**|**파일 읽기**|**파일 닫기**|

그림 9-5 **파일 읽기 3단계**

■ 1단계: 파일 열기

파일을 열기 위해서는 open( ) 함수에서 파일명을 지정하고, 읽기(Read)를 의미하는 **"r"**로 설정합니다.

```
변수명 = open("파일경로/파일이름", "r")
```

open( ) 함수의 마지막 매개변수를 모드(mode)라고 부르는데, 파일을 열 때 어떤 용도로 열지 결정해주는 것입니다. 지금은 파일 읽기용이므로 **"r"**을 써주면 됩니다.

> "r" 부분을 "rt"라고 써도 됩니다. 또는 "r" 부분을 아예 생략해도 파일 열기로 취급합니다. 즉, 변수명 = open("파일이름")과 같이 써도 됩니다.

■ 2단계: 파일 읽기

이제는 파일에서 데이터를 읽어올 수 있는 상태가 되었습니다. 파일에서 데이터를 읽는 세부적인 방법은 잠시 후 예제를 통해서 이해해 보겠습니다.

■ 3단계: 파일 닫기

파일과 관련된 모든 작업이 끝나면 파일을 정상적으로 닫아줘야 합니다. 여기서 파일을 닫기 위해 사용하는 변수는 1단계에서 open( ) 함수로 열었던 변수명입니다.

```
변수명.close();
```

확인문제

다음 파일 읽기의 3단계를 순서대로 나열하시오.

(A) 파일 읽기
(B) 파일 닫기
(C) 파일 열기

정답

(C) → (A) → (B)

2 readline( ) 함수

데이터를 입력할 때 지금까지는 키보드로 값을 입력해 왔습니다. 그런데 입력해야 할 데이터가 A4 30페이지 분량이라면 어떨까요? 매번 데이터를 입력하다 보면 시간도 많이 걸릴뿐더러 입력 과정에서 오류가 발생할 수도 있습니다. 이런 것을 해결하는 것이 바로 '파일'입니다. 파일 하나에 30페이지 분량의 데이터를 담아두고 필요할 때마다 불러서 사용하면 오류도 발생하지 않으며 시간도 오래 걸리지 않을 것입니다.

이처럼 파일에 담아둔 데이터를 읽어오기 위해서는 readline( )과 readlines( ) 두 가지 함수를 사용할 수 있습니다. 우선은 readline( ) 함수에 관하여 알아보겠습니다.

그림 9-6 **파일을 읽어오는 함수**

한 행씩 읽기

파일의 내용을 한 행씩 읽어오려면 readline( ) 함수를 사용하면 됩니다. 은행 ATM기 앞에 사람들이 줄을 서있다고 가정해 봅시다. ATM은 한번에 한 명씩만 사용할 수 있습니다. 마찬가지로 파일에 100개의 행이 있더라도 readline( ) 함수는 한번에 한 행씩만 읽을 수 있습니다. 100개 행이 있다면 100번을 반복해서 읽어야 합니다.

그림 9-7 **한번에 한 행씩만 처리하는 readline( ) 함수**

먼저, 메모장을 실행해서 적당한 내용을 세 줄 적습니다. myData1.txt 이름으로 다음 경로 C:\FirstPython\Chapter09에 저장합니다.

> 난생처음 파이썬을 공부합니다.
> 코딩이 재미있어 졌어요.
> 이젠 코딩 전문가가 된 것 같아요. ^^

이제 다음 코드를 작성하고 실행해 보세요.

```
01    inFile = None        # 입력 파일
02    inStr = ""           # 읽어온 문자열
03
04    inFile = open("C:/FirstPython/Chapter09/myData1.txt", "r", encoding="UTF-8")
05
06    inStr = inFile.readline()
07    print(inStr, end='')
08
09    inStr = inFile.readline()
10    print(inStr, end='')
11
12    inStr = inFile.readline()
13    print(inStr, end='')
14
15    inFile.close()
```

파일 경로 작성   읽기 모드

문자열이 세 줄이라 readline()을 3번 실행함

파일의 내용이 잘 출력되었습니다. 4행에서 파일을 열고 15행에서 파일을 닫았습니다. 4행의 open( ) 함수에서 첫 번째 매개변수는 파일의 경로입니다. 그런데 자세히 보면 폴더 경로를 백슬래시(\)가 아닌 슬래시(/)로 했습니다. 만약 백슬래시를 사용하려면 2개를 사용해야 합니다. 즉, "C:\\FirstPython\\Chapter09\\myData1.txt"로 써줘야 합니다. 두 번째 "r"은 앞에서 배운 읽기 모드입니다. 세 번째 encoding="UTF-8"은 한글이 깨지지 않도록 써준 것으로 한글을 사용할 경우에 필요합니다.

> 만약 실행되지 않고 에러가 발생한다면 메모장을 새로 만들고 저장하세요. 그리고 [다른 이름으로 저장] 창의 아래쪽 인코딩 부분을 UTF-8로 변경하고 저장합니다.

readline( )은 열린 파일 inFile에서 한 행을 읽어서 inStr에 저장하고 모니터에 출력합니다. 이런 처리를 6~13행까지 총 3회 수행했습니다. 최종적으로 3개 행을 읽어서 화면에 출력한 것입니다.

파일의 모든 행 읽기

[코드 9-1]은 파일의 내용 중, 정확히 3개 행만 처리가 가능합니다. 따라서 파일에 1개 또는 2개 행만 있으면 오류가 발생합니다. 파일에 4개 행 이상이 있다면 오류는 발생하지 않지만 3개 행까지만 읽습니다. 그래서 파일에 있는 모든 행을 다 읽기 위해서 다음과 같이 코드를 수정해야 합니다.

```
01    inFile = None
02    inStr = ""
03
04    inFile = open("C:/FirstPython/Chapter09/myData1.txt", "r", encoding="UTF-8")
05
06    while True :
07        inStr = inFile.readline()
08        if inStr == "" :
09            break
10        print(inStr, end='')
11
12    inFile.close()
```

[코드 9-2]는 [코드 9-1]과 달리 6~10행이 무한 반복됩니다. 7행에서 파일의 1개 행을 읽습니다. 그리고 8행에서 읽어온 것이 없다면, 즉 파일의 끝이라면 break문을 통해서 무한 반복을 빠져나옵니다. 그렇지 않고 읽은 것이 있다면, 10행에서 읽은 내용을 출력합니다. 이런 방식으로 처리하면 파일에 몇 개의 행이 있든지 모두 읽어서 모니터에 출력할 수 있습니다.

확인문제

다음 중 잘못된 것을 모두 고르시오.

① readline( ) 함수는 파일에서 한 행씩 읽는 함수이다.

② readline( ) 함수는 파일을 쓸 때 사용하는 함수이다.

③ readline( ) 함수를 사용하면 파일에 몇 행의 문장이 있든지 전부 읽는다.

④ readline( ) 함수를 사용하여 파일의 내용을 모두 읽으려면 무한 반복을 사용한다.

정답

②, ③

❸ readlines( ) 함수

readline( ) 함수가 한번에 한 행씩 읽는 함수라면, readlines( ) 함수는 파일의 내용을 한꺼번에 읽어서 리스트에 저장하는 함수입니다. 예를 들어 놀이동산 이벤트로 반값에 입장할 수 있다면 오픈 전에도 놀이동산 앞에 많은 사람들이 대기할 것입니다. 이때 놀이동산의 문을 열면 사람들이 한꺼번에 입장하는 것과 같이 readlines( )도 비슷한 작동을 합니다.

그림 9-8 **여러 행을 한꺼번에 처리하는 readlines( ) 함수**

ex09-03.py

```
01    inFile = None
02    inList = []
03
04    inFile = open("C:/FirstPython/Chapter09/myData1.txt", "r", encoding="UTF-8")
05
06    inList = inFile.readlines()
07    print(inList)
08
09    inFile.close()
```

['난생처음 파이썬을 공부합니다.\n',
'코딩이 재미있어 졌어요.\n', '이젠 코딩
전문가가 된 것 같아요. ^^']

출력 결과에서 각 문자열 뒤에 붙은 '\n'은 myData1.txt 파일을 작성할 때, 각 행의 끝에서 [Enter]를 눌러서 다음 줄로 넘어갔다는 의미입니다.

6행을 보면 inFile을 간단히 한번에 읽어서 inList에 저장했습니다. 실행 결과에서 확인할 수 있듯이 readlines( )는 파일의 모든 행을 리스트로 저장해서 한번에 반환해 줍니다.

[코드 9-3]의 print( ) 함수를 수정해서 파일의 내용이 한 행씩 출력 되도록 해봅시다. 7장에서 배운 리스트 처리 방식을 사용하면 됩니다.

```
01   inFile = None
02   inList = []
03   inStr = ""
04
05   inFile = open("C:/FirstPython/Chapter09/myData1.txt", "r", encoding="UTF-8")
06
07   inList = inFile.readlines()
08   for inStr in inList :
09       print(inStr, end='')
10
11   inFile.close()
```

난생처음 파이썬을 공부합니다.
코딩이 재미있어 졌어요.
이젠 코딩 전문가가 된 것 같아요. ^^

[코드 9-3]에서는 리스트를 출력했지만, [코드 9-4]에서는 for문을 사용해서 리스트의 내용을 한 줄씩 출력하는 것을 확인할 수 있습니다.

LAB 행 번호를 붙이는 프로그램

파일의 내용을 모니터에 출력할 때, 몇 번째 행에 어떤 내용이 있는 지 알아볼 수 있도록 제일 앞에 행 번호가 붙도록 출력해 봅시다.

실행 결과

```
1 : 난생처음 파이썬을 공부합니다.
2 : 코딩이 재미있어 졌어요.
3 : 이젠 코딩 전문가가 된 것 같아요. ^^
```

1. lab09-01.py 파일을 만들고, 필요한 변수를 선언한 후에 myData1.txt 파일을 읽습니다. 이 때 행번호를 저장할 lineNum은 1부터 시작하도록 저장합니다.

```
inFile = None
inStr = ""
lineNum = 1

inFile = open("C:/FirstPython/Chapter09/myData1.txt", "r", encoding="UTF-8")
```

2. 무한 반복을 통해 한 줄씩 읽어 들이며 한 줄을 출력할 때마다 행 번호를 1씩 증가시킵니다. 행 번호와 읽어온 문자열을 출력해 줍니다.

```
while True :
    inStr = inFile.readline()
    if inStr == "" :
        break
    print(lineNum, " : " , inStr, end='')
    lineNum += 1

inFile.close()
```

3. Ctrl + S 를 눌러 저장한 후, F5 를 눌러서 실행하고 결과를 확인합니다.

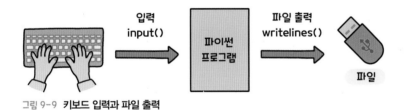

Section 03 파일 쓰기

지금까지는 프로그램에서 처리된 결과를 모두 모니터로 출력했습니다. 그런데, 모니터에 결과를 출력하면 한번 보여주고 없어집니다. 다음에 같은 결과를 보려면 프로그램을 처음부터 다시 실행해야 합니다. 이번에는 모니터에 출력하는 대신 결과를 파일에 저장하여 여러 번 확인할 수 있는 방법을 학습하겠습니다.

1 파일 쓰기란?

print() 함수는 모니터에 결과를 출력했습니다만, 파일에 결과를 쓸 때는 writelines( ) 함수를 사용합니다.

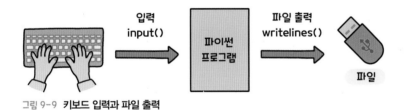

입력
input()

파이썬
프로그램

파일 출력
writelines()

파일

그림 9-9 **키보드 입력과 파일 출력**

결과를 파일에 쓰게 되면 모니터에는 나오지 않고, 파일로 직접 저장됩니다.

2 파일 쓰기의 3단계

모니터가 아닌 파일에 값을 쓰기 위해서는 파일 열기, 파일 쓰기, 파일 닫기의 3단계 작업이 필요합니다.

파일 읽기에 3단계가 있듯이, 파일 쓰기도 거의 비슷한 과정의 3단계가 있습니다. 상당히 유사하지만, 복습을 위해 설명하겠습니다.

■ 1단계: 파일 열기

파일을 쓰기 위해서도 open( ) 함수에서 파일명을 지정하고, 파일 쓰기 모드를 지정합니다. 이때 파일 경로에 같은 이름의 파일이 있다면 기존 파일을 덮어씁니다. 같은 이름의 파일이 없다면 파일을 새로 생성합니다.

```
변수명 = open("파일경로/파일이름", "w")
```

읽기용 파일과 쓰기용 파일의 작업이 거의 동일합니다. 차이점은 읽기용은 open( ) 함수의 매개변수로 "r"을, 쓰기용은 마지막에 "w"를 사용하는 것뿐입니다. 이때 r은 Read, w는 Write를 의미합니다.

■ 2단계: 파일 쓰기

이제는 파일에 데이터를 쓸 수 있는 상태가 되었습니다. 파일에 쓰는 세부적인 방법은 설명보다는 잠시 후 예제들을 통해서 이해하도록 하겠습니다.

■ 3단계: 파일 닫기

파일과 관련된 모든 작업이 끝나면 파일을 정상적으로 닫아줘야 합니다. 여기서 파일을 닫기 위해 사용하는 변수는 1단계에서 open( ) 함수로 열었던 변수명입니다.

```
변수명.close()
```

확인문제

다음 파일 쓰기 3단계를 순서대로 나열하시오.

(A) 파일 쓰기
(B) 파일 닫기
(C) 파일 열기

정답

(C) → (A) → (B)

---

❸ 파일에 한 줄 쓰기

이제는 writelines( ) 함수를 이용해서 파일에 적당한 문자열 세 줄을 써보도록 하겠습니다.

```
코드 9-5                                                    ex09-05.py
01    outFile = None
02    outStr = ""              생성될 파일의 경로와 이름
03
04    outFile=open("c:/FirstPython/Chapter09/myData2.txt", "w")
05
06    outStr = "안녕하세요?"                          쓰기모드
07    outFile.writelines(outStr+"\n")
08
09    outStr = "반갑습니다."
10    outFile.writelines(outStr+"\n")
11
12    outStr = "자주만나요. ^^"
13    outFile.writelines(outStr+"\n")
14
15    outFile.close()
16    print("--- myData2.txt 파일이 저장됨 ---")
```

> \n을 붙이면 [Enter]를 누른 것과 같이 다음 줄로 넘어가는 효과를 냅니다.

```
--- myData2.txt 파일이 저장됨 ---
```

4행에서 쓰기 모드로 파일을 열었습니다. 해당 경로에는 myData2.txt 파일이 없으므로 새로 파일을 만들고 다음의 내용들이 써질 것입니다. 6행에서 문자열을 준비하고 7행에서 파일에 내용을 씁니다. 이때 그냥 문자열만 쓰면 다음 줄로 넘어가지 않기 때문에 마지막에 다음 줄로 넘어가는 제어 문자 "\n"을 붙여 줍니다.

❹ 사용자에게 입력받은 내용을 파일에 쓰기

이번에는 사용자가 키보드에서 입력한 내용을 한 행씩 파일에 쓰는 코드를 작성해 보겠습니다. 사용자에게 문자열을 입력받기 위해서 input( ) 함수를 반복해서 사용하겠습니다. 만약, 아무것도 입력하지 않고 [Enter]를 누르면 파일에 쓰는 것을 종료하는 방법으로 프로그램을 작성해 보겠습니다.

```
01    outFile = None
02    outStr = ""
03
04    outFile = open("c:/FirstPython/Chapter09/myData3.txt", "w")
05
06    while True:
07        outStr = input("내용 입력 ==> ")
08        if outStr != "" :
09            outFile.writelines(outStr+"\n")
10        else :
11            break
12
13    outFile.close()
14    print("--- myData3.txt 파일이 저장됨 ---")
```

```
내용 입력 ==> 난생처음
내용 입력 ==> 파이썬을          ●──── 사용자 입력
내용 입력 ==> 열공 중입니다.
내용 입력 ==> [Enter]
--- myData3.txt 파일이 저장됨 ---
```

6~11행을 무한 반복하며 파일에 쓸 내용을 입력받습니다. 이때 8행에서 입력한 글자가 비어 있지 않으면 9행에서 입력한 내용을 파일에 씁니다. 9행에서 outStr만 파일에 쓴다면, 여러 줄을 써도 계속 한 줄에 이어져서 써지기 때문에 제어문자인 "\n"을 함께 써줍니다. 8행에서 입력한 글자가 비어 있다면 break문으로 무한 반복을 종료하고, 파일을 닫은 후에 메시지를 출력합니다.

LAB   친구의 필기 노트 파일 복사하기

친구의 파이썬 수업의 필기 노트 파일을 복사하려고 합니다. 파일을 띄워놓고 한 줄씩 따라 쓰기에는 시간이 부족하니 친구의 필기 노트 파일과 동일한 파일을 복사해서 만드는 프로그램을 작성해 봅시다. 윈도우의 파일 탐색기에서 파일을 선택한 후, [Ctrl]+[C]로 복사하고 [Ctrl]+[V]로 붙여넣기하는 효과와 동일합니다.

--- pythonNote.txt가 myNote.txt로 복사되었음 ---

1. lab09−02.py 파일을 만들고, 읽기 모드로 복사할 파일을 열고 쓰기 모드로는 붙여넣을 새로운 파일을 엽니다.

```
inFile, outFile = None, None
inStr = ""

inFile=open("C:/FirstPython/Chapter09/pythonNote.txt", "r", encoding="UTF-8")
outFile=open("C:/FirstPython/Chapter09/myNote.txt", "w")
```

2. inFile의 내용을 한꺼번에 읽은 후에, 읽어온 리스트의 내용을 한 줄씩 outFile에 씁니다.

```
inList = inFile.readlines()
for inStr in inList :
    outFile.writelines(inStr)
```

3. 붙여넣는 반복이 끝나면 파일을 닫습니다. 이제 동일한 파일이 만들어졌습니다.

```
inFile.close()
outFile.close()
print("--- PythonNote.txt가 myNote.txt로 복사되었음 ---")
```

4. 파일을 생성한 경로를 열어보면 myNote.txt 파일을 볼 수 있습니다.

LAB 스파이에게 보낼 문자 암호화하기

중요한 내용의 보안이 필요한 파일을 메일로 전달할 때, 그냥 전달하면 누출의 위험이 있습니다. 그래서 입력한 내용을 파일로 암호화해서 저장하는 방법을 살펴봅시다.

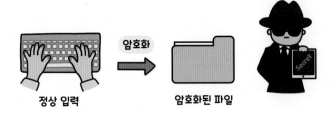

정상 입력   암호화   암호화된 파일

우선 글자를 암호화하는 방법을 알아봅시다. 모든 문자에는 고유의 숫자가 있습니다. 사람은 이름이 있지만, 주민번호도 있는 것과 비슷한 개념입니다. ord(문자) 함수는 문자의 고유 숫자를 알려줍니다. 반대로 chr(숫자) 함수는 고유 숫자에 해당하는 문자를 알려줍니다.

```
>>> ord('난')
45212
>>> chr(45212)
'난'
```

위 결과를 보면 '난' 글자의 고유 숫자는 45212임을 알 수 있습니다. 그리고 반대로 45212 숫자에 해당하는 글자가 '난'인 것을 확인해 봤습니다.

암호화는 '난'의 고유 숫자인 45212에 적당한 값을 더하는 것입니다. 예들 들어 '난'에 100을 더해 봅시다.

```
>>> num = ord('난')
>>> chr(num+100)
'냈'
```

결과를 보면 '난'의 고유 숫자인 45212에 100을 더한 45312의 글자는 '냈'이라는 글자인 것을 확인할 수 있습니다. 이상한 글자가 되네요. 이제는 '냈'의 고유 숫자인 45312에서 100을 뺀 글자를 확인해 보겠습니다. 그러면 원래 글자인 '난'이 나올 것입니다.

```
>>> num = ord('냈')
>>> chr(num-100)
'난'
```

이로써 글자를 암호화하는 방법과 암호를 해독하는 방법까지 알아보았습니다.

난 + 100 **암호화** ➡ 냈 − 100 **암호해독** ➡ 난
(45212)　　　　　　(45312)　　　　　　(45212)
　↑　　　　　　　　　↑　　　　　　　　　↑
정상 글자　　　　　암호화된 글자　　　　정상 글자

그림 9-10 **암호화 및 암호 해독**

이제 스파이에게 보낼 문자를 암호화해 봅시다.

1. lab09-03.py 파일을 만들고, 암호화해서 저장할 파일을 준비합니다. 그리고 입력할 문자열 inStr과 암호를 저장할 문자열 secure를 준비합니다.

```
secureFile = None
inStr, secure = "", ""

secureFile=open("C:/FirstPython/secure.txt", "w", encoding="UTF-8")
```

2. 무한 반복문을 통해 사용자가 아무것도 입력하지 않고, Enter를 누를 때까지 반복합니다. 정상적인 문자열을 입력받아 inStr에 저장합니다.

```
while True :
    inStr = input('스파이에게 전달할 메시지 ==>')
    if inStr == "" :
        break
```

3. 정상 문자열 inStr의 숫자에 100씩 더해 문자열 secure에 저장합니다.

```
    for ch in inStr :
        num = ord(ch)
        num += 100
        secure += chr(num)
```

4. 암호화한 문자열을 파일에 쓰고 닫습니다.

```
    secureFile.writelines(secure)

secureFile.close()
print('--- secure.txt 암호화 완료 ---')
```

5. Ctrl + S 를 눌러 저장한 후, F5 를 눌러서 실행하고 스파이에게 전달할 메시지를 입력합니다.

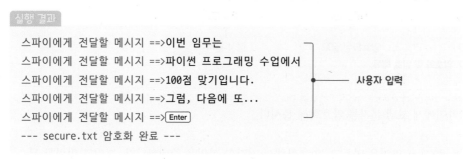

6. 저장된 secure.txt를 열어보면 암호화된 것을 확인할 수 있습니다. 암호화된 문자를 푸는 코드는 직접 작성해 봅시다.

잠벳   잰뮘닷잠벳   잰뮘닷팸잠쎘   함룀깜럼밟옴셈잠벳   잰뮘닷팸잠쎘   함룀깜럼밟옴셈
존   멃깜쟀담냄   잠벳   잰뮘닷팸잠쎘   함룀깜럼밟옴셈   존   멃깜쟀담댐   깜론   댐젠옴
뜀

갔던 길을 복습하는 거북이

문제

거북이가 화면 안의 랜덤한 위치로 30회 이동합니다. 그리고 화면을 깨끗하게 지운 후에, 바로 앞에서 이동한 경로
와 동일하게 이동시켜 봅시다. 랜덤한 경로를 어떻게 기억하고 똑같이 움직일 수 있을까요? 이번 장에서 배운 파일
입출력 방법을 활용하면 됩니다. 즉 이동한 경로를 파일로 기록하여 그대로 거북이가 움직일 수 있는 것입니다.

해결

ch09_turtle_01.py

```
01   import turtle
02   import random
03   import time
04
05   colorList = ["red", "green", "blue", "black", "magenta", "orange", "gray"]
06   turtle.shape('turtle')
07   turtle.setup(550, 550)
08   turtle.screensize(500, 500)
09   turtle.pensize(5)          터틀의 위치를 기록하기 위해 쓰기 모드로 파일 열기
10
11   turtleFile = open("C:/FirstPython/Chapter09/turtleTrace.txt", "w")
```

```
12    for _ in range(30) :
13        x = random.randint(-250, 250)
14        y = random.randint(-250, 250)
15        color = random.choice(colorList)
16        turtle.pencolor(color)
17        turtle.goto(x,y)
18        outStr = str(x) + " " + str(y) + " " + color +  "\n" ●─────  x, y 위치와 펜의 색상을
19        turtleFile.writelines(outStr) ●─────  터틀의 정보를 파일에 작성함    문자열로 저장함
20    turtleFile.close()
21    turtle.reset() ●─────────────  화면 초기화
22
23    time.sleep(5) ●──────────────  5초 멈췄다가 다시 실행함        터틀의 기록을 불러오기 위해
24    turtle.pensize(5)                                          읽기 모드로 파일 열기
25    turtleFile = open("C:/FirstPython/Chapter09/turtleTrace.txt", "r")●─────┘
26    while True :
27        inStr = turtleFile.readline()●─────  파일의 기록을 한 행씩 읽음
28        if inStr == "" :
29            break
30        x, y, color = inStr.split()●─────  문자열을 분리하여 x, y, color에 각각 값을 넣음
31        turtle.pencolor(color)
32        turtle.goto(int(x),int(y))
33
34    turtleFile.close()
35    turtle.done()
```

01 파일에서 값을 읽기 위해서는 파일 열기, 파일 읽기, 파일 닫기의 3단계 작업이 필요합니다.

02 파일을 열기 위해서는 open( ) 함수에서 파일명을 지정하고, 읽기(Read)를 의미하는 "r"로 설정해서 파일을 열어야 합니다. 파일과 관련된 모든 작업이 끝나면 close( ) 함수로 파일을 정상적으로 닫아줘야 합니다.

03 파일에 담아둔 데이터를 읽어오기 위해서는 readline( )과 readlines( ) 두 가지 함수를 사용할 수 있습니다. 파일의 내용을 한 행씩 읽어오려면 readline( ) 함수를 사용하고 모든 행을 한꺼번에 읽어 오려면 readlines( ) 함수를 사용합니다.

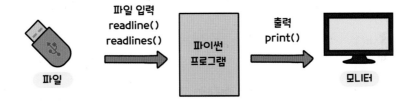

04 파일에서 값을 쓰기 위해서는 파일 열기, 파일 쓰기, 파일 닫기의 3단계 작업이 필요합니다.

05 파일 읽기용은 open( ) 함수의 매개변수로 "r"을, 파일 쓰기용은 마지막에 "w"를 사용합니다.

06 writelines( ) 함수는 파일에 한 줄을 씁니다..

07 ord(문자) 함수는 문자의 고유 숫자를 알려줍니다. 반대로 chr(숫자) 함수는 고유 숫자에 해당하는 문자를 알려줍니다.

01 읽기용으로 파일을 여는 함수를 고르시오.

① open("파일경로", "r")

② openfile("파일경로", "r")

③ fileopen("파일경로", "r")

④ readfile("파일경로", "r")

02 파일의 사용이 끝난 후에 파일을 닫는 함수를 고르시오.

① close()

② closefile()

③ end()

④ finish()

03 다음은 파일의 모든 행을 한 행씩 읽어서 출력하는 코드이다. 빈칸에 들어갈 코드를 고르시오.

```
inFile = open("C:/FirstPython/myData1.txt", "r")

while True :
    inStr =       (1)
    if inStr == ""   :
              (2)
    print(inStr,   end='')
```

① (1) inFile.readlines()　　(2) continue

② (1) inFile.readlines()　　(2) break

③ (1) inFile.readline()　　(2) continue

④ (1) inFile.readline()　　(2) break

04 다음은 파일에 입력한 내용을 쓰는 코드이다. 빈칸에 들어갈 코드를 고르시오.

```
outFile=open("파일", "w")
while True:
    outStr = input("내용 입력 ==> ")
    if outStr != "" :
        ___(1)___(outStr+"\n")
    else :
        ___(2)___
```

① (1) outFile.writelines   (2) continue

② (1) outFile.writeline   (2) break

③ (1) outFile.writelines   (2) break

④ (1) outFile.writeline   (2) continue

05 다음은 파일을 복사하는 코드이다. 빈칸에 들어갈 코드를 고르시오.

```
inFile=open("읽기용 파일", "r")
outFile=open("쓰기용 파일", "w")
inList = inFile.readlines()
_____ :
    outFile.writelines(inStr)
```

① for inStr in range(inList)

② for inStr in inList

③ for i in inList

④ for i in range(10)

06 파일에서 전체 데이터를 한꺼번에 읽어서 리스트에 저장하는 함수를 고르시오.

① readlines()

② readline()

③ readfiles()

④ readfile()

07 다음 설명 중 빈칸에 들어갈 함수의 이름을 고르시오.

> (1) 함수는 문자의 고유 숫자를 알려준다. 반대로 (2) 함수는 고유 숫자에 해당하는 문자를 알려준다.

① (1) ord(문자)   (2) chr(숫자)

② (1) ord(숫자)   (2) chr(문자)

③ (1) chr(숫자)   (2) ord(문자)

④ (1) chr(문자)   (2) ord(숫자)

08 다음과 같이 입력 파일을 읽어서 앞에 행 번호를 붙이고 출력파일에 저장하는 코드를 작성하시오.

[입력파일(normal.txt)]

> 난생 처음 파이썬을 공부합니다.
> 코딩이 재미있어 졌어요.
> 이젠 코딩 전문가가 된 것 같아요. ^^

[출력파일(normal_line.txt)]

> 1행: 난생 처음 파이썬을 공부합니다.
> 2행: 코딩이 재미있어 졌어요.
> 3행: 이젠 코딩 전문가가 된 것 같아요. ^^

09 심화 거북이 그래픽이 다음 조건을 만족하도록 코드를 작성하시오.

[조건]

1. 화면의 크기는 (500, 500)으로 한다.

2. 랜덤하게 색상, 거북이 크기, X위치, Y위치, 각도를 생성하고, turtle.txt에 50행을 쓴다. 파일의 형식은 다음과 같다.

```
red, 1, 250, 170, 55
green, 3, -150, -77, 355
blue, 2, 22, -59, 22
...
```

3. turtle.turtlesize(크기) 함수로 거북이의 크기를 조절하며 크기는 1~4 중에서 랜덤으로 뽑히도록 한다.

4. turtle.txt를 1행부터 읽어서, 각 위치에 스탬프를 찍는다.

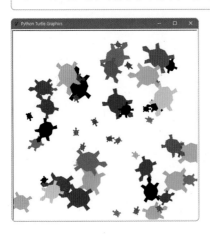

CHAPTER 10

객체 지향 프로그래밍

학습목표

- 객체의 개념을 파악합니다.
- 파이썬에서 제공하는 객체를 이해합니다.
- 새로운 객체를 생성하는 방법을 익힙니다.
- 생성자와 클래스 상속의 개념을 학습합니다.

세상의 모든 사물을 컴퓨터 입장에서는 객체로 바라봅니다. 이러한 시각으로 프로그래밍 하는 방법이
객체 지향 프로그래밍입니다. 최근 대부분의 프로그래밍 언어는 객체 지향 프로그래밍 방법을 지원하기
때문에 어렵지만 꼭 이해하고 넘어가야 합니다.

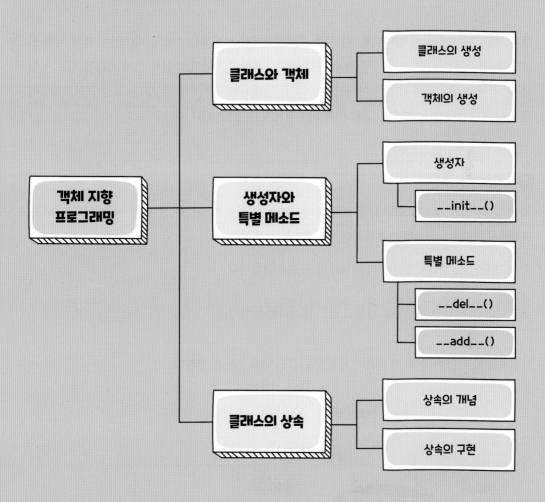

Section

01

객체 지향 프로그래밍 이해하기

객체 지향 프로그램이란 한마디로 '객체'를 프로그램에서 사용하는 것으로 파이썬은 객체 지향 프로그래밍을 지원합니다. 그렇다면 객체 지향 프로그래밍이란 어떤 것인지 먼저 이해할 필요가 있겠죠? 객체 지향은 쉬운 개념은 아니지만, 이것을 알게되면 실무에서 작성되는 고급 프로그래밍에 한걸음 더 다가갈 수 있습니다. 그럼 이제부터 객체에 대해 알아봅시다.

1 객체의 개념

세상에는 자동차, 건물, 고양이, 물고기 등의 수많은 사물이 있습니다. 이러한 사물을 프로그래밍 관점에서 객체(Object)라고 부릅니다.

좀 더 명확하게 객체에 대한 정의를 내리면 다음과 같습니다.

• 객체란 어떤 속성과 행동을 가지고 있는 데이터를 말한다.

자동차를 예로 들어 좀 더 자세히 살펴보겠습니다. 다음 그림을 봅시다.

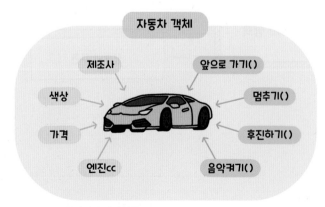

그림 10-1 **자동차의 속성과 행동**

[그림 10-1]의 자동차 객체를 보면 자동차는 제조사, 색상, 가격, 엔진CC 등의 속성이 있습니다. 그리고 자동차는 앞으로 가기, 멈추기, 후진하기, 음악켜기 등의 행동을 할 수 있습니다. 이렇게 자동차를 표현하기 위한 속성과 행동 전체를 묶어서 하나의 자동차로 표현할 수 있습니다. 이 묶음이 바로 자동차 객체라고 볼 수 있습니다.

 속성은 자동차를 표현하는 특성, 성격, 성질 등이라고 표현하기도 하며, 행동은 액션, 행위, 기능 등이라고도 표현합니다.

② 이미 사용해 봤던 객체들

앞에서 객체의 개념을 살펴봤습니다. 그렇다면 과연 우리는 객체를 처음 접한 걸까요? 아닙니다. 사실은 우리도 지금까지 객체를 사용해서 코딩을 무수히 많이 해왔습니다. 그냥 객체라고 언급하지 않았을 뿐입니다. 다음 코드는 지금까지 여러 번 사용해 온 거북이 코드입니다.

```
>>> import turtle
>>> turtle.shape('circle') ●——— 거북이를 원 모양으로 설정
>>> turtle.shape() ●——— 거북이의 현재 모양 확인
'circle'
>>> turtle.goto(100,100) ●——— 거북이의 좌표 이동
>>> turtle.xcor() ●——— 거북이의 현재 X좌표 확인
100
>>> turtle.ycor() ●——— 거북이의 현재 Y좌표 확인
100
```

거북이 객체에는 모양, 크기, 위치x, 위치y 등의 많은 속성들이 있습니다. 그리고 모양 바꾸기, 이동하기, 펜 들기, 펜 내리기 등의 행동도 가지고 있습니다. 즉 우리는 지금까지 모두 거북이 객체를 활용해서 코딩하고 있었던 것입니다.

그렇다면 거북이 말고 다른 객체는 무엇이 있을까요? 간단한 구조였던 문자열도 바로 객체였습니다.

```
>>> myStr = "FirstMyLife" ●——— 문자열 객체에 값을 대입
>>> myStr.upper() ●——— 문자열 객체를 대문자로 변환
'FIRSTMYLIFE'
>>> myStr.count('i') ●——— 문자열 객체의 개수를 셈
```

```
2
>>> myStr.isalpha() ●──────── 문자열 객체가 모두 영문자로 이루어졌는지 체크
True
```

문자열 객체도 그 내용, 길이, 대문자 여부 등의 속성과 대문자로 바꾸기, 개수 세기 등의 행위로
구성되어 있는 것을 확인할 수 있습니다. 지금까지 우리가 문자열 객체를 사용하고 있었다는 것이
확인되었습니다.

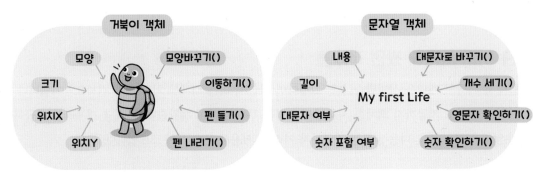

그림 10-2 **거북이와 문자열 객체의 속성과 행동**

그 외에 정수, 실수, 불 모두 다 객체입니다. 가지고 있는 속성과 행위가 다르다는 것뿐입니다. 결
국 파이썬은 모두 객체로 이루어졌다고 봐도 됩니다.

확인문제

다음 빈칸에 들어갈 단어를 채우시오.

지금까지 사용한 거북이 및 문자열 등은 객체이다. 객체는 [   ](와)과 [   ](으)로 이루
어져 있다.

정답

속성, 행위

클래스와 객체

앞에서 거북이와 문자열을 통해 객체가 어려운 것이 아니라는 것을 살펴보았습니다. 이제부터는 클래스와 객체에 대해서 조금 더 깊게 살펴보고 직접 만들어 사용도 해보겠습니다.

1 클래스와 객체의 관계

8장에서 배운 함수를 떠올려보면 파이썬에서 제공하지 않는 함수는 직접 만들어서 사용했습니다. 객체도 마찬가지입니다. 파이썬에서 제공하는 객체 외에 필요한 객체를 만들어서 사용할 수 있습니다.

그런데 객체를 만들기 위해서는 클래스가 필요합니다. 클래스(Class)는 객체를 만들기 위한 설계도 또는 찍어내는 틀로 이해할 수 있습니다. 예를 들어 자동차가 객체라면 자동차 설계도는 클래스입니다. 또한 붕어빵이 객체라면 붕어빵 틀은 클래스입니다.

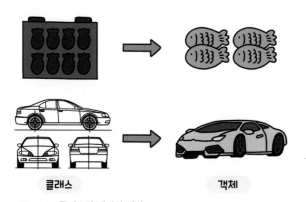

클래스　　　　　　　　　　**객체**

> 객체를 인스턴스(Instance)라고 부르기도 합니다. 우리는 객체(Object)라고 지칭하겠습니다.

그림 10-3 **클래스와 객체의 개념**

다시 얘기하지만 파이썬에서 제공하지 않는 기능의 객체를 사용하고 싶다면, 먼저 클래스를 만들어야 합니다. 즉, 자동차를 만들고 싶다면 설계도를 먼저 그려야 하고, 붕어빵을 먹고 싶다면 먼저 붕어빵 기계를 사야 하는 것과 같은 개념입니다.

2 클래스의 생성

이제부터는 파이썬에서 미리 만들어서 제공하는 클래스와 객체가 아닌 파이썬에서 제공하지 않는 객체를 생성하는 방법을 살펴보겠습니다.

파이썬이 제공하지 않는 토끼 클래스

거북이 클래스인 turtle은 파이썬에서 제공하므로 거북이 객체를 바로 생성해서 사용했습니다. 그런데 이번에는 토끼 객체를 만들어서 사용하고 싶습니다. 토끼 객체를 만들려면 먼저 토끼 클래스가 필요한데, 토끼 클래스는 파이썬에서 제공하지 않습니다. 따라서 토끼 객체를 만들기 위해서는 우선 토끼 클래스를 만들어야 합니다.

토끼 클래스
(파이썬에 없음)

토끼 객체

그림 10-4 **토끼 객체 생성 못함**

우선 클래스를 만들기 위한 형식은 다음과 같습니다.

```
class 클래스이름 :
    # 클래스 생성 코드 구현
```

이제 생성하고자 하는 토끼 클래스에 필요한 속성과 행동을 생각해 봅시다. 토끼는 거북이의 친구라서 거북이와 유사한 속성(토끼의 모양, X, Y위치)과 기능(이동하기( ))을 갖도록 하겠습니다. 이것을 클래스 형태로 표현하면 다음과 같습니다.

토끼 객체는 거북이 객체와 비슷하게 만들지만 텍스트 화면에서만 구현합니다.

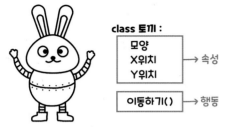

class 토끼 :

| 모양 |
| X위치 | → 속성
| Y위치 |

| 이동하기() | → 행동

그림 10-5 토끼를 클래스로 구현

속성과 행동을 갖춘 훌륭한 토끼 클래스가 완성되었습니다. 이제 토끼 클래스를 실제 코드로 작성해 봅시다.

우선 토끼의 속성은 지금까지 사용했던 변수처럼 생성하면 됩니다. 그리고 토끼의 행동은 지금까지 사용했던 함수(Function) 형태로 구현합니다. 대신 클래스 안에서 구현된 함수는 함수라고 부르기 보다는 메소드(Method)라는 용어로 부릅니다. [그림 10-5]를 좀 더 구체적으로 구현하면 다음과 같습니다.

```
class Rabbit :
    # 토끼의 속성(변수)
    모양 = ""
    X위치 = 0
    Y위치 = 0

    # 토끼의 행동(메소드)
    def goto(이동할 좌표) :
        # 토끼를 이동할 좌표로 이동시키는 코드
```

이제는 토끼 클래스를 파이썬 코드로 구현할 차례입니다.

코드 10-1 ex10-01.py

```
01   class Rabbit :
02       shape = ""        # 토끼 모양
03       xPos = 0          # X위치
04       yPos = 0          # Y위치
05
06       def goto(self, x, y) :
07           self.xPos = x
08           self.yPos = y
```

변수의 이름과 메소드의 매개변수를 영문 변수명으로 변경하고, 메소드는 토끼의 위치(x, y)를 변경하는 내용으로 완성했습니다. 먼저 6행의 매개변수에 self가 나오는데, 우선은 그냥 써주는 것이라고 생각하고 넘어가세요. 클래스에서 만든 메소드의 매개변수는 무조건 기본적으로 제일 앞에 self를 써준다고 보면 됩니다. 이때 주의할 점은 7행의 self.xPos는 3행의 xPos를, 8행의 self.yPos는 4행의 yPos를 의미합니다. 그냥 goto() 메소드 내부에서 xPos라고만 쓰면 3행의 xPos를 의미하지 않습니다.

> 쉽게 생각해서 'self.변수이름'은 클래스 안에 정의한 속성으로 생각하세요.

현재는 Rabbit이라는 이름의 클래스를 만든 것뿐이지 이 클래스를 아직 사용하지는 않았습니다. 즉 붕어빵 틀을 만든 것이지, 아직 붕어빵을 찍어낸 것은 아닙니다. 이 코드의 실제 작동은 잠시 후에 실습에서 사용해 볼 것입니다.

❸ 객체의 생성

토끼 설계도를 만들었으니, 설계도를 기반으로 실제 토끼를 제작하는 작업을 해야 합니다. 이렇게 실제 생산되는 토끼를 객체라고 부릅니다.

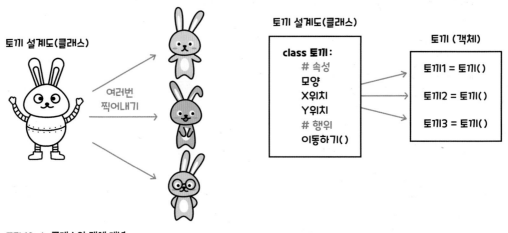

그림 10-6 **클래스와 객체 개념**

> 앞에서 언급했지만, 객체를 인스턴스(Instance)로도 부릅니다. 이 책에서는 객체로 통일하겠습니다.

클래스를 만든 후에는 객체를 여러 개 만들 수 있습니다. [그림 10-6]은 설계도(클래스)에 의해서 여러 개의 토끼(객체)를 생산해 내는 개념과 형식을 나타내고 있습니다. 3개의 토끼 객체 생성을 실제 코드로 만들면 다음과 같습니다.

```
rabbit1 = Rabbit()
rabbit2 = Rabbit()
rabbit3 = Rabbit()
```

> 이 부분은 메인 코드로 [코드 10-1]의 8행 이후에 작성합니다.

토끼1(rabbit1), 토끼2(rabbit2), 토끼3(rabbit3) 3개의 토끼 객체를 생성했습니다. 이 3개 객체는 각각 토끼의 모양(shape), X위치(xPos), Y위치(yPos) 변수를 별개로 가지고 있습니다. 예를 들어 토끼1은 원모양이고 X위치 및 Y위치는 (100, 100), 토끼2는 삼각형 모양이고 X위치 및 Y위치는 (-100, 100), 토끼3은 토끼모양이고 X위치 및 Y위치는 (0, -100) 같이 완전히 별개의 토끼가되는 것입니다.

속성에 값 대입하기

토끼 객체가 생성되면 각각의 토끼는 서로 별도의 토끼입니다. 즉 컴퓨터 안에서는 서로 다른 메모리 공간을 차지하는 것입니다. 그러므로 다음 그림과 같이 각 객체에는 별도의 속성이 존재하고, 각각에 별도의 값을 대입할 수 있습니다.

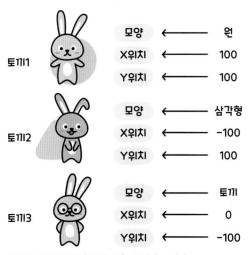

그림 10-7 **객체의 속성에 값을 대입하는 개념**

위 그림은 코드로 다음과 같이 표현할 수 있습니다. 각각의 토끼는 객체이름.속성이름으로 접근할 수 있습니다.

```
rabbit1.shape = "원"
rabbit2.shape = "삼각형"
rabbit3.shape = "토끼"
```

메소드의 호출

Rabbit 클래스에서 메소드로 goto()를 만들어 놓았습니다. 이 메소드도 각 객체마다 별도로 존재하며, 메소드의 호출은 객체이름.메소드이름() 형식을 사용합니다.

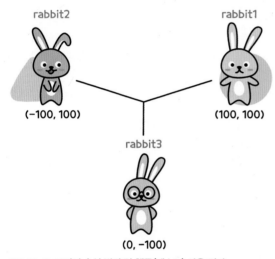

그림 10-8 **토끼의 속성 변경 및 행동(메소드) 사용 결과**

```
rabbit1.goto(100,100)
rabbit2.goto(-100,100)
rabbit3.goto(0,-100)
```

rabbit1은 (100, 100) 위치로, rabbit2는 (-100,100) 위치로, rabbit3은 (0, -100) 위치로 이동시켰습니다.

※ 다음 빈칸에 들어갈 단어를 채우시오.

1. 클래스 이름이 Rabbit일 때, 객체를 생성하기 위해서 다음과 같은 코드를 사용한다.

```
rabbit = [        ]
```

2. 객체 이름이 rabbit일 때, 객체의 shape 속성에 "토끼"를 대입하기 위해서 다음과 같은 코드를 사용한다.

```
[        ] = "토끼"
```

3. 객체 이름이 rabbit일 때, 객체의 goto( ) 행동에 100과 200을 대입하기 위해서 다음과 같은 코드를 사용한다.

```
[        ] (100, 200)
```

정답

1. Rabbit( )　　**2.** rabbit.shape　　**3.** rabbit.goto

LAB **깡충깡충 뛰어다니는 토끼**

토끼 객체를 생성하고 사용자가 지정한 위치로 토끼가 이동하는 프로그램을 작성하겠습니다. 거북이 그래픽과 달리 윈도우 창이 나오지 않기 때문에, 이동된 직후에 토끼의 위치를 텍스트로 출력해 봅시다.

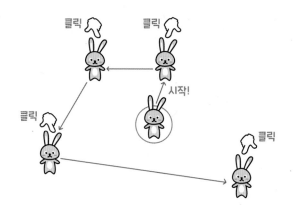

```
토끼가 이동할  X좌표 ==>100 ┐
                              ├─── 사용자 입력
토끼가 이동할  Y좌표 ==>100 ┘
** 토끼의 현재 위치는 ( 100 , 100 )
토끼가 이동할  X좌표 ==>200 ┐
                              ├─── 사용자 입력
토끼가 이동할  Y좌표 ==>300 ┘
** 토끼의 현재 위치는 ( 200 , 300 )
토끼가 이동할  X좌표 ==> Ctrl + C 를 눌러서 종료
```

1. lab10-01.py 파일을 만들고, [코드 10-1]을 기반으로 Rabbit 클래스를 생성합니다.

```python
## 클래스 및 함수 선언부
class Rabbit :
    shape = ""     # 토끼 모양
    xPos = 0       # X위치
    yPos = 0       # Y위치

    def goto(self, x, y) :
        self.xPos = x
        self.yPos = y
```

2. 토끼 객체에 필요한 전역변수를 선언합니다.

```python
## 전역변수 선언부
rabbit = None
userX, userY = 0, 0
```

3. 토끼 객체를 생성하고 토끼 모양으로 바꿔줍니다.

```python
## 메인 코드
rabbit = Rabbit()

rabbit.shape = "토끼"
```

4. 토끼가 이동할 x, y 좌표를 입력받고 토끼를 이동시킵니다. 이동할 토끼의 위치를 출력합니다.

```
while True :
    userX = int(input("토끼가 이동할  X좌표 ==>"))
    userY = int(input("토끼가 이동할  Y좌표 ==>"))

    rabbit.goto(userX, userY)

    print("**토끼의 현재 위치는 (", str(userX), ",", str(userY), ")")
```

5. Ctrl + S 를 눌러 저장한 후, F5 를 눌러서 실행하고 결과를 확인합니다.

생성자와 특별한 메소드

클래스를 만들고 객체를 만드는 기본적인 방법을 앞에서 학습했습니다. 이번 절에서는 객체를 생성하면 제일 먼저 호출되는 생성자의 개념과 파이썬에서 미리 기능을 정해놓은 특별한 메소드를 알아보겠습니다.

1 생성자의 개념

생성자(Constructor)란 객체를 생성하면 무조건 호출되는 메소드를 의미합니다. 앞에서 배운 토끼 클래스를 통해서 토끼 객체를 만들고 모양 속성에 값을 대입하는 코드는 다음과 같았습니다.

```
rabbit = Rabbit()
rabbit.shape = "토끼"
```

rabbit 객체를 생성하고 모양을 "토끼"로 초기화했습니다. 그런데 객체를 생성하면서 동시에 모양을 "토끼"로 초기화하면 어떨까요? 코드도 간결해지고, 객체를 생성하면서 값을 초기화하기 때문에 깜박하고 속성에 초기 값을 대입하는 것을 잊어버리는 경우도 없어질 것 입니다. 이렇게 객체를 생성하면서 변수의 값을 초기화하는 메소드를 생성자라고 부릅니다.

그림 10-9 **생성자의 개념**

생성자의 형태

생성자는 클래스 안에서 __init__()라는 이름으로 지정되어 있습니다. 먼저 생성자의 기본적인
형태를 살펴봅시다.

```
class 클래스이름 :
    def __init__(self) :
        # 초기화할 코드 입력
```

> __init__()는 앞뒤에 언더바(_)가 2개씩 있습니다. init은 Initialize의 약자로 초기화 한다는 의미를
> 갖습니다.

Rabbit 클래스를 예로 들면 [코드 10-2]와 같이 생성자를 만들 수 있습니다. 생성자가 있으면 이
제부터는 토끼 객체를 생성할 때 한 줄만 코딩하면 됩니다. 즉, 객체를 생성하면 자동으로 생성자
가 호출되고, 토끼 모양에 "토끼"가 자동 지정됩니다.

코드 10-2   ex10-02.py

```
01    class Rabbit :
02        shape = ""        # 토끼 모양
03        xPos = 0          # X위치
04        yPos = 0          # Y위치
05
06        def __init__(self) :
07            self.shape = "토끼"
08
09        def goto(self, x, y) :
10            self.xPos = x
11            self.yPos = y
12
13    rabbit = Rabbit()   # 토끼 객체 생성
14    print('rabbit의 모양:', rabbit.shape)
```

```
rabbit의 모양: 토끼
```

rabbit 토끼 객체의 모양을 확인해 보았더니 "토끼"로 자동 지정되어 있는 것을 확인할 수 있습
니다.

매개변수가 있는 생성자

생성자도 다른 메소드처럼 매개변수(=파라미터)를 사용할 수 있습니다. [코드 10-2]를 수정해서 매개변수가 있는 생성자로 사용해 봅시다. 그리고 객체를 만들 때 초기 값을 매개변수로 넘기는 방법까지 살펴보겠습니다.

코드 10-3   ex10-03.py

```
01    class Rabbit :
02        shape = ""        # 토끼 모양
03        xPos = 0          # X위치
04        yPos = 0          # Y위치
05
06        def __init__(self, value) :
07            self.shape = value
08
09        def goto(self, x, y) :
10            self.xPos = x
11            self.yPos = y
12
13    rabbit1 = Rabbit('원')
14    print('rabbit1의 모양:', rabbit1.shape)
15
16    rabbit2 = Rabbit('삼각형')
17    print('rabbit2의 모양:', rabbit2.shape)
18
19    rabbit3 = Rabbit('토끼')
20    print('rabbit3의 모양:', rabbit3.shape)
```

```
rabbit1의 모양: 원
rabbit2의 모양: 삼각형
rabbit3의 모양: 토끼
```

6행의 생성자에서 value라는 매개변수를 받도록 설정했습니다. 그리고 넘겨받은 매개변수 값으로 속성 중 모양(shape)에 대입시켰습니다. 따라서 토끼의 모양을 지정하여 토끼 객체를 생성할 수 있습니다.

다음 그림은 [코드 10-3]에서 객체를 생성하면서 모양(shape)을 지정하면, 해당 모양으로 설정된 객체가 생성되는 과정을 보여줍니다.

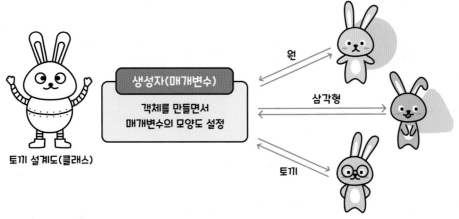

토끼 설계도(클래스)

생성자(매개변수)

객체를 만들면서
매개변수의 모양도 설정

원

삼각형

토끼

그림 10-10 매개변수가 있는 생성자의 개념

확인문제

※ 다음 빈칸에 들어갈 단어를 채우시오.

1. 객체를 생성하면서 속성의 값을 초기화시키는 메소드를 ☐☐☐☐☐(이)라 한다.

2. 생성자는 파이썬 안에서 이름이 ☐☐☐☐☐(으)로 지정되어 있다.

3. 생성자도 매개변수를 받을 수 있습니다. 다음 코드는 생성자가 매개변수를 전달받아서
   속성 중 shape에 대입하는 코드이다.

```
def __init__(self, value) :
    self.shape = 
```

정답

1. 생성자   2. __init__()   3. value

---

2 특별한 메소드

클래스를 통해서 객체(=인스턴스)가 생성될 때는 생성자 __init__() 메소드가 자동으로 실행된다
고 앞에서 얘기했습니다. 앞과 뒤에 언더바(_)가 각 2개씩 붙은 메소드는 파이썬에서 특별한 기능
을 하도록 약속된 메소드입니다. __init__() 메소드 외에도 클래스에는 몇 개의 특별한 메소드가
있습니다. 간단히 살펴봅시다.

__del__( ) 메소드

__init__( ) 메소드가 생성자라면, __del__( ) 메소드는 소멸자라고 부릅니다. 이 메소드는 객체가 제거될 때 자동으로 호출됩니다. 객체를 제거할 때는 del(객체)로 지우는데, 이때 호출됩니다.

코드 10-4   ex10-04.py

```
01   class Rabbit :
02       shape = ""
03       def __del__(self) :
04           print("이제", self.shape, "는 자유에요~~")
05
06   rabbit = Rabbit()
07   rabbit.shape = "도비"
08   del(rabbit)
```

이제 도비는 자유에요~~

3, 4행에서 __del__( ) 메소드를 만들고 8행에서 del(객체)를 실행하니 __del__( ) 메소드가 실행된 것을 확인할 수 있습니다. 주의할 점은 __del__( )의 내용은 return이 아니라 일반적으로 처리할 내용을 써야 합니다. 즉 객체가 소멸되기 전에 꼭 처리해야 할 일을 작성합니다.

__add__( ) 메소드

객체끼리 덧셈을 할 경우에 실행되는 메소드입니다. 일반적으로 덧셈(+) 연산은 숫자나 문자열 등에만 작동하지만 __add__( ) 메소드를 작성해 놓으면 객체 사이의 덧셈 작업도 가능합니다.

코드 10-5   ex10-05.py

```
01   class Rabbit :
02       shape = ""
03       def __add__(self, other) :
04           print("객체", self.shape,"와", other.shape, "가 친구가 되었습니다.")
05
06   rabbit1 = Rabbit()
07   rabbit1.shape = "엽기토끼"
08   rabbit2 = Rabbit()
09   rabbit2.shape = "도비"
10
11   rabbit1 + rabbit2
```

객체 엽기토끼와 도비가 친구가 되었습니다.

3, 4행에서 만든 __add__() 메소드의 매개변수로 self와 other 2개를 사용했습니다. 여기서 더한다는 의미는 나와 다른 것을 더하는 것이므로, 나는 self이고 다른 것은 other입니다. 즉 4행에서 self.shape는 나의 모양이고, other.shape는 다른 것의 모양을 뜻합니다. 11행의 rabbit1이 self이고, rabbit2가 other를 의미합니다.

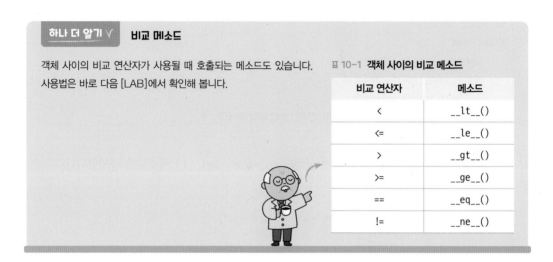

하나 더 알기 ∨ **비교 메소드**

객체 사이의 비교 연산자가 사용될 때 호출되는 메소드도 있습니다. 사용법은 바로 다음 [LAB]에서 확인해 봅니다.

표 10-1 **객체 사이의 비교 메소드**

비교 연산자	메소드
<	__lt__()
<=	__le__()
>	__gt__()
>=	__ge__()
==	__eq__()
!=	__ne__()

LAB 선을 객체로 활용하기

2개의 선을 더하고 비교하는 프로그램을 만들어 봅시다. 그런데 파이썬에는 정수, 실수, 문자열 등의 데이터 형식은 있지만, 선(Line)이라는 것은 없습니다. 그래서 선이라는 객체를 만들어서 사용하려고 합니다. 우리가 만들 선의 속성으로는 길이를 지정하겠습니다. 메소드로는 서로 다른 2개 선을 더하면 길이가 합해지는 기능과 2개 선의 크기를 비교하는 기능을 만듭니다. 비교해서 어느 것이 더 긴지 알려주고, 짧은 선은 삭제하는 기능을 합니다.

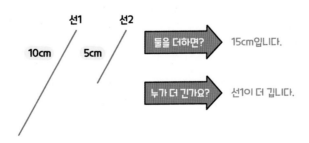

10 길이의 선이 생성되었습니다.
5 길이의 선이 생성되었습니다.
두 선의 합 : 15
선1이 더 깁니다.
5 길이의 선이 제거되었습니다.

1. lab10-02.py 파일을 만들고, 선(Line) 클래스를 생성합니다. 우선 생성자를 만듭니다.

```python
## 클래스 선언
class Line :
    length = 0
    def __init__(self, length) :
        self.length = length
        print(self.length, '길이의 선이 생성되었습니다.')
```

2. 선을 삭제할 del(객체) 코드를 만나면 실행되는 소멸자 __del__() 메소드를 생성합니다.

```python
    def __del__(self) :
        print(self.length, '길이의 선이 제거되었습니다.')
```

3. 두 선의 객체를 더할 때 실행되는 __add__() 메소드를 만듭니다.

```python
    def __add__(self, other) :
        return self.length + other.length
```

4. __lt__()는 두 선의 객체를 작다(<) 연산자로 비교할 때 실행됩니다. self.length가 짧으면 True를, other.length가 짧으면 False를 반환합니다.

```python
    def __lt__(self, other) :
        return self.length < other.length
```

5. __eq__() 메소드는 두 선의 길이가 같으면 True를 그렇지 않으면 False를 반환하도록 코딩합니다.

```python
    def __eq__(self, other) :
        return self.length == other.length
```

6. 2개의 선 객체를 만듭니다.

```
## 메인 코드 부분
line1 = Line(10)
line2 = Line(5)
```

7. 2개 선의 길이 합을 구하기 위해 객체의 합계를 출력합니다.

```
print('두 선의 합 : ', line1 + line2)
```

8. 이번에는 두 선을 비교하기 위해 __lt__() 및 __eq__() 메소드를 호출합니다. 이때 두 선을 비교하여 더 짧은 선은 삭제합니다.

```
if line1 < line2 :
    print('선2가 더 깁니다.')
    del(line1)
elif line1 == line2 :
    print('두 선의 길이가 같습니다.')
else :
    print('선1이 더 깁니다.')
    del(line2)
```

9. Ctrl + S 를 눌러 저장한 후, F5 를 눌러서 실행하고 결과를 확인합니다.

클래스의 상속

클래스는 상속(Inheritance)을 할 수 있습니다. 상속이란 무엇일까요? 상속은 우리가 알고 있는 대로, 자식에게 유산을 물려주는 개념과 같습니다. 즉, 기존의 클래스가 가지고 있는 속성과 행동을 그대로 물려받는 새로운 클래스를 만드는 것입니다. 그리고 자식이 부모로부터 유산을 물려받은 후, 필요하다면 자신만의 재산을 추가로 만들 수 있듯이, 상속을 받은 이후에는 새로운 클래스에서 추가로 속성이나 행동을 만들어서 사용해도 됩니다.

> 상속은 클래스끼리만 가능합니다. 따라서 객체에는 상속의 개념이 적용되지 않습니다.

1 상속의 개념

이번에는 새로운 클래스를 2개 만들어 보겠습니다. 토끼의 종류인 '집토끼' 클래스와 '산토끼' 클래스를 만든다고 가정해 보겠습니다. 앞에서 배운 토끼 클래스와 개념이 그리 다르지 않습니다. 우선 다음 그림을 통해 집토끼와 산토끼의 개념을 세워봅시다.

그림 10-11 **집토끼와 산토끼 클래스 개념**

위의 그림에 맞춰 집토끼와 산토끼 클래스를 따로 생성합니다. 또한 각각의 클래스를 사용해서 집토끼 객체와 산토끼 객체를 생성합니다.

하지만 집토끼와 산토끼는 많은 공통점이 있습니다. 속성의 '모양, X, Y'와 메소드의 '이동하기( )'가 겹치는 것을 확인할 수 있습니다. 반면 집토끼는 '주인이름' 속성이 필요하고, 산토끼는 '산 이름' 속성이 필요하다는 특징이 있습니다. 또한 집토끼는 '모이먹기( )', 산토끼는 '들풀먹기( )' 행동도 따로 필요합니다.

그렇다면 이런 공통된 특징을 집토끼와 산토끼가 따로 갖고 있지 말고, 토끼라는 클래스가 공통된 특징을 갖도록 하면 어떨까요? 집토끼와 산토끼는 토끼 클래스의 특징을 그대로 물려받고, 각각에 필요한 속성과 행동만 추가하면 상당히 효율적이지 않을까요? 다음 그림을 봅시다.

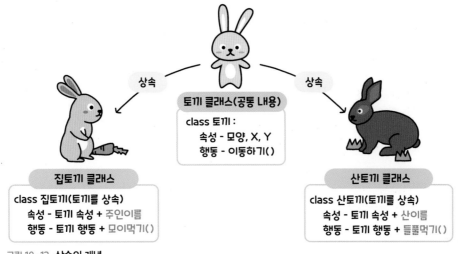

그림 10-12 **상속의 개념**

집토끼와 산토끼의 공통되는 속성인 '모양, X, Y'와 공통되는 행동인 '이동하기( )'를 토끼 클래스에 정의했습니다. 그리고 토끼 클래스를 상속받아서 집토끼와 산토끼 클래스를 만들었습니다.

집토끼 클래스는 토끼 클래스의 속성과 행동을 그대로 이어 받고, 추가로 주인이름 속성과 모이먹기( ) 메소드를 추가했습니다. 산토끼 클래스 역시 토끼 클래스의 속성과 행동을 그대로 이어 받고, 추가로 산이름 속성과 들풀먹기( ) 메소드를 추가했습니다.

이렇게 공통적인 내용을 토끼 클래스에 두면, 상속을 받음으로써 일관되고 효율적인 프로그래밍이 가능해집니다. 여기서 상위 클래스인 토끼 클래스를 슈퍼 클래스라고 부르며, 하위 클래스인 집토끼와 산토끼 클래스는 서브 클래스라고 부릅니다.

> 슈퍼 클래스를 부모 클래스로도 부르며, 서브 클래스는 자식 클래스로도 부릅니다.

2 상속의 구현

상속을 구현하기 위해서는 서브 클래스를 정의할 때, 괄호 안에 슈퍼 클래스의 이름을 넣어줍니다.

```
class 서브 클래스(슈퍼 클래스) :
    # 서브 클래스 코드 구현
```

슈퍼 클래스인 토끼 클래스(Rabbit)와 서브 클래스인 집토끼(HouseRabbit), 산토끼(Mountain Rabbit) 클래스를 구현해 봅시다.

코드 10-6   ex10-06.py

```
01    class Rabbit :            ●———————————— 토끼 클래스 정의
02        shape = ""
03        xPos = 0
04        yPos = 0
05        def goto(self, x, y) :
06            self.xPos = x
07            self.yPos = y
08
09    class HouseRabbit(Rabbit) :●———— 토끼 클래스를 상속받은 집토끼 클래스 정의
10        owner = ""
11        def eatFeed() :
12            print("집토끼가 모이를 먹습니다")
13
14    class MountainRabbit(Rabbit) :●—— 토끼 클래스를 상속받은 산토끼 클래스 정의
15        mountain = ""
16        def eatWildglass() :
17            print("산토끼가 들풀을 먹습니다")
```

1~7행은 슈퍼 클래스인 토끼 클래스를 정의했습니다. 그리고 9~12행은 서브 클래스인 집토끼 클래스를, 14~17행은 서브 클래스인 산토끼 클래스를 정의했습니다.

이제는 서브 클래스의 객체를 생성해 보도록 하겠습니다.

```
hRabbit = HouseRabbit() ●——————— 집토끼 객체 생성
mRabbit = MountainRabbit()●—————— 산토끼 객체 생성
```

서브 클래스를 통해서 객체를 만드는 것도 일반 클래스에서 객체를 만드는 것과 차이가 없습니다. 집토끼 객체인 hRabbit과 산토끼 객체인 mRabbit을 만들었습니다. 이제는 두 객체를 사용해 봅시다.

```
hRabbit.shape = '원'●————— 집토끼의 모양에 '원' 저장
```

우선 hRabbit 클래스의 shape 속성에 '원'을 저장했습니다. 그런데 [코드 10-6]의 HouseRabbit 클래스에는 shape 속성이 존재하지 않습니다. 그런데도 shape 속성을 사용할 수 있는 이유는 슈퍼 클래스인 Rabbit 클래스에 정의되어 있기 때문입니다. 즉 서브 클래스인 HouseRabbit 클래스는 슈퍼 클래스인 Rabbit 클래스의 모든 속성과 행동을 사용할 수 있습니다.

```
mRabbit.goto(100,100) ●————— 산토끼를 (100,100) 위치로 이동
```

마찬가지로 서브 클래스인 mRabbit 클래스에는 goto( ) 메소드가 없지만, 슈퍼 클래스인 Rabbit 클래스에 지정되어 있기 때문에 사용할 수 있습니다.

확인문제

1. 다음 중 잘못된 것을 고르시오.

　① 부모 클래스로부터 상속받으면, 더 이상 속성이나 메소드를 추가할 수 없다.

　② 객체끼리도 상속하거나 받을 수 있다.

　③ 자식 클래스에는 없는 속성이더라도 부모 클래스에 있는 속성이면 사용할 수 있다.

　④ 부모 클래스에 없는 메소드라도 자식 클래스에서 메소드를 추가할 수 있다.

2. 슈퍼 클래스인 학생(Student) 클래스의 상속을 받는 대학생(CollegeStudent) 클래스와 관련된 코드이다. 다음 빈칸에 들어갈 단어를 채우시오.

```
class CollegeStudent (          ) :
    // 이곳에 코딩
```

정답

1. ①, ②　　2. Student

기존 파이썬에서 제공하는 거북이를 슈퍼 클래스로 지정할 수도 있습니다. 거북이를 상속받아서
바다거북 및 모래거북을 생성해 봅시다. 그리고, 바다거북은 수영하는 메소드를, 모래거북은 걸어
다니는 메소드를 따로 만들겠습니다.

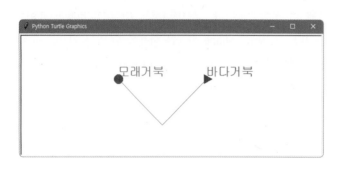

1. lab10−03.py 파일을 만들고, 거북이를 상속받는 바다거북 클래스를 생성합니다. 생성
    자에서 바다거북의 모양, 색상 및 이름을 지정합니다. 그리고 바다거북이므로 swim()
    메소드를 추가합니다. 메소드의 내용은 goto()로 거북이가 해당 좌표로 이동합니다.

```python
import turtle
## 클래스 및 함수 선언부
class SeaTurtle(turtle.Turtle) :
    name = ''
    body = None
    def __init__(self) :
        self.body = turtle.Turtle('triangle')
        self.body.color("blue")
        self.name = "바다거북"
    def swim(self, x, y) :
        self.body.goto(x, y)
```

2. 같은 방식으로 모래거북 클래스를 생성합니다. 생성자에서 모래거북의 모양, 색상, 이
    름을 바다거북과 다르게 지정합니다. 그리고 모래거북은 walk() 메소드를 추가합니다.

```python
class SandTurtle(turtle.Turtle) :
    name = ''
    body = None
    def __init__(self) :
        self.body = turtle.Turtle('circle')
```

```
        self.body.color("red")
        self.name = "모래 거북"
    def walk(self, x, y) :
        self.body.goto(x, y)
```

3. 바다거북 및 모래거북 객체에 필요한 전역변수를 선언합니다.

```
## 전역변수 선언부
seaTut, sandTut = None, None
```

4. 바다거북 및 모래거북 객체를 생성합니다. 이때 각 거북의 생성자가 실행됩니다.

```
# 메인 코드
seaTut = SeaTurtle()
sandTut = SandTurtle()
```

5. 바다거북을 지정한 위치까지 수영을 시킵니다. 그리고 자신의 이름을 이동한 위치에 쓰도록 했습니다. 모래거북은 지정한 위치까지 걷도록 합니다. 역시 자신의 이름을 쓰도록 합니다.

```
seaTut.swim(100, 100)
seaTut.body.write(seaTut.name, font=("Arial", 20))

sandTut.walk(-100, 100)
sandTut.body.write(sandTut.name, font=("Arial", 20))
```

6. Ctrl + S 를 눌러 저장한 후, F5 를 눌러서 실행하고 결과를 확인합니다.

GPS를 단 토끼

문제

거북이가 토끼를 등에 얹고 바닷속을 유람시켜주려고 합니다. 이때 GPS를
단 토끼는 거북이가 이동할 때마다 현재 자신의 위치를 알려주려고 합니다.
거북이 등 위의 토끼 위치를 알려주는 프로그램을 작성하기 위해서는 거북이
객체와 토끼 객체를 하나로 묶는 방법을 사용해야 합니다.

실행 결과

```
** 토끼가 거북이 등에 올라탔습니다. **
거북이 등 위의 토끼 위치는 현재 -183, 92입니다.
거북이 등 위의 토끼 위치는 현재 49, -216입니다.
거북이 등 위의 토끼 위치는 현재 9, 246입니다.
거북이 등 위의 토끼 위치는 현재 220, 232입니다.
거북이 등 위의 토끼 위치는 현재 232, 56입니다.
```

해결

ch10_turtle_01.py

```python
01    import turtle
02    import random
03
04    ## 클래스 선언부
05    class  Rabbit :
06        myTurtle = None  ●──────── 토끼가 올라탈 거북이를 준비
07        def __init__(self, myTut) :
08            self.myTurtle = myTut  ●──────── 거북이를 넘겨받으면, 토끼가 올라탄 거북이로 지정
09            print("** 토끼가 거북이 등에 올라탔습니다. **")
10        def print_my_position(self) :
11            print("거북이 등 위의 토끼 위치는 현재",
12                  self.myTurtle.xcor(),","self.myTurtle.ycor(),"입니다.")
13                                    └────── 거북이의 현재 위치
14    ## 전역변수 선언부
15    myTut, myRab = None, None
16    colorList = ["red", "green", "blue", "black", "magenta", "orange", "gray"]
17
18    ## 메인 코드부
19    turtle.setup(550, 550)
```

```
20   turtle.screensize(500, 500)
21
22   myTut = turtle.Turtle("turtle") ●────── 거북이 객체 생성
23   myRab = Rabbit(myTut) ●────── 토끼 객체 생성하면서 올라탈 거북이를 넘겨줌
24   myTut.pensize(5)
25
26   for _ in range(20) : ●────── 거북이가 20회 돌아다님
27       x = random.randint(-250, 250)
28       y = random.randint(-250, 250)
29       color = random.choice(colorList)
30       myTut.pencolor(color)
31       myTut.goto(x,y)
32       myRab.print_my_position() ●────── 토끼의 현재 위치 출력
33
34   turtle.done()
```

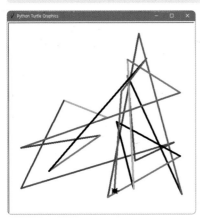

01 객체란 어떤 속성과 행동을 가지고 있는 데이터를 말합니다. 거북이, 문자열 등도 이미 사용해왔던 객체입니다.

02 클래스(Class)는 객체를 만들기 위한 설계도 또는 찍어내는 틀입니다.

03 클래스를 만들기 위한 형식은 다음과 같습니다.

```
class 클래스이름 :
    # 클래스 생성 코드 구현
```

04 클래스의 속성은 지금까지 사용했던 변수처럼, 행동은 지금까지 사용했던 함수(Function) 형태로 구현합니다. 클래스 안에서 구현된 함수는 메소드(Method)라고 부릅니다.

05 클래스를 만든 후에는 객체를 여러 개 만들 수 있고, 객체를 만드는 코드는 다음과 같습니다.

```
객체1 = 클래스이름()
객체2 = 클래스이름()
```

06 객체의 속성은 '객체이름.속성이름'으로 접근할 수 있습니다. 메소드의 호출은 '객체이름.메소드이름()' 형식을 사용합니다.

07 생성자(Constructor)란 객체를 생성하면 무조건 호출되는 메소드를 의미합니다. 생성자는 클래스 안에서 __init__()라는 이름으로 지정되어 있습니다.

08 클래스의 특별한 메소드로 객체가 제거될 때 자동으로 호출되는 __del__() 메소드, 객체끼리 덧셈을 할 경우에 실행되는 __add__() 메소드 등이 있습니다.

09 상속을 구현하기 위해서는 서브 클래스를 정의할 때, 괄호 안에 슈퍼 클래스의 이름을 넣어 줍니다.

```
class 서브 클래스(슈퍼 클래스) :
    # 서브 클래스 코드 구현
```

01 다음 빈칸에 공통으로 들어갈 단어를 고르시오.

> 자동차, 건물, 고양이, 코끼리 등의 사물을 프로그래밍 관점에서 ⬚⬚⬚⬚⬚⬚⬚(이)라 부른다. 예로 자동차를 컴퓨터 프로그래밍으로 코딩하기 위해서는 자동차를 ⬚⬚⬚⬚⬚⬚⬚(으)로 바라보고 처리하는 것이 객체 지향 프로그래밍이다.

① 코드

② 소스

③ 객체

④ 파이썬

02 다음 빈칸에 들어갈 단어를 각각 고르시오.

> 공룡은 공룡 종류, 공룡 나이, 공룡 무게 등의 ⬚(1)⬚ (와)과 밥 먹기, 뛰기, 싸우기 등의 ⬚(2)⬚ (이)가 있을 수 있다. 공룡 객체는 ⬚(1)⬚ (와)과 ⬚(2)⬚ (을)를 합쳐서 표현할 수 있다.

① (1) 속성   (2) 행동

② (1) 소스   (2) 코드

③ (1) 객체   (2) 파이썬

④ (1) 파이썬   (2) 코드

03 다음 빈칸에 공통으로 들어갈 단어를 고르시오.

> 파이썬에서 제공하는 객체 외에 필요한 객체를 만들어서 사용할 수 있다. 그런데, 객체를 만들기 위해서는 ⬚⬚⬚⬚⬚⬚(을)를 먼저 만들어야 한다. ⬚⬚⬚⬚⬚⬚(은)는 객체를 만들기 위한 설계도 정도로 생각하면 된다.

① 클래스

② 인스턴스

③ 소스

④ 코드

04 다음은 거북이 클래스를 통해서 거북이 객체를 생성하는 코드이다. 빈칸에 들어갈 코드를 고르시오.

```
import turtle
myTurtle = _____
```

① turtle().Turtle

② Turtle()

③ turtle.Turtle()

④ turtle

05 Rabbit 클래스에 data 속성과 run 메소드가 있을 때, 이를 사용하는 방법이 맞는 코드를 고르시오 (rabbit 객체는 이미 생성했다고 가정한다).

①
```
rabbit.data() = '흰토끼'
rabbit.run()
```

②
```
rabbit.data = '흰토끼'
rabbit.run
```

③
```
rabbit.data() = '흰토끼'
rabbit.run
```

④
```
rabbit.data = '흰토끼'
rabbit.run()
```

06 다음은 Rabbit 클래스의 생성자를 만드는 코드이다. 빈칸에 들어갈 코드를 고르시오.

```
class Rabbit :
    shape = ""
    _____ :
        self.shape = "토끼"
```

① def __init__()

② def __init__(shape)

③ def __init__(self)

④ def __init__("토끼")

07 다음은 Rabbit 클래스를 상속받은 MyRabbit 클래스를 정의하는 코드이다. 빈칸에 들어갈 코드를 고르시오.

```
┌─────────────────────┐ :
│                     │
    owner = ""
        def eat() :
            print("내 토끼 잘 먹네요~")
```

① class MyRabbit(Rabbit)   ② class Rabbit(MyRabbit)

③ MyRabbit(class Rabbit)   ④ class (MyRabbit)Rabbit

08 다음은 클래스의 특별한 메소드이다. 그 설명이 <u>잘못된</u> 것을 고르시오.

① __str__() : 객체에 문자열이 대입되면 호출

② __del__() : 객체가 제거될 때 호출

③ __add__() : 객체의 덧셈이 일어나면 호출

④ __init__() : 객체가 생성될 때 호출

09 다음과 같은 속성과 행동을 가진 자동차 클래스를 만들고, 실행 결과를 참고하여 2대의 자동차 객체를 생성하는 코드를 작성하시오.

```
class Car :
    # 자동차의 속성
    색상 = ""
    현재속도 = 0

    # 자동차의 행동
    def upSpeed(증가할_속도량) :
        # 현재 속도에서 증가할_속도량만큼 속도를 올리는 코드
    def downSpeed(감소할_속도량) :
        # 현재 속도에서 증가할_속도량만큼 속도를 내리는 코드
```

```
차량1의 색상은 빨강 이고, 현재 속도는 30 입니다.
차량2의 색상은 파랑 이고, 현재 속도는 60 입니다.
```

10 [심화] 거북이 등에 업힌 토끼 20마리를 생성하는 클래스를 완성하시오.

[조건]

1. 토끼 클래스의 생성자는 파라미터로 거북이 모양, 거북이 크기, 거북이 각도, 거북이 색상, 위치 X, 위치 Y를 전달받는다.
2. 생성자를 완성하고 해당 위치로 토끼를 이동시킨다.

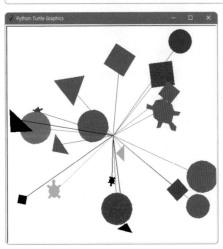

```
import turtle
import random

┌─────────────────────────┐
│                         │
└─────────────────────────┘
   ┌─────────────────────┐
   │                     │
   └─────────────────────┘
   ┌─────────────────────┐
   │                     │
   └─────────────────────┘

colorList = ["red", "green", "blue", "black", "magenta", "orange", "gray"]
shapeList = ["turtle", "triangle", "circle", "square", "arrow"]

turtle.setup(550, 550)
turtle.screensize(500, 500)

for _ in range(20) :
    shape = random.choice(shapeList)
    size = random.randint(1,4)
```

```
    angle = random.randint(0,360)
    color = random.choice(colorList)
    x = random.randint(-250, 250)
    y = random.randint(-250, 250)
    myRab = Rabbit(shape, size, angle, color, x, y)

turtle.done()
```

CHAPTER 11

다양한 외부 라이브러리

학습목표

• 외부 라이브러리의 개념을 파악합니다.

• Pillow 라이브러리를 설치해서 이미지 처리 프로그램을 작성합니다.

• Pygame 라이브러리를 설치해서 간단한 게임을 만듭니다.

• 거북이 그래픽과 Pillow를 조합한 응용 프로그램을 작성합니다.

우리는 아직 파이썬을 공부한 경력이 짧기 때문에 프로그램의 처음부터 끝까지 작성할 수 있는 실력이 안 될 수 있습니다. 이럴 때, 외부 라이브러리를 사용하면 실무의 전문 프로그래머 못지않게 훌륭한 프로그램을 만들 수 있습니다. 이번 장에서는 외부 라이브러리의 개념을 익히고 Pillow 라이브러리와 Pygame 라이브러리를 통해 간단한 응용 프로그램을 작성해 봅니다.

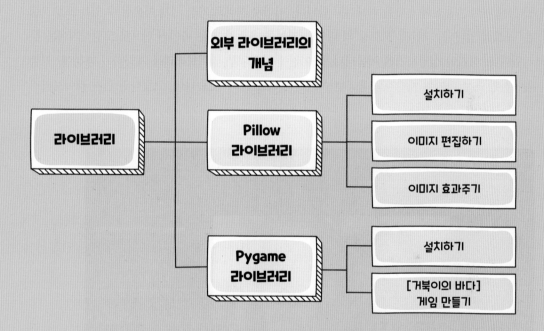

Section 01

Pillow 라이브러리

지금까지 열심히 파이썬을 공부했습니다. 이번에는 파이썬이 실제로 사용되는 분야인 이미지 처리를 통해 파이썬의 심화 실습을 해보려고 합니다. 이미지 처리로 가장 쉽게 떠올릴 수 있는 프로그램은 '포토샵'입니다. 그런데 '포토샵'의 다양한 기능을 우리가 배운 파이썬 만으로 코딩하기에는 무리입니다. 하지만 실망하기엔 이릅니다. 파이썬에서는 외부 라이브러리를 제공하기 때문에, 이를 활용하면 초보 파이썬 개발자도 훌륭한 이미지 처리를 할 수 있습니다. 그렇다면 먼저 라이브러리의 개념을 이해해 봅시다.

그림 11-1 **포토샵 화면**

1 외부 라이브러리의 개념

파이썬으로 못 만드는 프로그램이 없을 정도로 파이썬은 좋은 프로그래밍 언어입니다. 특히 파이썬 초보 개발자를 위해서 다양한 외부 라이브러리를 제공하고 있습니다. 외부 라이브러리란 파이썬 자체에는 없는 기능이지만, 다른 실력 있는 개발자가 좋은 기능들을 만들어 제공하는 묶음을 의미합니다. 게다가 대부분은 완전히 무료로 사용할 수 있습니다.

비유하자면 요리를 배운지 한 달밖에 되지 않은 초보 요리사가 친구들에게 멋진 요리를 대접하고 싶다면 현실적으로 다양한 고급요리를 만들기에는 실력이 부족할 것입니다. 이때 마트에서 다양한 포장요리를 사오면 어떨까요? 여러 요리를 전자레인지에 돌려서, 깔끔한 그릇에 담아 제공하면 초보 요리사여도 꽤 근사한 요리를 제공할 수 있습니다. 파이썬의 외부 라이브러리가 바로 이러한 포장요리와 같은 것입니다.

그림 11-2 **외부 라이브러리와 요리의 비교**

포장요리의 종류가 엄청나게 많은 것처럼, 파이썬 외부 라이브러리도 그 종류가 수십만 개 이상입니다. 게임/네트워크 프로그래밍/고급 GUI/이미지 처리/데이터베이스 연동 등의 많은 분야에서 사용할 수 있는 다양한 라이브러리들을 제공하고 있습니다. 파이썬 외부 라이브러리는 https://pypi.org/에서 검색할 수 있습니다.

그림 11-3 **pypi 사이트에서 라이브러리 검색**

이번에 우리가 만들 프로그램은 [포토샵]과 비슷한 기능을 하는 것이 목표입니다. 그래서 외부 라이브러리 중에서 이미지를 처리하는 훌륭한 기능을 제공하는 Pillow(필로우)라는 라이브러리를 사용하겠습니다.

 Pillow(필로우)는 영상 처리(Image Processing)와 관련된 다양한 기능을 제공합니다. 영상 처리 기능을 제공하는 라이브러리로는 Pillow 외에도 OpenCV, ImageMagick 등이 있습니다.

확인문제

다음 빈칸에 들어갈 단어를 채우시오.

파이썬 자체에는 없는 기능이지만, 훌륭한 기능들을 만들어서 제공하는 외부 기능들을 [   ](이)라고 부른다.

정답

외부 라이브러리

2 Pillow(필로우) 설치하기

우리가 사용할 이미지 처리 라이브러리는 Pillow(필로우)입니다. Pillow를 관련 사이트에서 직접 다운로드해서 설치할 수도 있지만, 파이썬은 명령어로 외부 라이브러리를 설치할 수 있는 편리한 방법을 제공합니다. 장을 볼 때 마트에 직접 방문하여 사는 방법도 있지만, 온라인으로 쇼핑하고 배송을 받을 수 있는 것과 비슷합니다.

직접 장보기

다운로드해서 설치

인터넷 쇼핑

명령어로 바로 설치

그림 11-4 **설치 방법 비교**

Pillow(필로우) 설치

이제 파이썬에 이미지 처리 라이브러리인 Pillow를 설치하겠습니다. 명령 프롬프트를 실행한 후 다음 명령어를 입력해서 Pillow를 설치합니다. 명령어를 입력하고 `Enter`를 누르면 `'Successfully installed~'` 메시지가 표시되면서 설치가 완료됩니다.

```
pip install pillow
```

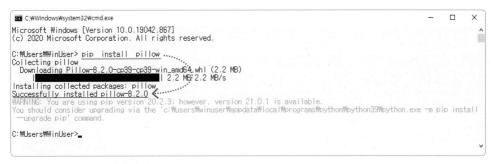

그림 11-5 **Pillow 라이브러리 설치**

'Successfully installed~' 메시지 이후에 'WARNING~~' 등의 pip 버전과 관련된 메시지가 표시되면 그냥 무시하면 됩니다.

하나 더 알기 ∨   **파이썬과 외부 라이브러리의 버전이 맞지 않을 때 해결 방법**

Pillow 및 Pygame은 파이썬과 잘 맞는 버전이 설치되지 않으면 책의 코드가 작동하지 않는 경우도 생길 수 있습니다. 만약 Pillow 또는 Pygame이 설치되지 않거나, 잘 작동하지 않는다면 다음과 같이 진행해 보세요.

(1) Windows [시작]에서 마우스 오른쪽 버튼을 클릭해서, [앱 및 기능]을 실행하고 [Python 3.x.x]를 제거합니다.

(2) 파일 탐색기에서 C:\사용자(또는 users)\현재사용자이름\appdata\local\programs\python\ 폴더를 삭제합니다 (먼저 파일 탐색기 메뉴의 [보기]–[숨김 항목]을 선택해야 폴더가 보입니다).

(3) 이 책의 자료실(http://hanbit.co.kr/src/4552)에서 교재와 동일한 Python 3.9.2(64-bit)용을 다운로드하고 설치합니다(꼭 1장을 참조해서 설치하세요).

(4) 이 책의 자료실에서 Pillow-8.2.0-cp39-cp39-win_amd64.whl 및 pygame-2.0.1-cp39-cp39-win_amd64.whl 파일을 다운로드하고 적당한 폴더로 이동시킵니다(예를 들어 C:\temp\ 폴더를 만들어서 이동시키세요).

(5) `Windows`+`R`을 누른 후, cmd를 입력해서 명령 프롬프트를 열고 다음 명령을 차례로 수행하세요.

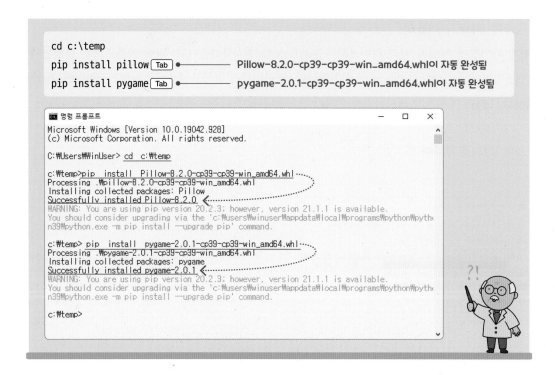

설치 확인

이제 파이썬 IDLE을 열고, `import PIL`을 입력해 봅시다. 아무런 메시지도 표시되지 않는다면 Pillow 라이브러리가 제대로 설치된 것입니다. 설치에 문제가 있다면 오류 메시지가 표시됩니다.

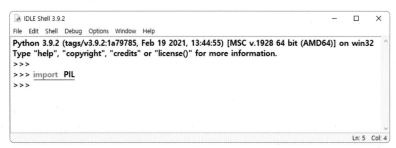

그림 11-6 **Pillow 라이브러리 설치 확인**

이제는 Pillow의 기능을 이용해서 이미지 처리와 관련된 코드를 작성할 수 있습니다.

3 사진 준비하기

본격적으로 이미지를 처리하기 전에 미리 사진을 준비해 놓겠습니다. 사진은 너무 해상도가 크면 불편할 수 있으니, 1000x1000 픽셀 이하의 크기가 좋습니다. 적당한 사진이 없다면 책의 자료실 (http://hanbit.co.kr/src/4552)에서 제공하는 사진들을 사용해도 좋습니다.

책의 자료실에서 제공되는 사진은 모두 저자가 직접 촬영한 것으로 교육용, 학술용 및 비상업용이라면 별도의 허가 없이 마음대로 사용해도 괜찮습니다.

일단 C 드라이브에 [photo] 폴더를 생성하고 이곳에 저장하겠습니다. 책의 코드와 경로가 다르면 실습할 때 혼동할 수 있으므로 주의합니다. Pillow로 처리가 가능한 사진의 확장명은 bmp, png, jpg, jpeg, tif, tiff 등이 있습니다.

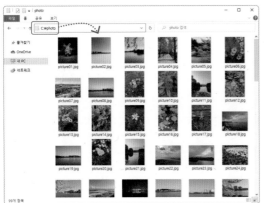

그림 11-7 **처리할 사진의 준비**

확인문제

1. 다음 빈칸에 들어갈 단어를 채우시오.

   명령 프롬프트에서 Pillow 라이브러리를 설치하는 명령어는 다음과 같습니다.

   ```
   [        ] install pillow
   ```

2. 다음 중 Pillow 라이브러리에서 처리가 가능한 확장명이 <u>아닌</u> 것을 고르시오.

   ① JPG   ② BMP
   ③ PNG   ④ HWP

<u>정답</u>

1. pip   2. ④

4 Pillow(필로우)의 기초 다지기

이제 Pillow를 활용해서 이미지를 열고 저장하는 기본적인 문법을 사용해 보겠습니다.

PIL 라이브러리 임포트

먼저 Pillow를 사용하기 위한 라이브러리를 임포트해야 합니다.

```
from PIL import Image, ImageFilter, ImageEnhance, ImageOps
```

Pillow 라이브러리는 전체 이름이 PIL(피아이엘)입니다. 그리고 그 안에는 Image, ImageFilter, ImageEnhance, ImageOps 등의 분류로 나눠져 있습니다. 워낙 기능이 많아서 이렇게 분리해서 기능을 제공합니다. 자세한 내용은 이후에 살펴봅니다.

 IDLE Shell을 닫을 때까지는 다시 임포트를 할 필요는 없습니다. 만약 다시 IDLE을 닫고 실행하면 위 코드를 다시 실행해야 합니다.

이미지 열고 저장하기

이제 이미지를 열고 화면에 출력해 보겠습니다.

```
>>> img = Image.open("c:/photo/picture01.jpg")    이미지 열기
>>> img.show()                                    이미지를 화면에 출력
```

이미지를 여는 가장 기본적인 코드로 `Image.open(파일경로)`가 있습니다. 파일경로를 지정한 후에 반환값을 넣을 변수 `img`를 준비했습니다. 앞으로 `img`는 읽어 들인 이미지이므로, 이 변수를 조작해서 다양한 효과를 줄 수 있습니다.

예를 들어 간단히 파일을 다른 이름으로 저장해 보겠습니다.

파일 탐색기의 C:/photo 폴더에서 output01.jpg 파일을 확인할 수 있습니다.

5 Pillow(필로우) 활용하기

지금부터는 포토샵 등의 그래픽 프로그램에서 볼 수 있는 효과를 Pillow에서 확인해 보겠습니다. 13장에서는 실제로 사용할 수 있는 간단 포토샵 프로그램을 만들며 응용할 예정이니, 먼저 아래 기능들을 순서대로 잘 따라해 보세요.

좌우 반전

`transpose(Image.FLIP_LEFT_RIGHT)` 함수는 이미지의 왼쪽과 오른쪽을 반전시키고 반전 결과를 반환합니다. 즉 이미지의 좌우가 반전됩니다.

```
>>> img = Image.open("c:/photo/picture02.jpg")
>>> img.show()
>>> img = img.transpose(Image.FLIP_LEFT_RIGHT)
>>> img.show()
```

상하 반전

transpose(Image.FLIP_TOP_BOTTOM) 함수는 이미지의 위쪽과 아래쪽을 반전시키고 반전 결과를 반환합니다. 즉 이미지의 상하가 반전됩니다.

```
>>> img = Image.open("c:/photo/picture03.jpg")
>>> img.show()
>>> img = img.transpose(Image.FLIP_TOP_BOTTOM)
>>> img.show()
```

회전

rotate(각도, expand=True) 함수는 각도만큼 이미지를 회전시키고 회전 결과를 반환합니다. 이 때 expand=True는 회전할 때 화면이 확대되도록 합니다.

```
>>> img = Image.open("c:/photo/picture05.jpg")
>>> img.show()
>>> img = img.rotate(45, expand=True)
>>> img.show()
```

이미지 잘라내기

crop((x1, y1, x2, y2)) 함수는 (x1, y1) 좌표에서 (x2, y2) 좌표까지 이미지를 잘라내고 잘라낸 결과를 반환합니다. 즉 이미지의 지정한 부분을 잘라내는 효과를 줍니다.

```
>>> img = Image.open("c:/photo/picture52.jpg")
>>> img.show()
>>> img = img.crop((100,100,600,600))
>>> img.show()
```

밝게 하기

ImageEnhance.Brightness(img).enhance(3.0) 함수는 이미지(img)를 3.0만큼 밝게 하고, 밝게
한 결과를 반환합니다. 밝게 할 값은 1.0~5.0 사이의 값을 지정합니다.

```
>>> img = Image.open("c:/photo/picture06.jpg")
>>> img.show()
>>> img = ImageEnhance.Brightness(img).enhance(3.0)
>>> img.show()
```

어둡게 하기

ImageEnhance.Brightness(img).enhance(0.4) 함수는 이미지(img)를 0.4만큼 어둡게 하고, 어
둡게 한 결과를 반환합니다. 밝게 하기와 반대로 어둡게 할 값은 0.0~1.0 사이의 값을 지정합니다.

```
>>> img = Image.open("c:/photo/picture07.jpg")
>>> img.show()
>>> img = ImageEnhance.Brightness(img).enhance(0.4)
>>> img.show()
```

흑백 사진으로 만들기

ImageOps.grayscale(img) 함수는 이미지(img)를 흑백으로 전환하고, 흑백으로 전환된 결과를 반환합니다.

```
>>> img = Image.open("c:/photo/picture55.jpg")
>>> img.show()
>>> img = ImageOps.grayscale(img)
>>> img.show()
```

엠보싱 효과 넣기

filter(ImageFilter.EMBOSS) 함수는 이미지(img)에 엠보싱 효과를 넣고, 엠보싱 효과가 들어간 결과를 반환합니다. 즉 이미지의 양각 효과를 표현합니다.

```
>>> img = Image.open("c:/photo/picture73.jpg")
>>> img.show()
>>> img = img.filter(ImageFilter.EMBOSS)
>>> img.show()
```

연필 스케치 효과 넣기

filter(ImageFilter.CONTOUR) 함수는 이미지(img)에 연필 스케치 효과를 넣고, 연필 스케치 효과가 들어간 결과를 반환합니다.

```
>>> img = Image.open("c:/photo/picture73.jpg")
>>> img.show()
>>> img = img.filter(ImageFilter.CONTOUR)
>>> img.show()
```

경계선 추출하기

filter(ImageFilter.FIND_EDGES) 함수는 이미지(img)에서 경계선을 추출하고, 경계선이 추출된 결과를 반환합니다.

```
>>> img = Image.open("c:/photo/picture24.jpg")
>>> img.show()
>>> img = img.filter(ImageFilter.FIND_EDGES)
>>> img.show()
```

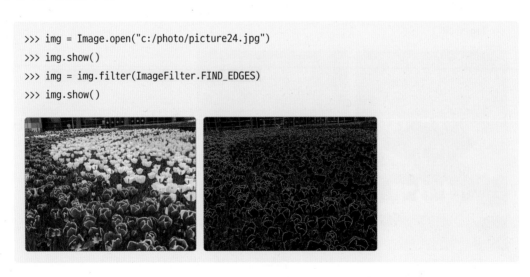

각 영상 처리 코드의 효과를 다음 보기 중에서 고르시오.

[보기]

회전	엠보싱 효과	좌우 반전	흑백 만들기
일부 잘라내기	경계선 추출	밝게 또는 어둡게 하기	상하 반전

① img.transpose(Image.FLIP_LEFT_RIGHT) --- ☐
② img.transpose(Image.FLIP_TOP_BOTTOM) --- ☐
③ img.rotate(각도, expand=True) --- ☐
④ img.crop((x1, y1, x2, y2)) --- ☐
⑤ ImageEnhance.Brightness(img).enhance(숫자) --- ☐
⑥ ImageOps.grayscale(img) --- ☐
⑦ img.filter(ImageFilter.EMBOSS) --- ☐
⑧ img.filter(ImageFilter.FIND_EDGES) --- ☐

정답

① 좌우 반전, ② 상하 반전, ③ 회전, ④ 일부 잘라내기
⑤ 밝게 또는 어둡게 하기, ⑥ 흑백 만들기, ⑦ 엠보싱 효과, ⑧ 경계선 추출

LAB 사진에 효과 누적하기

99개의 사진 중 1개를 랜덤하게 뽑은 후에 좌우 반전, 상하 반전, 45도 회전, 연필 스케치 효과를 누적해서 적용해 봅시다. 효과가 누적된 최종 이미지는 뽑힌 사진의 번호를 output 뒤에 붙여 output00.jpg 형태로 저장합니다.

1. lab11-01.py 파일을 만들고, Pillow를 사용하기 위해 임포트합니다. 또한 99개의 사진 중 1개를 뽑기 위해 random도 임포트합니다.

```
from PIL import Image, ImageFilter, ImageEnhance, ImageOps
import random
```

2. 랜덤하게 파일을 추출해 봅시다. 우선 0~99시이의 숫자를 뽑고, 10 미만의 한 자리 숫자가 뽑힐 경우에는 앞에 '0'을 붙여서 두 자리의 문자로 만듭니다. 즉 '01', '02', …, '99' 중 하나가 만들어 집니다. 그리고 만들어진 글자와 파일명을 합쳐서 랜덤한 파일 이름을 추출합니다.

```
# 랜덤한 파일을 추출
number = random.randint(1, 99)
if number < 10 :
    number = '0' + str(number)
else :
    number = str(number)

filename = "C:/photo/picture" + number + ".jpg"
```

3. 파일을 열고 화면에 출력합니다. 그리고 앞에서 배운 Pillow 효과를 좌우 반전, 상하 반전, 45도 회전, 연필 스케치 효과 순서대로 적용한 후 화면에 출력합니다.

```
img = Image.open(filename)
img.show()
img = img.transpose(Image.FLIP_LEFT_RIGHT)
img.show()
img = img.transpose(Image.FLIP_TOP_BOTTOM)
img.show()
img = img.rotate(45, expand=True)
```

```
img.show()
img = img.filter(ImageFilter.CONTOUR)
img.show()
```

4. **img** 변수가 계속 이어지기 때문에 이미지 효과가 계속 누적됩니다. 그리고 파일 이름을 저장하기 위해 랜덤으로 뽑힌 숫자(number)를 붙여 output00.jpg 형태로 파일을 저장합니다.

```
filename = "C:/photo/output" + number + ".jpg"
img.save(filename)
```

5. Ctrl + S 를 눌러 저장한 후, F5 를 눌러서 실행하고 결과를 확인합니다.

Pygame 라이브러리

게임을 하는 것은 즐겁고 재미있지만, 게임을 만드는 것은 쉽지 않은 과정입니다. 하지만, 게임을 만들고 싶은 초보 개발자를 위해서 파이썬에서는 Pygame(파이게임)이라는 게임 개발용 외부 라이브러리를 제공하고 있습니다. 이 라이브러리를 사용하면 어느 정도 게임 개발에 대한 감은 잡을 수 있습니다.

1 Pygame 라이브러리 설치하기

게임을 개발하기 위해서 외부 라이브러리인 Pygame(파이게임)을 사용하는 것이 좋습니다. Pygame은 간단한 게임을 구현하는 데 편리하고 다양한 기능을 제공합니다. 특히 비행기 슈팅 게임 같은 것을 개발하기에 적합한 라이브러리입니다.

그림 11-8 **비행기 슈팅 게임**

Pygame 설치

Pygame을 설치하기 위해 윈도우 명령 프롬프트에서 다음 명령을 입력하고 Enter 를 누릅니다.

```
pip install pygame
```

그림 11-9 pygame 라이브러리 설치

설치 확인

파이썬 IDLE에서 `import pygame`한 후 아무런 메시지도 표시되지 않거나, 파란 색 `'Hello~~'` 글자가 보이면 pygame 라이브러리가 제대로 설치된 것입니다. 설치에 문제가 있다면 빨간색으로 오류 메시지가 표시됩니다.

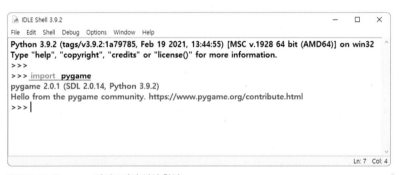

그림 11-10 Pygame 라이브러리 설치 확인

이제는 Pygame의 기능을 이용해서 게임과 관련된 코드를 작성할 수 있습니다.

② [거북이의 바다] 게임 만들기

Pygame 라이브러리로 지금 당장 아주 멋진 게임을 만들기는 쉽지 않기 때문에 우선 간단하게 [거북이의 바다] 게임을 만들어 보려고 합니다. 사용자가 키보드의 화살표를 이용해서 움직이는 대로 거북이 한 마리가 바다(화면)를 돌아다니는 간단한 게임입니다.

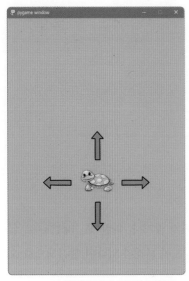

그림 11-11 **[거북이의 바다] 게임 완성 화면**

> 이번에 작성하는 [거북이의 바다]와 거북이 그래픽은 전혀 상관 없는 코드입니다.

기본 화면 구성 익히기

먼저 기본적인 구성 방법을 구현해 보겠습니다. 다음 그림은 아무것도 보이지 않는 빈 화면이지만 Pygame의 가장 기본적인 구성이 코드에는 잘 표현된 상태입니다. 배경 화면의 색상은 프로그램을 실행할 때마다 랜덤하게 변합니다.

코드는 다음과 같이 작성합니다. 다음 코드를 실행하면 기본 화면이 나오고, IDLE Shell에 # 표시가 무한 반복됩니다. 프로그램을 종료하려면 IDLE Shell 창을 닫으면 됩니다.

코드 11-1   ex11-01.py

```
01   import pygame
02   import random
03   import sys
04
05   ### 전역변수부
06   monitor = None ●————————————————————— 모니터 화면을 저장하는 변수
07   colorList = ["red", "green", "blue", "black", "magenta", "orange", "gray"]
08
09   ### 메인 코드부
10   pygame.init() ●————————————————————— pygame 초기화
11   monitor = pygame.display.set_mode((500, 700)) ●——— 모니터의 크기를 500×700px로 설정
12   color = random.choice(colorList)
13
14   while  True :
```

```
15        monitor.fill(color) ●——————————————— 모니터 색상 설정
16        pygame.display.update() ●——————————— 화면을 새로 업데이트함
17        print('#', end='')
```

본격적인 게임 화면은 14~17행으로 이 부분은 무한 반복이 됩니다. 게임은 사용자가 끝날 때까지 계속 작동하기 때문입니다. 16행은 무한 반복이 되면서 새로 화면을 업데이트시켜 주는 기능입니다. 이후 게임 캐릭터는 사용자에 의해 계속 이동할 수 있으므로 화면을 계속 업데이트해 줘야 게임 캐릭터의 새로운 위치가 화면에 표시되기 때문입니다.

17행은 현재 아무것도 나오지 않으므로, 진행 중이라는 것을 확인하기 위해서 IDLE Shell에 # 표시를 계속 출력한 것입니다. 17행은 꼭 필요한 부분은 아닙니다.

화면에 거북이 나타내기

이제는 [거북이의 바다] 게임의 캐릭터를 화면에 나타낼 차례입니다. 거북이 그림파일이 필요한데, 크기는 100×100 내외가 적절합니다. 이 책에서는 turtle.png 파일을 사용하며, 소스 코드와 동일한 폴더에 넣어 놓았습니다. 다음과 같이 화면이 나오도록 [코드 11-1] 코드를 수정하겠습니다.

> 그림 파일은 아무거나 상관없습니다. 자신의 사진을 100×100 정도로 작게 저장한 그림파일도 괜찮습니다.

그림 11-12 **[거북이의 바다] 게임의 캐릭터(turtle.png 파일)**

```
01    ...생략([코드 11-1]의 1~7행)...
02
03    ### 메인 코드부
04    pygame.init()
05    monitor = pygame.display.set_mode((500, 700))
06    color = random.choice(colorList)
07    turtle = pygame.image.load('turtle.png')●————— 거북이 이미지 준비
08
09    while  True :
10        monitor.fill(color)
11        monitor.blit(turtle, (200,300))●————— 거북이 출력
12        pygame.display.update()
```

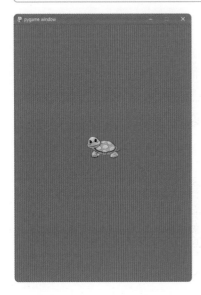

우선 [코드 11-1] 17행을 삭제했습니다. 그리고 [코드 11-2]의 7행에서 거북이 이미지를 준비하고 11행에서 `monitor.blit(거북이그림, (X위치, Y위치))` 함수를 통해 거북이를 화면에 출력했습니다. 반드시 12행은 11행 다음에 나와야 합니다. 11행에서 거북이를 모니터에 출력한 후에, 12행에서 화면을 업데이트해야 거북이가 화면에 보이기 때문입니다.

확인문제

다음 빈칸에 들어갈 단어를 채우시오.

이미지를 Pygame에 로딩하기 위해서는 pygame.image.☐☐☐☐☐☐("그림파일") 함수를 사용해야 한다. 그리고 모니터에 출력하려면 monitor.☐☐☐☐☐(그림, (X위치, Y위치))를 사용한다.

마우스 이벤트 처리하기

이제까지는 IDLE Shell 창을 닫아야 Pygame이 종료되었습니다. 이번에는 정상적으로 종료하기 위한 방법을 코딩해 보겠습니다. 정상적인 종료란 화면 오른쪽 위 ☒ 버튼을 누르면 게임이 종료되는 것을 의미합니다.

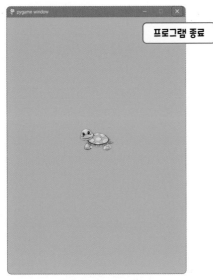

그림 11-13 **프로그램 종료 방법 구현**

☒를 눌러서 프로그램을 종료하려면 Pygame에 마우스, 키보드 등의 이벤트가 들어올 때 잡아내는 코드를 추가해야 합니다. 이벤트(Event)란 윈도우 화면에서 일어나는 작은 사건들을 말합니다. 가장 대표적인 이벤트로는 마우스 클릭하기, 이동하기 등의 마우스 작동과 키보드 누르기가 있습니다.

Pygame 화면에 마우스나 키보드의 이벤트를 잡아내는 코드의 형식은 다음과 같습니다.

```
for e in pygame.event.get() :
    if e.type in [이벤트 종류] :
        # 작동할 코드
```

첫 번째 행의 for문은 Pygame의 이벤트를 잡기 위해서 사용하는 코드로, 이벤트가 여러 개 발생할 수 있으므로 for문을 사용합니다. 예를 들어 키보드 1회, 마우스 2회 이벤트가 동시에 발생하면 for 문은 e 변수에 키보드, 마우스, 마우스를 대입해서 총 3회를 반복합니다. 두 번째 행의 if문은 이벤트의 타입이 이벤트 종류에 포함되면 아래 문장을 수행합니다. Pygame 화면의 ☒를 누르는 이벤트 종류는 [pygame.QUIT]입니다.

[코드 11-2]를 다음과 같이 수정해 봅시다. 이제 ☒를 클릭하면 프로그램이 종료됩니다.

코드 11-3 ex11-03.py

```
01    ...생략([코드 11-1]의 1~7행)...
02
03    ### 메인 코드부
04    pygame.init()
05    monitor = pygame.display.set_mode((500, 700))
06    color = random.choice(colorList)
07    turtle = pygame.image.load('turtle.png')
08
09    while  True :
10        monitor.fill(color)
11        monitor.blit(turtle, (200,300))
12        pygame.display.update()
13
14        for e in pygame.event.get() :
15            if e.type in [pygame.QUIT]  :
16                pygame.quit()
17                sys.exit()
```

14~17행은 모든 이벤트를 각각 e에 넣은 후 반복합니다. 15행에서 이벤트가 ☒를 마우스로 클릭하는 이벤트라면, 16행에서 Pygame 화면을 닫고, 17행에서 프로그램을 정상 종료합니다.

키보드 이벤트 처리하기

[거북이의 바다] 게임의 최종 단계로 키보드의 화살표 키를 누르면, 거북이가 이동하도록 하는 것만 남았습니다. 앞에서 이벤트를 잡는 for문 코드는 살펴봤습니다. 이제 for문 안에서 키보드를 눌렀는지 체크하고, 키보드 중에서 화살표키 4개를 눌렀는지 구분하면 됩니다.

Pygame 화면에 키보드를 잡아내고, 키보드의 누른 키에 따라서 달리 처리하는 형식은 다음과 같습니다.

```
for e in pygame.event.get() :
    if e.type in [키보드 이벤트 종류] :
        if e.key == 왼쪽 화살표 :
            # 거북이의 X좌표를 감소(=왼쪽 이동)
        if e.key == 오른쪽 화살표 :
            # 거북이의 X좌표를 증가(=오른쪽 이동)
        if e.key == 위쪽 화살표 :
            # 거북이의 Y좌표를 감소(=위쪽 이동)
        if e.key == 아래쪽 화살표 :
            # 거북이의 Y좌표를 증가(=아래쪽 이동)
```

두 번째 행에서 키보드 이벤트 종류로 [pygame.KEYDOWN]을 사용하면 키보드를 누른 작동은 모두 참이 되어 내부 if문이 실행됩니다. 내부 if문은 누른 키가 어떤 것이냐에 따라서 거북이의 좌표를 증가 또는 감소시킵니다.

키보드 상하좌우를 누를 때마다 거북이의 위치가 이동되는 코드는 다음과 같습니다.

코드 11-4   ex11-04.py

```
01    ...생략([코드 11-1]의 1~7행)...
02
03    ### 메인 코드부
04    pygame.init()
05    monitor = pygame.display.set_mode((500, 700))
06    color = random.choice(colorList)
07    turtle = pygame.image.load('turtle.png')
08    tx, ty = 200, 300
09    while  True :
10        monitor.fill(color)
11        monitor.blit(turtle, (tx,ty))●─────── tx, ty 변수 위치로 거북이가 이동
12        pygame.display.update()
13
14        for e in pygame.event.get() :●─────── 이벤트 발생 확인
15            if e.type in [pygame.QUIT] :
16                pygame.quit()
17                sys.exit()
18
19            if e.type in [pygame.KEYDOWN] :●─── 키보드 이벤트인지 확인
20                if e.key == pygame.K_LEFT : tx -= 10
```

```
21          elif e.key == pygame.K_RIGHT : tx += 10
22          elif e.key == pygame.K_UP : ty -= 10
23          elif e.key == pygame.K_DOWN : ty += 10
```

14행에서 이벤트가 발생하면 19행에서 키보드를 누른 이벤트인지 확인합니다. 키보드를 누른 이벤트라면 20~23행을 실행합니다. 20행은 왼쪽 화살표 키보드를 누를 때, 거북이의 X좌표를 10 감소시킵니다. 즉, 왼쪽으로 이동시킨다는 개념입니다. 그리고 9행 이하는 무한 반복이기에 11행을 다시 실행해서 거북이의 위치를 변경합니다. 나머지 오른쪽, 위쪽, 아래쪽 화살표 키보드도 동일한 방식입니다.

확인문제

다음 중 잘못된 것을 고르시오.

① Pygame에서 마우스, 키보드 등의 작은 사건을 이벤트라 부른다.
② 키보드를 누른 이벤트를 잡기 위해 pygame.KEYDOWN을 사용한다.
③ 모든 키보드를 누른 이벤트가 pygame.KEYDOWN에 속하는 것은 아니다.
④ Pygame 화면의 ✕를 누르는 이벤트 종류는 [pygame.QUIT]이다.

정답

③

동에 번쩍 서에 번쩍 홍길동 거북이

'홍길동'이라 함은 동에 번쩍 서에 번쩍 하는 사람을 일컫는 대명사로 사용하기도 합니다. 이번에는 Spacebar 를 누를 때마다, Pygame의 거북이가 홍길동처럼 이곳 저곳을 번쩍번쩍 랜덤하게 이동하는 코드를 작성해 봅시다.

1. lab11-02.py 파일을 만들고, [거북이의 바다] 게임과 동일한 기본 화면을 구성합니다.

```python
import pygame
import random
import sys

### 전역변수부
monitor = None
colorList = ["red", "green", "blue", "black", "magenta", "orange", "gray"]

### 메인 코드부
pygame.init()
monitor = pygame.display.set_mode((500, 700))
color = random.choice(colorList)
turtle = pygame.image.load('turtle.png')
```

2. 누른 키가 Spacebar 라면 랜덤하게 tx와 ty를 추출하고, 거북이의 위치를 변경시킵니다.

```
tx, ty = 200, 300
while  True :
    monitor.fill(color)
    monitor.blit(turtle, (tx,ty))
    pygame.display.update()

    for e in pygame.event.get() :
        if e.type in [pygame.QUIT] :
            pygame.quit()
            sys.exit()

        if e.type in [pygame.KEYDOWN] :
            if e.key == pygame.K_SPACE :
                tx = random.randint(0, 500)
                ty = random.randint(0, 700)
```

3. Ctrl + S 를 눌러 저장한 후, F5 를 눌러서 실행하고 결과를 확인합니다.

룰렛하는 거북이

실전예제

문제

거북이 그래픽에서 360도의 룰렛판을 10도 단위로 그리고, 룰렛 중에서 하나를 골라서 해당 번호에 해당하는 사진을 화면에 출력합니다. 거북이 그래픽과 Pillow를 혼합한 응용 프로그램입니다.

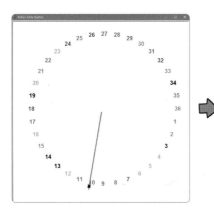

해결

ch11_turtle_01.py

```
01    import turtle
02    import random
03    import time
04    from PIL import Image, ImageFilter, ImageEnhance, ImageOps
05
06    colorList = ["red", "green", "blue", "black", "magenta", "orange", "gray"]
07    turtle.shape('turtle')
08    turtle.setup(850, 850)
09    turtle.screensize(800, 800)
10    turtle.penup()
11
12    num = 1
13    for _ in range(36) :
14        turtle.goto(0, 0)
15        turtle.right(10)          ──── 거북이가 중심점(0,0)부터 10도씩 회전
16        turtle.forward(350)       ──── 350만큼 거리를 이동
17        turtle.pencolor(random.choice(colorList))
18        turtle.write(str(num), font=('맑은고딕', 20, 'bold'))  ──── num 번호 출력
```

```
19      num += 1
20
21  turtle.goto(0,0)
22  time.sleep(5)                           ─────────── 거북이를 다시 중심에 데려다 놓고 5초 쉼
23  turtle.pendown()
24  turtle.pensize(5)
25
26  angle = random.randint(10,360) // 10 * 10 ●──── 각도를 10, 20, … , 360 중 하나 추출
27  turtle.right(angle)
28  turtle.forward(350)                     ─────────── 룰렛 추첨을 위해 계산한 각도와 거리로 선을 그으면서 이동
29
30  number = angle // 10
31  if number < 10 :
32      number = '0' + str(number)          각도를 10으로 나눠 파일명 생성.
33  else :                                  만약 각도가 80이면 파일명은 picture08
34      number = str(number)
35
36  filename = "C:/photo/picture" + number + ".jpg"
37  img = Image.open(filename)              해당 파일명의 그림을
38  img.show()                              Pillow 라이브러리 기능으로 화면에 출력
39
40  turtle.done()
```

01 외부 라이브러리란 파이썬 자체에는 없는 기능이지만, 다른 실력 있는 개발자가 기능들을 만들어 제공하는 묶음을 의미합니다.

02 필로우(Pillow)는 영상 처리(Image Processing)와 관련된 다양한 기능을 제공합니다.

03 Pillow 또는 Pygame을 설치하기 위해서 명령 프롬프트에서 사용하는 명령은 다음과 같습니다.

```
pip install pillow
pip install pygame
```

04 Pillow 또는 Pygame이 정상 설치된 것을 확인하기 위한 코드는 다음과 같습니다.

```
import PIL
import pygame
```

05 이미지를 열고 화면에 보이도록 하고 저장하는 코드는 다음과 같습니다.

```
img = Image.open(파일경로)
img.show()
img.save(파일경로)
```

06 이미지의 좌우 반전, 45도 회전, 연필 스케치 효과를 위한 코드는 다음과 같습니다.

```
img = img.transpose(Image.FLIP_LEFT_RIGHT)
img = img.rotate(45, expand=True)
img = img.filter(ImageFilter.CONTOUR)
```

07 Pygame의 기본 코드는 다음과 같습니다.

```
pygame.init()
monitor = pygame.display.set_mode( (500, 700) )

while  True :
    pygame.display.update()
```

08 Pygame의 키보드 이벤트 처리 코드는 다음과 같습니다.

```
for e in pygame.event.get() :
    if e.type in [키보드 이벤트 종류] :
        # 키보드 이벤트 종류에 따른 처리
```

01 다음은 무엇에 대한 설명인지 고르시오.

> 파이썬 자체에는 없는 기능이지만, 외부의 실력있는 개발자들이 좋은 기능들을 묶어서 제공하는 묶음이다. 대체로 완전 무료로 사용할 수 있으며, pypi 사이트에서 검색할 수 있다.

① 내부 라이브러리   ② 외부 라이브러리

③ 추가 라이브러리   ④ 파이썬 라이브러리

02 Pillow 라이브러리를 설치하기 위한 명령어로 올바른 것을 고르시오.

① `pip setup pillow`   ② `library setup pillow`

③ `library install pillow`   ④ `pip install pillow`

03 Pillow 라이브러리를 사용하기 위한 import문으로 올바른 것을 고르시오.

① `PIL import Image, ImageFilter, ImageEnhance, ImageOps`

② `import PIL from Image, ImageFilter, ImageEnhance, ImageOps`

③ `from PIL import Image, ImageFilter, ImageEnhance, ImageOps`

④ `PIL from import Image, ImageFilter, ImageEnhance, ImageOps`

04 Pillow 라이브러리에서 이미지를 보여주는 함수와 저장하는 함수를 고르시오.

① `show()`, `export()`   ② `display()`, `save()`

③ `display()`, `export()`   ④ `show()`, `save()`

05 다음은 Pillow 라이브러리의 효과와 설명으로 <u>잘못된</u> 것을 고르시오.

① `transpose(Image.FLIP_LEFT_RIGHT)` : 좌우 반전

② `rotate(45, expand=True)` : 45도 회전

③ `crop((100,100,600,600))` : 확대하기

④ `Brightness(img).enhance(3.0)` : 밝게하기

06 파이썬에서 게임을 만들도록 도와주는 라이브러리를 고르시오.

① pythongame   ② pygame   ③ game   ④ mygame

07 다음은 게임의 기본 화면을 출력하는 코드이다. 빈칸에 들어갈 코드를 고르시오.

```
pygame.init()
monitor = pygame.display.set_mode((500, 700))
            :
    monitor.fill("red")
    pygame.display.update()
```

① if montor != None   ② for i in range(10)

③ while True   ④ for ch in monitor

08 다음은 게임에서 거북이를 화면에 나타내는 코드이다. 빈칸에 들어갈 코드를 고르시오.

```
pygame.init()
monitor = pygame.display.set_mode((500, 700))
turtle = pygame.image.load('turtle.png')
while True :
    monitor.fill("red")
    
    pygame.display.update()
```

① monitor.blit(turtle, (200,300))

② monitor.display(turtle, (200,300))

③ monitor.view(turtle, (200,300))

④ monitor.print(turtle, (200,300))

09 다음은 게임에서 마우스/키보드 이벤트를 처리하는 형식이다. 빈칸에 들어갈 코드를 고르시오.

```
                        :
    if e.type in [이벤트 종류] :
        # 작동할 코드
```

① while e in pygame.event.get()

② for e in pygame.event.get()

③ if e in pygame.event.get()

④ select e in pygame.event.get()

10 다음은 게임에서 키보드를 누를 때 키보드의 종류를 구분하는 코드이다. 빈칸에 들어갈 공통적인 코드를 고르시오.

```
if e.type in [pygame.KEYDOWN] :
    if  [        ]  == pygame.K_LEFT : tx -= 10
    elif [        ] == pygame.K_RIGHT : tx += 10
    elif [        ] == pygame.K_UP : ty -= 10
    elif [        ] == pygame.K_DOWN : ty += 10
```

① e.data   ② e.value   ③ e.press   ④ e.key

11 랜덤하게 사진을 읽어서 사용자가 입력한 값에 따라서 효과를 계속 누적하는 코드를 작성하시오. 단, 효과는 총 7개이며 0을 입력하면 종료한다.

[실행 결과]

```
1:좌우반전, 2:상하반전, 3:회전, 4:흑백, 5:엠보싱, 6:스케치, 7:경계선, 0:종료   ==> 4
1:좌우반전, 2:상하반전, 3:회전, 4:흑백, 5:엠보싱, 6:스케치, 7:경계선, 0:종료   ==> 6
1:좌우반전, 2:상하반전, 3:회전, 4:흑백, 5:엠보싱, 6:스케치, 7:경계선, 0:종료   ==> 7
1:좌우반전, 2:상하반전, 3:회전, 4:흑백, 5:엠보싱, 6:스케치, 7:경계선, 0:종료   ==> 0
```

4, 6, 7 효과 적용

12 심화 Pygame에서 Spacebar 를 누르면 다음 조건이 완성되도록 코드를 작성하시오.

[조건]

1. 거북이가 랜덤한 위치로 이동된다.
2. 거북이 그림이 랜덤하게 바뀐다. (그림 파일 몇 개를 미리 준비함)
3. 화면 배경색이 랜덤하게 변경된다.

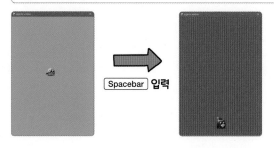

Spacebar 입력

Tkinter와
GUI 프로그래밍

학습목표

- 윈도우 창이 나오는 GUI 프로그램을 작성합니다.
- 다양한 컨트롤의 활용법을 학습합니다.
- 마우스 클릭을 처리하는 프로그램을 작성합니다.
- 메뉴 및 대화상자를 만드는 방법을 학습합니다.

아무리 프로그램의 기능이 좋더라도 사용이 불편하거나, 보기에 예쁘지 않으면 외면당하는 프로그램이 될 수 있습니다. 비유하자면 아무리 맛있는 케이크가 있다하더라도, 모양이 투박하다면 선물용이나 생일용으로 구매하기를 주저하게 됩니다. 이처럼 아무리 좋은 기능의 프로그램이더라도 사용성이 불편하면 외면당합니다. 이번 장에서는 이러한 이유 때문에 등장한 GUI 프로그래밍에 대하여 배워봅시다.

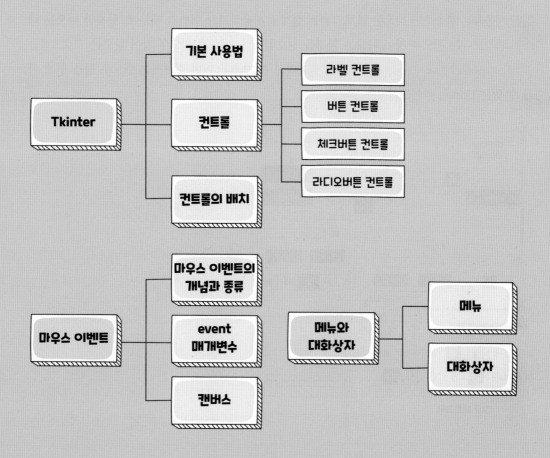

Tkinter 라이브러리

일반 사용자는 텍스트만 나오는 프로그램을 실제로 사용하기가 어렵기 때문에, 글자만 나오는 텍스트 환경보다는 윈도우 창이 나오는 환경을 선호합니다. 이렇게 윈도우 창이 나오는 프로그램을 GUI(Graphical User Interface) 프로그램이라고 부릅니다. 이번 절에서는 윈도우 창을 쉽게 만들 수 있는 Tkinter 라이브러리를 살펴봅니다.

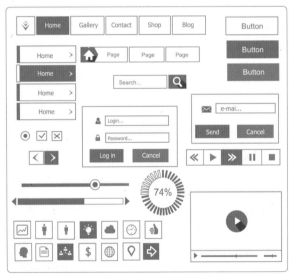

그림 12-1 **GUI 프로그램**

1 Tkinter의 기본 사용법

파이썬은 Tkinter라는 라이브러리를 제공해서 빠르고 쉽게 윈도우 창을 만들 수 있도록 제공합니다. Tkinter의 핵심은 컨트롤을 다루는 것인데, 컨트롤(Control)은 윈도우 창에 나올 수 있는 문자, 버튼, 체크박스, 라디오버튼 등을 의미합니다. 윈도우 프로그래밍을 위해서 기본적으로 이러한 컨트롤을 배치하고 활용하는 방법을 익혀야 합니다. 컨트롤마다 특성이 있으며, 각각의 특성에 따라 활용되는 용도는 이후 실습을 통해서 차근차근 익히겠습니다.

빈 윈도우 창 만들기

먼저 Tkinter의 기본 사용법을 익히기 위해서 가장 간단한 빈 윈도우 창의 구성을 살펴보겠습니다.

코드 12-1   ex12-01.py

```
01    from tkinter import *
02    root = Tk()●─────── 루트 윈도우
03
04    # 이 부분에서 컨트롤을 배치
05
06    root.mainloop()
```

> 대소문자를 정확히 구분하여 작성합니다. 만약 Tk()를 tk()라고 쓰면 오류가 발생합니다.

가장 간단한 윈도우 창을 나타내는 코드입니다. 1행의 **tkinter**는 파이썬에서 GUI 관련 모듈을 제공해주는 표준 윈도우 라이브러리로 윈도우 창이 필요할 때 꼭 써줘야 하는 구문입니다.

2행의 **Tk()**는 기본 윈도우 창을 반환하는데, 이를 루트 윈도우(Root Window)라고도 부릅니다. 루트 윈도우는 쉽게 말해 제일 아래에 깔려있다는 의미입니다. 2행도 표준 윈도우 창을 만들 때 반드시 써줘야 하며, 이 구문이 실행될 때 윈도우 창이 화면에 출력됩니다. 2행에서 루트 윈도우를 **root** 변수에 넣고 6행에서 **root.mainloop()** 함수를 실행하는데, 이는 앞으로 윈도우 창에 마우스 클릭 등의 이벤트가 발생할 때 처리한다는 의미입니다. 즉 이 부분도 꼭 필요합니다.

결론적으로 1, 2, 6행은 항상 필요한 구문이라고 생각하면 됩니다. 그리고 4행 부분에 코딩을 추가해서 윈도우 창에 필요한 버튼, 체크버튼 등의 컨트롤을 추가할 것입니다.

윈도우 창 조절하기

윈도우 창에 제목을 달고, 크기를 지정할 수 있습니다. 또한, 윈도우 창의 크기가 변경되지 않도록 고정시키는 방법도 있습니다.

코드 12-2   ex12-02.py

```
01    from tkinter import *
02    root = Tk()
03
```

```
04    root.title("창 조절 연습")●──────────── 윈도우 창에 제목 표시
05    root.geometry("500x200")●──────────── 윈도우 창의 초기 크기 지정
06    root.resizable(width=FALSE, height=FALSE)●───── 가로, 세로 크기를 변경 불가능하도록 설정
07
08    root.mainloop()
```

창 크기 조절 불가

확인문제

1. 다음 빈칸에 들어갈 단어를 채우시오.

   파이썬에서 윈도우 창을 사용하기 위해서 임포트해야 하는 라이브러리는 [   ]이다.

2. 다음 빈칸에 들어갈 윈도우 창의 크기를 지정하기 위한 함수를 고르시오.

   root.[   ]("가로x세로")

   ① title( )   ② geometry( )
   ③ resizable( )   ④ mainloop( )

정답

1. Tkinter   2. ②

2 라벨 컨트롤

라벨(Label)은 문자를 표현할 수 있는 컨트롤을 의미하며, Label(루트 윈도우, 옵션…) 형태로 사용합니다. 옵션에서 컨트롤에 대한 다양한 설정을 해줄 수 있습니다. 또한, 컨트롤은 pack( ) 함수를 호출해야 화면에 나타납니다.

각각의 컨트롤들은 많게는 수십 개 이상의 옵션을 가지고 있습니다. 이러한 옵션은 자주 사용되는 옵션을 위주로 익히는 것이 좋으며, 실제로 외우거나 할 필요는 없습니다.

```
01    from tkinter import *
02    root = Tk()
03
04    label1 = Label(root, text="난생처음~~ Python을")
05    label1.pack()
06    label2 = Label(root, text="열심히", font=("궁서체", 30), fg="red")
07    label2.pack()
08    label3 = Label(root, text="코딩 중입니다.", bg="yellow", width=20, height=5,
09                   anchor=CENTER)
10    label3.pack()
11
12    root.mainloop()
```

4행의 Label( ) 함수로 라벨을 만들고, 5행의 pack( ) 함수를 통해서 해당 라벨을 화면에 표시합니다. 루트 윈도우로 2행에서 생성한 root를 지정했기 때문에 루트 윈도우에 라벨을 출력합니다.

[코드 12-3]의 Label( ) 함수에서 사용된 옵션은 다음과 같습니다.

- **text:** 출력할 글자의 내용을 지정합니다.
- **font:** 글꼴과 크기를 지정합니다.
- **fg:** foreground의 약자로 글자색을 지정합니다.
- **bg:** background의 약자로 배경색을 지정합니다.
- **width, height:** 컨트롤의 폭과 높이를 설정합니다.
- **anchor:** 컨트롤이 어느 위치에 자리 잡을지를 지정합니다. 9행의 CENTER는 중앙 출력을 의미합니다.

anchor에 사용할 수 있는 값은 동서남북을 의미하는 N, NE, E, SE, S, SW, W, NW, CENTER 등이 있습니다.

⓷ 버튼 컨트롤

버튼(Button)은 마우스로 클릭하면 누르는 효과와 함께 어떤 작업이 실행되는 컨트롤을 의미하며, Button(루트 윈도우, 옵션…) 형태로 사용합니다. 라벨은 주로 설명을 위한 용도로 사용되는 반면, 버튼은 클릭을 통한 실행을 위해 사용합니다. 즉 버튼은 라벨과 달리 버튼이 눌렸을 때 어떤 작업이 발생해야 합니다.

버튼을 누르면 실행될 내용을 함수로 만드는 것이 일반적이며, command 옵션을 통해 버튼을 눌렀을 때 지정한 작업을 처리합니다. 다음 코드는 버튼을 누르면 간단한 메시지 창이 나오는 프로그램입니다.

코드 12-4　　　　　　　　　　　　　　　　　　　　　　　ex12-04.py

```
01   from tkinter import *
02   from tkinter import messagebox ●────── 메시지 박스 기능 사용을 위한 임포트
03
04   ## 함수 선언부
05   def myFunc() :
06       messagebox.showinfo("버튼 클릭", "버튼을 눌렀군요 ^^")   ── myFunc() 함수 정의
07
08   ## 메인 코드부
09   root = Tk()
10   root.geometry('300x100')
11
12   button1 = Button(root, text="클릭하세요", fg="red", command=myFunc)
13   button1.pack()                                    버튼을 클릭하면
14                                                     myFunc() 함수 호출
15   root.mainloop()
```

"command=함수이름"을 지정할 때 함수이름만 들어가야 하며 뒤에 괄호가 들어가면 안 됩니다. 즉, "command=함수이름()"과 같이 지정하면 함수가 실행되지 않습니다.

5, 6행에서 정의한 myFunc() 함수의 기능은 화면에 메시지 상자를 출력하는 것으로 messagebox. showinfo(제목, 내용) 함수를 사용합니다. 12행에서 Button()의 옵션 중, command 값은 5행에서 만든 myFunc() 함수를 지정했습니다. 결국 버튼을 누르면 5행의 myFunc() 함수가 실행되는 것입니다.

❹ 체크버튼 컨트롤

체크버튼(Checkbutton)은 네모박스가 켜지거나 꺼지는 컨트롤을 의미하며, Checkbutton(루트 윈도우, 옵션…) 형태로 사용합니다. 다음 코드는 체크버튼을 켜거나 끄면 메시지 창이 나오도록 하는 프로그램입니다.

코드 12-5
ex12-05.py

```
01    from tkinter import *
02    from tkinter import messagebox
03
04    ## 함수 선언부
05    def  myFunc() :
06        if chk.get() == 0 :
07            messagebox.showinfo("", "체크버튼 OFF 네요.")
08        else :
09            messagebox.showinfo("", "체크버튼 ON 이네요.")
10
11    ## 메인 코드부
12    root = Tk()
13    root.geometry('300x100')
14
15    chk = IntVar()
16    cb1 = Checkbutton(root, text="클릭하세요", variable=chk, command=myFunc)
17    cb1.pack()
18
19    root.mainloop()
```

체크버튼의 켜짐 여부를 확인하기 위해 15행에서 chk 변수를 준비하고, IntVar() 함수를 사용합니다. 이때 IntVar() 함수는 정수형 타입의 변수를 생성해 줍니다. 그리고 16행의 Checkbutton() 옵션 중에서 variable에 chk 변수를 사용하면 됩니다. 체크버튼이 켜지면 chk에 1이, 꺼지면 chk에 0이 대입됩니다. 그리고 command 옵션으로 체크버튼을 켜거나 끄면 myFunc() 함수가 실행되도록 했습니다. myFunc() 함수의 chk.get() 함수는 체크버튼에 설정된 값을 가져와서 메시지를 출력합니다.

5 라디오버튼 컨트롤

라디오버튼(Radiobutton)은 여러 개 중에서 하나를 선택할 때 사용하는 컨트롤이며, Radiobutton(루트 윈도우, 옵션…) 형태로 사용합니다.

코드 12-6   ex12-06.py

```python
01    from tkinter import *
02
03    ## 함수 선언부
04    def  myFunc() :
05        if myVar.get() == 1 :
06            label1.configure(text="벤츠")
07        elif myVar.get() == 2 :
08            label1.configure(text="BMW")
09        else :
10            label1.configure(text="아우디")
11
12    ## 메인 코드부
13    root = Tk()
14    root.geometry('300x200')
15
16    myVar = IntVar()
17    rb1 = Radiobutton(root, text="벤츠", variable=myVar, value=1, command=myFunc)
18    rb1.pack()
19    rb2 = Radiobutton(root, text="BMW", variable=myVar, value=2, command=myFunc)
20    rb2.pack()
21    rb3 = Radiobutton(root, text="아우디", variable=myVar, value=3, command=myFunc)
22    rb3.pack()
23
24    label1 = Label(root, text="선택한 차량 : ", fg="red")
25    label1.pack()
26
27    root.mainloop()
```

우선 정수형 변수 myVar을 준비하고, 3개의 라디오버튼 rb1, rb2, rb3을 준비했습니다. 각 라디오버튼은 선택하면 myVar에는 value에 할당된 값이 들어갑니다. 예를 들어, rb1 버튼을 클릭하면 myVar에는 1이 대입됩니다.

4~10행의 myFunc( ) 함수는 myVar 변수 값에 의해서 제일 아래 라벨의 빨간색 텍스트를 변경시킵니다. 컨트롤명.configure(옵션=값)은 해당 컨트롤의 옵션값을 변경시켜 주는 함수로, 즉시 컨트롤의 값이나 모양이 바뀝니다. 지금은 라벨의 글자를 변경시켰습니다.

확인문제

다음 빈칸에 해당하는 단어를 〈보기〉에서 골라 채우시오.

[보기]

ⓐ Label　　　　　ⓑ command　　　　　ⓒ variable　　　　　ⓓ configure

(1) 버튼의 옵션 중, 함수 이름을 지정하는 옵션은 [　　　　　]이다.
(2) 글자를 표현하는 컨트롤은 [　　　　　]이다.
(3) 컨트롤의 옵션값을 변경시키려면 컨트롤명.[　　　　　](옵션=값) 형식을 사용한다.
(4) 체크버튼의 옵션 중에서 변수를 설정하는 것은 [　　　　　]이다.

정답

(1) ⓑ , (2) ⓐ , (3) ⓓ , (4) ⓒ

---

6 컨트롤의 배치

한 개의 윈도우 창에서 여러 개의 컨트롤이 나오면 배치에 신경 써야 보기 좋은 화면이 나옵니다. 컨트롤을 화면에 출력할 때는 pack( ) 함수를 사용합니다. pack( ) 함수의 다양한 옵션을 통해서 컨트롤을 배치하는 방법을 익혀보겠습니다.

수평으로 정렬하기

pack( ) 함수의 옵션 중에서 수평으로 정렬하는 방법으로 side=LEFT, RIGHT 방식이 있습니다. 이때 LEFT는 왼쪽부터 정렬하며, RIGHT는 오른쪽부터 정렬합니다. 간단히 코드에서 확인해 보겠습니다.

코드 12-7

ex12-07.py

```
01    from tkinter import *
02    root = Tk()
03
04    button1 = Button(root, text="버튼1")
05    button2 = Button(root, text="버튼2")
06    button3 = Button(root, text="버튼3")
07
08    button1.pack(side=LEFT)
09    button2.pack(side=LEFT)
10    button3.pack(side=LEFT)
11
12    root.mainloop()
```

side=LEFT 옵션을 사용하여, 왼쪽부터 버튼이 정렬됐습니다. [코드 12-7]의 8~10행을 LEFT에서 RIGHT로 변경하고 실행하면 버튼1이 가장 오른쪽에 가있는 것을 확인할 수 있습니다.

코드 12-8

ex12-08.py

```
01    ...생략([코드 12-7]의 1~6행)...
02
03    button1.pack(side=RIGHT)
04    button2.pack(side=RIGHT)
05    button3.pack(side=RIGHT)
06
07    root.mainloop()
```

수직으로 정렬하기

pack() 함수의 옵션 중에서 수직으로 정렬하는 방법으로 side=TOP, BOTTOM 방식이 있습니다. 수평정렬과 비슷하게 TOP은 위에서부터, BOTTOM은 아래에서부터 정렬됩니다.

코드 12-9

ex12-09.py

```
01    ...생략([코드 12-7]의 1~6행)...
02
03    button1.pack(side=TOP)
04    button2.pack(side=TOP)
05    button3.pack(side=TOP)
06
07    root.mainloop()
```

컨트롤이 위에서부터 정렬됐습니다. [코드 12-9]의 3~5행을 TOP에서 BOTTOM으로 변경하면 버튼1이 가장 아래쪽에 가있는 것을 확인할 수 있습니다.

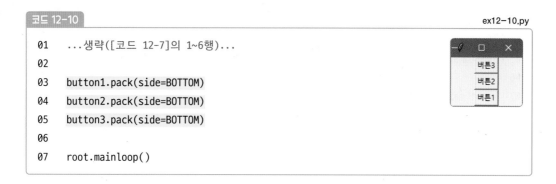

코드 12-10

ex12-10.py

```
01    ...생략([코드 12-7]의 1~6행)...
02
03    button1.pack(side=BOTTOM)
04    button2.pack(side=BOTTOM)
05    button3.pack(side=BOTTOM)
06
07    root.mainloop()
```

컨트롤의 폭 맞추기

pack() 함수의 옵션 중에서 윈도우 창의 폭에 컨트롤을 맞추는 방법으로 fill=X 방식이 있습니다.

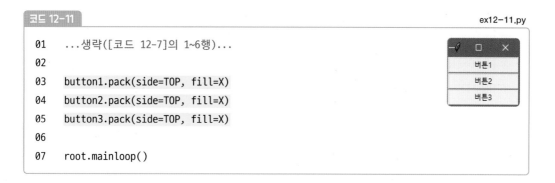

코드 12-11

ex12-11.py

```
01    ...생략([코드 12-7]의 1~6행)...
02
03    button1.pack(side=TOP, fill=X)
04    button2.pack(side=TOP, fill=X)
05    button3.pack(side=TOP, fill=X)
06
07    root.mainloop()
```

컨트롤이 윈도우 창의 폭에 �꽉 맞춰서 출력된 것을 확인할 수 있습니다.

컨트롤 사이에 여백 주기

pack() 함수의 옵션 중에서 컨트롤 사이에 여백을 주려면 padx=픽셀값 또는 pady=픽셀값 방식을 사용합니다. 예를 들어 padx=10은 컨트롤의 왼쪽과 오른쪽에 각각 10px씩 여백이 생깁니다. pady=10 역시 위 아래 각각 10px씩 여백이 생기므로 생각한 것 보다 더 많은 여백이 생길 수 있으므로 주의해야 합니다.

ex12-12.py

```
01    ...생략([코드 12-7]의 1~6행)...
02
03    button1.pack(side=TOP, fill=X, padx=10, pady=10)
04    button2.pack(side=TOP, fill=X, padx=10, pady=10)
05    button3.pack(side=TOP, fill=X, padx=10, pady=10)
06
07    root.mainloop()
```

확인문제

다음 빈칸에 들어갈 단어의 순서가 올바른 것을 고르시오.

pack( ) 함수의 side 옵션에서 컨트롤을 왼쪽부터 정렬하려면 [   ], 오른쪽부터 정렬하려면 [   ], 위쪽부터 정렬하려면 [   ], 아래쪽부터 정렬하려면 [   ](을)를 사용한다.

① LEFT – TOP – RIGHT – BOTTOM

② RIGHT – LEFT – BOTTOM – TOP

③ LEFT – RIGHT – TOP – BOTTOM

④ RIGHT – TOP – LEFT – BOTTOM

정답

③

마우스 이벤트 처리하기

앞에서는 마우스를 클릭해도 별 작동을 하지 않았지만, 이번에는 마우스를 클릭하면 어떤 처리를 하는 프로그램을 작성해 보겠습니다.

1 마우스 클릭 이벤트의 개념

GUI 환경에서 마우스를 클릭하는 것을 이벤트(Event)라고 부릅니다. 앞에서 작성했던 Tkinter 윈도우 프로그램의 마지막 행에 코딩했던 root.mainloop( ) 함수는 이러한 이벤트가 발생하는 것을 기다리는 함수입니다.

마우스를 클릭했을 때 처리되는 형식을 먼저 살펴보겠습니다.

```
def 마우스클릭처리함수(event) :
    # 마우스 클릭시 작동할 내용 코딩

root.bind("마우스 클릭 종류" , 이벤트처리함수)
```

먼저 마우스 클릭이 발생할 때 처리할 함수를 만들어 놓아야 합니다. 함수 이름은 마음대로 지으면 되며, 이 함수는 event 매개변수를 받는다는 것이 중요합니다. 함수의 괄호 안에 event라고 써주면 됩니다.

매개변수 이름 event는 임의로 지어준 것입니다. 그냥 간단히 e라고 쓰거나, 아무거나 써도 됩니다. event 매개변수의 용도는 잠시 후에 확인해 보겠습니다.

root.bind( ) 함수에는 마우스 클릭 종류와 클릭했을 때 처리할 함수의 이름을 적어줍니다. 우선 마우스 왼쪽 버튼을 클릭했을 때 처리하는 방법을 살펴봅시다.

```
01    from tkinter import *
02    from tkinter import messagebox
03
04    # 함수 선언부
05    def clickLeft(event) :            마우스 왼쪽 버튼을 클릭할 때 실행되는 함수
06        messagebox.showinfo("마우스", "왼쪽 마우스가 클릭됨")
07
08    # 메인 코드부
09    root = Tk()
10                                       마우스 왼쪽 버튼 클릭
11    root.bind("<Button-1>", clickLeft)
12
13    root.mainloop()
```

5, 6행은 마우스 왼쪽 버튼을 클릭할 때, 작동할 함수 clickLeft(event)를 정의했습니다. 그리고 11행에서 root.bind() 함수에 마우스 왼쪽 버튼 클릭을 의미하는 <Button-1>에 대해서 설정하고, 호출할 함수로 clickLeft()를 지정했습니다. 즉, 마우스 왼쪽 버튼을 클릭하면 clickLeft() 함수가 실행됩니다.

❷ 다양한 마우스 이벤트

마우스 이벤트는 마우스를 클릭할 때, 떼었을 때, 더블 클릭할 때, 드래그할 때 등의 다양한 이벤트가 발생할 수 있습니다. 마우스 버튼도 3개이므로 다양한 이벤트를 처리할 수 있습니다. [표 12-1]에서 마우스 관련 이벤트를 확인해 보세요.

> 마우스 휠을 누르면, 가운데 버튼을 클릭한 것으로 처리됩니다.

표 12-1 **마우스 이벤트의 종류**

마우스 작동	관련 마우스 버튼	이벤트 코드
클릭	모든 버튼 공통	〈Button〉
	왼쪽 버튼	〈Button-1〉
	가운데 버튼	〈Button-2〉
	오른쪽 버튼	〈Button-3〉
떼었을 때	모든 버튼 공통	〈ButtonRelease〉
	왼쪽 버튼	〈ButtonRelease-1〉
	가운데 버튼	〈ButtonRelease-2〉
	오른쪽 버튼	〈ButtonRelease-3〉
더블 클릭	모든 버튼 공통	〈Double-Button〉
	왼쪽 버튼	〈Doubln-Button-1〉
	가운데 버튼	〈Doubln-Button-2〉
	오른쪽 버튼	〈Doubln-Button-3〉
드래그	왼쪽 버튼	〈B1-Motion〉
	가운데 버튼	〈B2-Motion〉
	오른쪽 버튼	〈B3-Motion〉

〈Button〉 이벤트는 모든 마우스 버튼을 클릭할 때 공통으로 발생하는 이벤트입니다. 특별히 왼쪽 버튼을 클릭했을 때는 〈Button-1〉, 가운데 버튼을 클릭했을 때는 〈Button-2〉, 오른쪽 버튼을 클릭했을 때는 〈Button-3〉 이벤트를 사용할 수도 있습니다. 다른 마우스 버튼의 작동도 비슷한 방식으로 처리됩니다.

확인문제

※ 다음 빈칸에 들어갈 단어를 채우시오.

1. Tkinter 윈도우 프로그램의 마우스 이벤트를 처리하기 위해서 root.[   ] 함수를 사용한다.

2. 모든 마우스 버튼을 클릭했을 때 처리하는 이벤트는 [   ]이다.

정답

1. bind   2. 〈Button〉

③ event 매개변수의 활용

마우스를 클릭했을 때 처리하는 함수에는 event 매개변수를 받습니다. 이 매개변수에는 마우스와 관련된 다양한 정보를 포함하고 있습니다. 예를 들어 마우스를 클릭한 위치의 좌표(x, y), 마우스 버튼의 번호(num) 등의 정보를 포함합니다. 다음 코드는 마우스를 클릭할 때마다, 어떤 마우스가 클릭되었는지 보여주고 클릭한 좌표도 출력하는 프로그램입니다.

코드 12-14   ex12-14.py

```
01    from tkinter import *
02
03    # 함수 정의 부분
04    def clickMouse(event) :●──────────── 마우스 클릭할 때 실행되는 함수
05        if event.num == 1 :
06            txt = "왼쪽 버튼 :  (" + str(event.x) + "," + str(event.y) + ")"
07        elif event.num == 3 :
08            txt = "오른쪽 버튼 :  (" + str(event.x) + "," + str(event.y) + ")"
09
10        label1.configure(text=txt)
11
12    # 메인 코드 부분
13    root = Tk()
14    root.geometry("400x400")
15
16    label1 = Label(root, text="여기가 바뀝니다.", fg="red" )
17    label1.pack(expand=1, anchor=CENTER)
18
19    root.bind("<Button>",clickMouse)
20
21    root.mainloop()
```

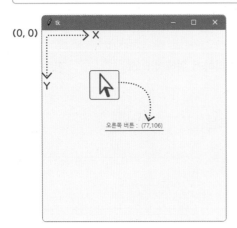

4~10행에 마우스를 클릭할 때 실행될 이벤트 함수를 정의하고, 19행에서 마우스를 클릭하면 이 함수를 호출합니다. 이때 5, 7행의 event.num 값은 마우스 왼쪽 버튼을 클릭하면 1을, 마우스 오른쪽 버튼을 클릭하면 3을 가집니다. 그리고 6, 8행의 event.x와 event.y는 클릭한 위치의 좌표를 가집니다. 윈도우 창의 왼쪽 상단의 좌표가 (0, 0)으로 시작하며 가로축을 x, 세로축을 y로 취급합니다.

10행은 16행 라벨의 글자를 변경시켜 줍니다. 결국 마우스를 클릭할 때마다 버튼 종류 및 클릭한 좌표가 화면에 출력되는 것입니다.

🄸 캔버스에 그림 그리기

캔버스(Canvas)는 선, 원, 사각형 등의 그림이 그려지는 컨트롤입니다. 이름 그대로 '도화지'라고 생각하면 됩니다. 캔버스에는 선, 타원, 사각형 등을 그릴 수 있습니다.

■ 선(line)

선을 그리는 함수 create_line()은 width로 선의 두께를 설정하고, fill로 선의 색상을 설정합니다.

```
canvas.create_line(시작x, 시작y, 끝x, 끝y, width=선두께, fill="선색상")
```

■ 타원(oval)

타원을 그리는 함수 create_oval()은 두 점에 포함되는 크기의 타원을 그립니다. outline은 타원의 테두리 색상을 지정합니다.

```
canvas.create_oval(시작x, 시작y, 끝x, 끝y, outline="테두리색상")
```

■ 사각형(rectangle)

사각형을 그리는 함수 create_rectangle()은 두 점 사이의 사각형을 그립니다. fill은 사각형의 내부색상을 지정합니다.

```
canvas.create_rectangle(시작x, 시작y, 끝x, 끝y, outline="테두리색상", fill="내부색상")
```

세 가지 형식을 간단한 예제로 확인해 봅시다.

```
01    from tkinter import *
02    root = Tk()
03
04    # 함수 정의 부분
05    canvas = Canvas(root, height=400, width=400)●——————————— 캔버스 생성
06    canvas.pack()
07                          캔버스의 높이  캔버스의 폭
08    # 메인 코드 부분
09    canvas.create_line(150, 150, 250, 250, width=5, fill="red")
10    canvas.create_oval(50, 50, 150, 150, outline="green")
11    canvas.create_rectangle(300, 300, 350, 350, width=10, outline="blue", fill="yellow")
12
13    root.mainloop()
```

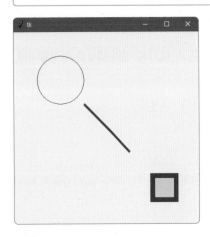

LAB   마우스 클릭으로 도형 그리기

마우스 왼쪽 버튼을 클릭하면 클릭한 점을 중심으로 원이 그려지고, 오른쪽 버튼을 클릭하면 사각형이 그려지는 프로그램을 작성해 봅시다.

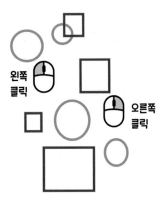

1. lab12-01.py 파일을 만들고, tkinter를 임포트합니다.

```
from tkinter import *
```

2. 마우스 왼쪽 버튼을 클릭하면 클릭한 점을 중심으로 왼쪽으로 20, 오른쪽으로 20 범위의 원을 그리는 함수 clickLeft()를 정의합니다.

```
# 함수 선언부
def clickLeft(e) :
    canvas.create_oval(e.x-20, e.y-20, e.x+20, e.y+20, width=5, outline="green")
```

3. 2와 같은 방식으로 마우스 오른쪽 버튼을 클릭하면 사각형을 그리는 함수 clickRight()를 정의합니다.

```
def clickRight(e) :
    canvas.create_rectangle(e.x-20, e.y-20, e.x+20, e.y+20, width=5, outline="red")
```

4. 폭과 높이가 500인 캔버스를 생성합니다.

```
# 메인 코드부
root = Tk()

canvas = Canvas(root, height=500, width=500)
canvas.pack()
```

5. 왼쪽 및 오른쪽 마우스 버튼을 클릭하면 실행될 함수를 지정합니다.

```
canvas.bind("<Button-1>", clickLeft)
canvas.bind("<Button-3>", clickRight)

root.mainloop()
```

6. Ctrl + S 를 눌러 저장한 후, F5 를 눌러서 실행하고 결과를 확인합니다.

Section
03

메뉴와 대화상자 만들기

우리가 실제로 사용하는 윈도우용 응용 프로그램은 대체로 윈도우 창 상단에 메뉴가 있고, 메뉴를 선택하면 그 아래에 하위 메뉴가 나오고, 하위 메뉴 중 하나를 선택하면 해당 작업이 실행됩니다. 이번 절에서는 이러한 메뉴를 만들고 활용하는 법을 익혀보겠습니다.

1 메뉴

윈도우 창 상단의 메뉴는 익숙할 것입니다. 대표적인 예로 파이썬 IDLE 상단 메뉴에서 [파일]-[열기]를 선택하면 파일을 선택하는 대화상자가 나옵니다. 이때 [파일]이 상위 메뉴, [열기]가 하위 메뉴에 해당합니다.

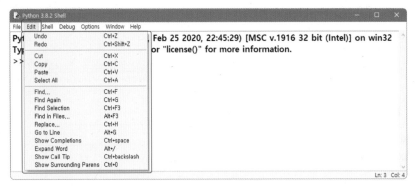

그림 12-2 **파이썬 IDLE 상단의 메뉴**

이를 기반으로 기본 윈도우 창에 메뉴를 추가해 보겠습니다. 간단한 예로 상위 메뉴 밑에 하위 메뉴 1, 2를 만들기 위한 구성 개념과 형식은 다음과 같습니다.

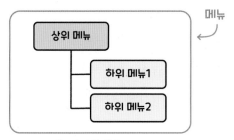

그림 12-3 **메뉴의 구성 개념도**

```
메뉴 = Menu(루트 윈도우)
루트윈도우.config(menu=메뉴)

상위메뉴 = Menu(메뉴)
메뉴.add_cascade(label="상위 메뉴 텍스트, menu=상위 메뉴)
상위메뉴.add_command(label="하위 메뉴1", command=함수1)
상위메뉴.add_command(label="하위 메뉴2", command=함수2)
```

메뉴는 대부분 위와 같은 형태로 구성됩니다. 그럼 실제로 [파일] 메뉴 아래에 [열기]와 [종료]가 있는 코드를 작성해 보겠습니다. 먼저 메뉴의 겉모양만 생성해 봅시다.

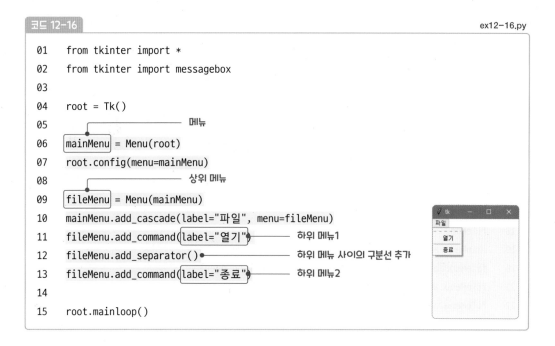

코드 12-16   ex12-16.py

```
01    from tkinter import *
02    from tkinter import messagebox
03
04    root = Tk()
05                              메뉴
06    mainMenu = Menu(root)
07    root.config(menu=mainMenu)
08                              상위 메뉴
09    fileMenu = Menu(mainMenu)
10    mainMenu.add_cascade(label="파일", menu=fileMenu)
11    fileMenu.add_command(label="열기")         하위 메뉴1
12    fileMenu.add_separator()                  하위 메뉴 사이의 구분선 추가
13    fileMenu.add_command(label="종료")         하위 메뉴2
14
15    root.mainloop()
```

6행에서 Menu(루트 윈도우)로 mainMenu 변수를 생성하고, 7행에서는 생성한 메뉴 자체를 윈도우 창의 메뉴로 지정했습니다. mainMenu는 [그림 12-3]의 메뉴를 나타내는 변수입니다.

9, 10행에서 상위 메뉴인 [파일] 메뉴(fileMenu)를 생성하고, mainMenu에 부착했습니다. 이 때 [파일] 메뉴는 선택하고 끝나는 것이 아니라, 그 아래에 다른 메뉴가 확장되어야 하므로 add_cascade() 함수를 사용합니다.

11행에는 [파일] 메뉴의 하위 메뉴인 [열기] 메뉴를 준비합니다. [열기] 메뉴는 선택할 때 어떤 작동을 해야 하므로, add_command() 함수를 사용했습니다. 13행도 같은 방식으로 하위 메뉴 [종료]를 생성합니다.

[코드 12-16]은 메뉴의 모습만 구현한 것이라 선택해도 아무런 작동을 하지 않습니다. 이번에는 메뉴를 선택하면 작동하도록 코드를 추가해 보겠습니다.

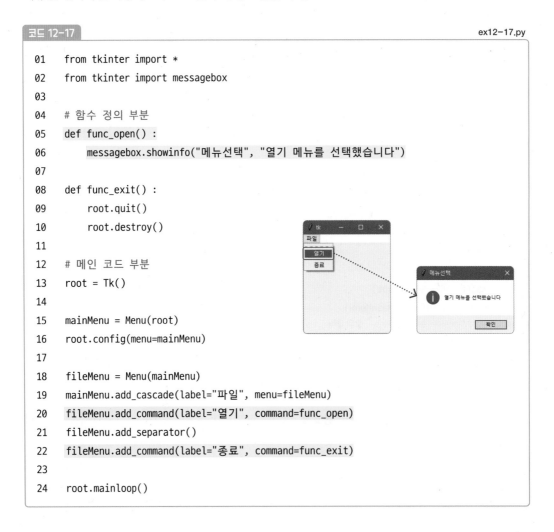

```
코드 12-17                                                    ex12-17.py
01   from tkinter import *
02   from tkinter import messagebox
03
04   # 함수 정의 부분
05   def func_open() :
06       messagebox.showinfo("메뉴선택", "열기 메뉴를 선택했습니다")
07
08   def func_exit() :
09       root.quit()
10       root.destroy()
11
12   # 메인 코드 부분
13   root = Tk()
14
15   mainMenu = Menu(root)
16   root.config(menu=mainMenu)
17
18   fileMenu = Menu(mainMenu)
19   mainMenu.add_cascade(label="파일", menu=fileMenu)
20   fileMenu.add_command(label="열기", command=func_open)
21   fileMenu.add_separator()
22   fileMenu.add_command(label="종료", command=func_exit)
23
24   root.mainloop()
```

[열기], [종료] 메뉴는 클릭했을 때 특정 기능이 작동돼야 하므로, add_command( ) 함수를 사용합니다. 그리고 메뉴가 클릭됐을 때 실행될 함수 이름을 command에 저장합니다. 따라서 [파일] 메뉴를 선택하면 하위 메뉴가 확장되고 [열기] 메뉴를 선택하면 5행의 func_open( ) 함수가, [종료] 메뉴를 선택하면 8행의 func_exit( ) 함수가 실행됩니다.

func_open( ) 함수는 [열기] 메뉴를 선택했을 때 간단한 메시지 창이 나오며, func_exic( ) 함수는 [종료] 메뉴를 선택했을 때 프로그램이 종료되도록 정의했습니다.

❷ 대화상자

대화상자란 사용자에게 정보를 보여주거나 사용자로부터 입력을 요청하는 등의 상호작용을 위한 창을 의미합니다. 파이썬은 몇 가지의 대화상자를 제공하는데, 그 중에서도 사용자에게 기본적인 메시지 창을 보여주는 messagebox.showinfo( ) 함수는 이미 여러 번 사용해 봤습니다. 이어서 좀 더 다양한 대화상자 형태를 살펴보겠습니다.

숫자나 문자 입력 대화상자

숫자나 문자를 입력받기 위해서는 우선 tkinter.simpledialog 모듈을 임포트합니다. 그리고 정수를 입력받으려면 askinteger( )를, 실수를 입력받으려면 askfloat( )를, 문자열을 입력받으려면 askstring( ) 함수를 사용합니다. 간단한 예제로 확인해 보겠습니다.

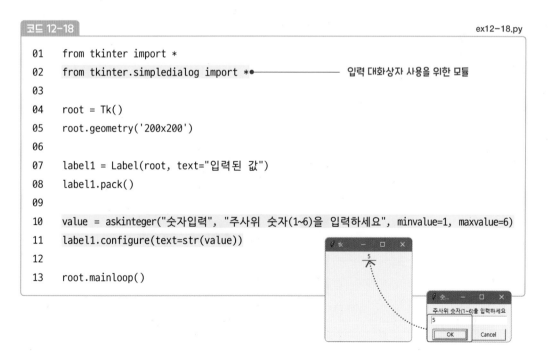

```
코드 12-18                                                          ex12-18.py
01    from tkinter import *
02    from tkinter.simpledialog import *●─────── 입력 대화상자 사용을 위한 모듈
03
04    root = Tk()
05    root.geometry('200x200')
06
07    label1 = Label(root, text="입력된 값")
08    label1.pack()
09
10    value = askinteger("숫자입력", "주사위 숫자(1~6)을 입력하세요", minvalue=1, maxvalue=6)
11    label1.configure(text=str(value))
12
13    root.mainloop()
```

10행에서 askinteger("제목", "내용", 옵션) 함수로 정수를 입력받습니다. 옵션 중에 minvalue
는 최솟값, maxvalue는 최댓값을 의미합니다. 이 값을 벗어나서 입력하면 경고창이 나오고 입력되
지 않습니다. 11행에서는 str() 함수로 입력받은 숫자를 문자열로 변경하고 label1에 써서 보여
줍니다.

파일 열기 및 저장 대화상자

파일을 열거나 저장할 때 나오는 대화상자도 있습니다. 먼저 tkinter.filedialog 모듈을 임포트
한 후에, askopenfilename() 함수 또는 asksaveasfilename() 함수를 사용하면 됩니다. 다음은
그림 파일인 jpg 파일을 열기 용도로 선택하는 코드입니다.

코드 12-19　　　　　　　　　　　　　　　　　　　　　　　　　　　　　　ex12-19.py

```
01   from tkinter import *
02   from tkinter.filedialog  import *●————————— 파일 열기를 위한 모듈
03
04   root = Tk()
05   root.geometry('200x200')
06
07   label1 = Label(root, text="선택된 파일이름")
08   label1.pack()
09
10   filename = askopenfilename(parent=root, filetypes=(("JPG 파일", "*.jpg"),
11                              ("모든 파일", "*.*")))
12   label1.configure(text=filename)
13
14   root.mainloop()
```

10행에서 사용한 askopenfilename() 함수를 자세히 살펴봅시다. 우선 함수의 매개변수 중 parent는 루트 윈도우를 지정합니다. 주의해서 볼 옵션은 filetypes인데, 값으로 튜플을 받습니다. 그리고 각 튜플 안에는 다시 튜플로 ("표시할 글자", "확장명") 형식을 구성합니다. 즉 filetypes의 첫번째 값이 ("JPG 파일", "*.jpg")이기 때문에 [열기] 대화상자의 파일 이름 옆에를 보면 JPG 파일로 설정되어 있습니다. 이 부분을 클릭해서, '모든 파일'을 선택하면 모든 파일이 보이게 됩니다.

또한 askopenfilename() 함수는 선택한 파일의 '경로/파일명'을 반환하기 때문에 1개의 파일을 선택하여 열면 label1의 위치에 파일의 '경로/파일명'이 나온 것을 확인할 수 있습니다.

파일을 저장하기 위한 대화상자 함수 asksaveasfilename()은 매개변수가 거의 동일합니다. [코드 12-19]의 10~12행을 변경하고 다시 실행해 보겠습니다.

코드 12-20   ex12-20.py

```
01    ...생략([코드 12-19]의 1~8행)...
02
03    savefname = asksaveasfilename(parent=root, filetypes=(("JPG 파일", "*.jpg"),
04                                      ("모든 파일", "*.*")))
05    label1.configure(text=savefname)
06
07    root.mainloop()
```

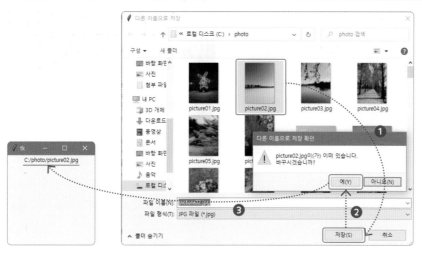

예제를 실행하면 [다른 이름으로 저장] 창이 나옵니다. 그리고 기존에 있는 파일명을 입력하고 〈저장〉을 누르면 기존 파일을 바꾸겠냐는 메시지 창이 나옵니다. 3행에서 asksaveasfilename() 함수의 매개변수도 askopenfilename()와 비슷하네요. 5행에서는 savefname을 text에 대입시켜서 출력했습니다.

지금은 저장할 파일명만 입력받고, 실제로 저장하는 코드는 아직 없습니다. 그러므로 실제로 기존 파일이 없어지는 것은 아닙니다.

확인문제

다음 빈칸에 들어갈 단어를 채우시오.

여는 파일 대화상자를 실행하는 함수는 [   ]이고, 저장 파일 대화상자를 실행하는 함수는 [   ]이다.

정답

askopenfilename( ), asksaveasfilename( )

LAB 입력받은 확장명의 파일만 선택하기

확장명을 입력받은 후에, 입력한 확장명의 파일만 선택하는 코드를 작성해 봅시다.

1. lab12−02.py 파일을 만들고, 입력을 받기 위한 대화상자 모듈과 파일 열기 대화상자 모듈을 임포트합니다.

```
from tkinter import *
from tkinter.filedialog  import *
from tkinter.simpledialog  import *
```

2. tkinter 화면을 생성하고, 선택된 파일이름을 보여줄 라벨도 생성합니다.

```
root = Tk()
root.geometry('200x200')

label1 = Label(root, text="선택된 파일이름")
label1.pack()
```

3. 확장명을 문자열로 입력받습니다.

```
extName = askstring("확장명", "확장명을 입력(예: hwp,png,zip 등)")
```

4. filetypes 옵션을 "*.입력글자" 형식으로 만들어서 파일 선택 대화상자를 열고 선택한 파일이름을 라벨에 출력합니다.

```
filename = askopenfilename(parent=root, filetypes=(("입력 파일", "*."+extName),
("모든 파일", "*.*") ))
label1.configure(text=str(filename))

root.mainloop()
```

5. Ctrl + S 를 눌러 저장한 후, F5 를 눌러서 실행하고 결과를 확인합니다.

GUI로 편하게 거북이 그리기

문제

거북이의 모양, 색상, 크기 및 거북이가 그릴 원의 개수를 입력받아서 거북이가 원을 그리는 프로그램입니다.

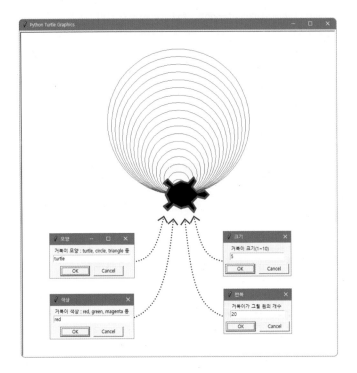

해결

ch12_turtle_01.py

```
01   import turtle
02   import random
03   from tkinter.filedialog import *
04   from tkinter.simpledialog import *
05
06   root = Tk()                                        거북이의 모양, 색상, 크기, 원의 개수 입력
07   shape = askstring("모양", "거북이 모양 : turtle, circle, triangle 등")
08   color = askstring("색상", "거북이 색상 : red, green, magenta 등")
09   size = askinteger("크기", "거북이 크기(1~10)", minvalue=1, maxvalue=10)
10   repeat = askinteger("반복", "거북이가 그릴 원의 개수")
11   root.destroy()                                     윈도우 창 닫기
12
```

```
13    turtle.shape(shape)
14    turtle.pencolor(color)              ┐
15    turtle.turtlesize(size, size, size)─┘ ●── 입력받은 값으로 거북이 설정
16
17    turtle.setup(850, 850)
18    turtle.screensize(800, 800)
19
20    for i in range(repeat) : ┐
21        turtle.circle(i*10)  ┘ ●──────── 입력받은 개수만큼 원 그리기
22
23    turtle.done()
```

01 파이썬은 Tkinter라는 라이브러리를 제공해서 빠르고 쉽게 윈도우 창을 만들 수 있도록 제공합니다.

02 빈 윈도우 창을 만드는 가장 기본적인 코드는 다음과 같습니다.

```
from tkinter import *
root = Tk()

# 이 부분에 컨트롤을 배치

root.mainloop()
```

03 버튼 컨트롤을 만들고, 버튼 클릭 시에 실행되도록 하는 코드는 다음과 같습니다.

```
def myFunc() :
    messagebox.showinfo("버튼 클릭", "버튼을 눌렀군요 ^^")

button1 = Button(root, text='클릭하세요', command=myFunc)
button1.pack()
```

04 체크버튼 컨트롤을 만들고, 클릭 시에 실행되는 코드의 형태는 다음과 같습니다.

```
def  myFunc() :
    if chk.get() == 0 :
        # 체크가 꺼진 경우
    else :
        # 체크가 켜진 경우

chk = IntVar()
cb1 = Checkbutton(root, text="클릭하세요", variable=chk, command=myFunc)
cb1.pack()
```

05 pack( ) 함수의 옵션 중에서 정렬하는 방법으로 side=LEFT, RIGHT 방식, side=TOP, BOTTOM 방식, fill=X 방식, padx=픽셀값 또는 pady=픽셀값 등의 방식이 있습니다.

06 마우스 클릭했을 때 처리되는 형식은 다음과 같습니다.

```
def 마우스클릭처리함수(event) :
    # 이 부분에 마우스 클릭시 작동할 내용 코딩

root.bind("마우스 클릭 종류", 이벤트처리함수)
```

07 메뉴를 구성하는 기본적인 코드의 형태는 다음과 같습니다.

```
메뉴 = Menu(루트 윈도우)
루트윈도우.config(menu=메뉴)

상위메뉴 = Menu(메뉴)
메뉴.add_cascade(label="상위 메뉴 텍스트, menu=상위 메뉴)
상위메뉴.add_command(label="하위 메뉴1", command=함수1)
상위메뉴.add_command(label="하위 메뉴2", command=함수2)
```

08 정수를 입력받으려면 askinteger( )를, 실수를 입력받으려면 askfloat( )를, 문자열을 입력받으려면 askstring( ) 함수를 사용합니다. 또 파일 열기 및 저장은 askopenfilename( ) 함수 또는 asksaveasfilename( ) 함수를 사용합니다.

01 다음은 tkinter에서 가장 기본적인 윈도우 창을 출력하는 코드이다. 빈칸에 들어갈 코드를 고르시오.

```
from tkinter import *
┌─────────────────┐
│                 │
└─────────────────┘

root.mainloop()
```

① root = Window()

② root = Tkinter()

③ root = Tk()

④ root = main()

02 다음은 라벨 컨트롤을 만드는 코드이다. 빈칸에 들어갈 코드를 고르시오.

```
label = ┌───(1)───┐(root, text="난생처음~~")
label.┌──(2)──┐()
root.mainloop()
```

① (1) Label   (2) pack

② (1) label   (2) view

③ (1) Label   (2) display

④ (1) label   (2) pack

03 다음은 버튼 컨트롤을 클릭할 때 함수를 호출하는 코드이다. 빈칸에 들어갈 옵션을 고르시오.

```
button = Button(root, text="클릭하세요", ┌──────────┐=함수)
```

① click   ② push

③ call   ④ command

04 다음은 마우스 이벤트 코드와 설명이다. 설명이 잘못된 것을 고르시오.

① 〈Button〉: 모든 버튼을 클릭할 때

② 〈ButtonRelease〉: 모든 버튼을 떼었을 때

③ 〈Double-Button〉: 모든 버튼을 더블 클릭했을 때

④ 〈ButtonMotion〉: 모든 버튼을 드래그할 때

05 다음 코드를 실행하면 어떤 모양으로 버튼이 출력되는지 고르시오.

```
button1 = Button(root, text="버튼1")
button2 = Button(root, text="버튼2")
button1.pack(side=RIGHT)
button2.pack(side=RIGHT)
```

①
| 버튼1, 버튼2 |

②
| 버튼2, 버튼1 |

③
| 버튼1 |
| 버튼2 |

④
| 버튼2 |
| 버튼1 |

06 컨트롤의 폭을 맞추기 위한 옵션과 여백 주기 옵션을 고르시오.

① fill=X, padx=값

② fill=X, space=값

③ pack=X, padx=값

④ pack=X, space=값

07 다음은 마우스 왼쪽 버튼을 클릭했을 때 작동되는 코드이다. 빈칸에 들어갈 코드를 고르시오.

```
def clickLeft(event) :
    messagebox.showinfo("마우스", "왼쪽 마우스가 클릭됨")


root = Tk()

root.mainloop()
```

① root.bind("<Left-1>", clickLeft)

② root.bind("<Mouse-1>", clickLeft)

③ root.bind("<Button-1>", clickLeft)

④ root.bind("<Click-1>", clickLeft)

08 하위 메뉴가 확장되는 상위 메뉴를 만드는 함수와 클릭하면 실행되는 하위 메뉴의 함수를 고르시오.

① add_separator(), add_command()

② add_cascase(), add_command()

③ add_cascase(), add_separator()

④ add_menu(), add_command()

09 열기 파일 대화상자와 저장 파일 대화상자의 함수를 고르시오.

① askopenfile(), askdiskfilename()

② askselectfilename(), asksaveasfilename()

③ askopenfilename(), askfinishfilename()

④ askopenfilename(), asksaveasfilename()

10 다음 그림과 같이 Tkinter를 활용하여 라디오버튼을 선택하고, 버튼을 클릭하면 메시지 창이 나오는 코드를 작성하시오.

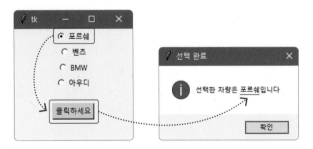

11 심화 마우스 왼쪽 버튼을 누르고 움직인 후 떼면, 두 위치 사이에 사각형이 그려지는 코드를 작성하시오. 또한, 오른쪽 버튼을 누르면 그릴 사각형의 색상이 랜덤하게 지정되도록 하시오.

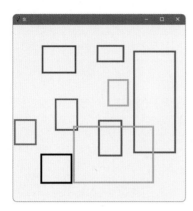

Hint 시작점X, 시작점Y, 끝점X, 끝점Y, 색상 변수는 모두 각 함수의 global로 지정해야 한다.

CHAPTER 13

프로젝트: 포토 에디터

학습목표

- Pillow와 Tkinter를 조합한 기능을 구현합니다.

- 실무에서 사용하는 완전한 응용 프로그램을 만들어 봅니다.

- 사진에 적용하는 다양한 효과를 확인합니다.

지금까지 파이썬을 활용해서 프로그래밍 문법을 학습했습니다. 이번에는 우리가 지금까지 배워온 단편적인 지식들을 통합해서, 완전한 기능의 응용 프로그램을 만들고자 합니다. 특히 강력한 기능의 Pillow 라이브러리와 GUI를 제공하는 Tkinter를 조합한 프로그램을 작성하겠습니다. 이번 프로젝트를 통해서 실전에서도 사용 가능한 프로그래밍 실력을 향상시키기 바랍니다.

[포토 에디터] 기본 구성

11장에서 이미지 처리 외부 라이브러리인 Pillow 사용법을 배우고, 12장에서는 Tkinter를 사용해서 윈도우 창을 만드는 방법을 학습했습니다. 이제는 이 두 기능을 합쳐서 하나의 완전한 응용 프로그램을 만들어 보겠습니다.

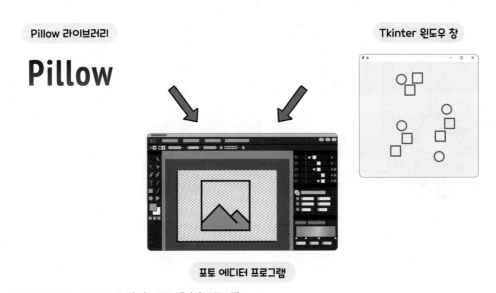

그림 13-1 Pillow, Tkinter로 만드는 포토 에디터 프로그램

1 [포토 에디터] 기능 구성

이번에 구현할 [포토 에디터]는 다음과 같은 기능을 가집니다. 우선 메뉴 구성도를 확인해 보세요.

메뉴 구성을 보면 파일을 열고, 저장하는 기능이 있습니다. 또한 이미지 처리(1)에는 사진 변형과 관련된 기능이 들어있고, 이미지 처리(2) 메뉴에는 필터 효과의 기능이 들어있습니다. 포토샵과 비슷한 다양한 기법의 사진 효과를 구현할 것입니다. 사진 파일은 JPG, BMP, PNG 등의 이미지가 처리되도록 합니다.

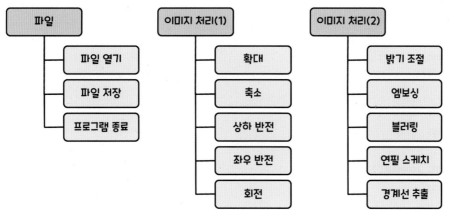

그림 13-2 **[포토 에디터] 메뉴 구성**

[포토 에디터] 프로그램은 다음과 같은 흐름을 가집니다. [파일 열기]로 파일을 열면 사진이 보입니다. 이제 이미지 처리(1) 혹은 이미지 처리(2)에서 효과 1개를 선택하면, 열려있는 사진에 효과가 적용됩니다. 이후 새로운 효과를 적용하면 효과가 누적되는 형태입니다. 그리고 [파일 저장]을 통해 새로운 파일로 저장하거나, [프로그램 종료]를 통해 종료할 수 있습니다.

② 메뉴 구현과 함수 정의

메뉴 구현은 12장에서 해봤으므로 어렵지 않을 것입니다. 그리고 각 메뉴를 클릭할 때 실행될 함수들도 미리 이름을 정의해 놓겠습니다. 코드의 행이 좀 길기는 하지만, 메뉴와 함수가 좀 많은 것을 제외하고는 단순한 구조입니다.

코드 13-1   ex13-01.py

```
01   from tkinter import *
02   from tkinter.filedialog import *          Tkinter 관련 모듈 임포트
03   from tkinter.simpledialog import *
04   from PIL import Image, ImageFilter, ImageEnhance, ImageOps, ImageTk
05                                                Pillow 관련 모듈 임포트
06   ## 함수 선언 부분 ##
07   def displayPhoto() :
08       pass
09
10   def func_open() :
11       pass
12
13   def func_save() :
```

> pass는 아무것도 하지 않는 명령어입니다. 함수에는 문법상 한 줄 이상이 있어야 해서, 일단은 pass로 채워 놓았습니다.

```
14          pass
15
16      def func_exit() :
17          exit()
18
19      def func_zoomin() :
20          pass
21
22      def func_zoomout() :
23          pass
24
25      def func_mirror1() :
26          pass
27
28      def func_mirror2() :
29          pass
30
31      def func_rotate() :
32          pass
33
34      def func_bright() :
35          pass
36
37      def func_embos() :
38          pass
39
40      def func_blur() :
41          pass
42
43      def func_sketch() :
44          pass
45
46      def func_contour() :
47          pass
48
49      ## 전역변수 선언 부분 ##
50      root, canvas = None, None
51      inPhoto, outPhoto = None, None
52      inX, inY = 0, 0
53
54      ## 메인 코드 부분 ##
55      root = Tk()
```

```
56    root.geometry("500x500")
57    root.title("포토 에디터")
58
59    mainMenu = Menu(root)
60    root.config(menu = mainMenu)
61
62    fileMenu = Menu(mainMenu)
63    mainMenu.add_cascade(label = "파일", menu = fileMenu)
64    fileMenu.add_command(label = "파일 열기", command = func_open)
65    fileMenu.add_command(label = "파일 저장", command = func_save)
66    fileMenu.add_separator()
67    fileMenu.add_command(label = "프로그램 종료", command = func_exit)
68
69    effect1Menu = Menu(mainMenu)
70    mainMenu.add_cascade(label="이미지 처리(1)", menu = effect1Menu)
71    effect1Menu.add_command(label = "확대", command = func_zoomin)
72    effect1Menu.add_command(label = "축소", command=func_zoomout)
73    effect1Menu.add_separator()
74    effect1Menu.add_command(label = "상하 반전", command = func_mirror1)
75    effect1Menu.add_command(label = "좌우 반전", command = func_mirror2)
76    effect1Menu.add_command(label = "회전", command = func_rotate)
77
78    effect2Menu = Menu(mainMenu)
79    mainMenu.add_cascade(label = "이미지 처리(2)", menu = effect2Menu)
80    effect2Menu.add_command(label = "밝게/어둡게", command = func_bright)
81    effect2Menu.add_separator()
82    effect2Menu.add_command(label = "엠보싱", command = func_embos)
83    effect2Menu.add_command(label = "블러링", command=func_blur)
84    effect2Menu.add_separator()
85    effect2Menu.add_command(label = "연필스케치", command=func_sketch)
86    effect2Menu.add_command(label = "경계선 추출", command = func_contour)
87    root.mainloop()
```

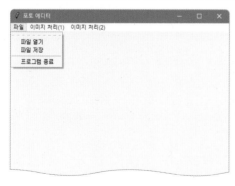

7~47행까지는 각 메뉴를 선택할 때마다 실행할 함수를 미리 선언해 놓은 것입니다. 단, 7행의 displayPhoto( ) 함수는 메뉴를 선택해서 실행되는 것이 아니라, 사진을 화면에 출력하는 함수입니다. 즉 다른 함수에서 사진을 처리한 후에, 공통적으로 호출되는 함수입니다.

50~52행은 공통적으로 접근할 전역변수를 준비했습니다. root는 루트 윈도우 변수이고, canvas는 사진을 출력할 캔버스로 사용할 변수입니다. 캔버스에 대해서는 12장에서 학습했습니다. inPhoto는 처음 불러들인 원본 이미지이며, outPhoto는 효과를 준 결과 이미지를 저장할 변수입니다. inX, inY는 원본 이미지의 폭과 높이를 저장할 것입니다.

55~87행은 윈도우 창을 출력하고 메뉴를 추가한 부분입니다. 12장에서 다뤘던 부분이므로 별도로 설명하지는 않겠습니다.

③ 사진 열기 및 화면 출력

이제 사진 파일을 열고 화면에 출력하는 기능을 구현해 보겠습니다.

메뉴의 [파일]−[파일 열기]를 선택하면 사진 파일을 여는 파일 대화상자가 나오고 파일을 선택하면 사진이 화면에 출력되어야 합니다. 사진은 JPG/BMP/PNG/TIF 등의 확장자가 모두 처리되어야 하므로 Pillow에서 제공하는 Image( ) 함수를 사용하면 됩니다.

파일을 열면 화면에 사진이 보이고, 이미지 처리를 하면 효과가 적용된 사진이 화면에 보여야 하므로 다음과 같은 방식을 사용합니다. 원본 사진은 inPhoto 변수에 넣고, 효과를 적용한 결과 사진은 outPhoto 변수에 넣습니다. 그리고 모니터에는 항상 처리된 결과인 outPhoto가 보입니다.

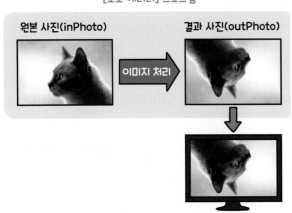

그림 13-3 **사진을 처리하고 화면에 출력하는 기본 구조**

처음에는 [파일 열기] 메뉴를 통해 연 사진 파일은 원본 사진이므로 inPhoto에 저장합니다. 그런데 [그림 13-3]에 나오듯, 화면에 보이는 사진은 원본 사진이 아니라 처리된 결과 사진이 보여야 합니다. 그러므로 사진을 열면 원본 사진인 inPhoto의 내용을 결과 사진 outPhoto에 똑같이 복사하는 방식을 사용합니다. 그러면 처음에 사진을 열었을 때 동일한 원본 사진이 보이지만 사실 outPhoto 가 보이는 것입니다.

우선 [코드 13-1]의 func_open() 함수와 displayPhoto() 함수를 다음과 같이 변경하고 실행해 보겠습니다.

코드 13-2   ex13-02.py

```
01    def displayPhoto(img, height, width) :
02        global root, canvas, inPhoto, outPhoto, inX, inY      ── 전역변수 사용
03        if canvas != None :    ┐
04            canvas.destroy()   ┘                              ── 캔버스 초기화
05        root.geometry(str(height) + "x" + str(width))
06        cImage = ImageTk.PhotoImage(img)
07
08        canvas = Canvas(root, width=height, height=width)
09        canvas.create_image(0, 0, anchor = NW, image=cImage)
10        canvas.pack()
11        root.mainloop()
12
13    def func_open() :
14        global root, canvas, inPhoto, outPhoto, inX, inY      ── 전역변수 사용
15
16        filename = askopenfilename(parent=root, filetypes=(("모든 그림 파일", "*.jpg;
17                          *.jpeg;*.bmp;*.png;*.tif"), ("모든 파일", "*.*")))
18        inPhoto = Image.open(filename)  ──────── 원본 사진을 inPhoto에 저장
19        inX = inPhoto.width    ┐
20        inY = inPhoto.height   ┘                 ── 원본 사진의 크기 저장
21
22        outPhoto= inPhoto.copy()  ──────────── 이미지 처리가 없으므로
23        outX = outPhoto.width                     원본 사진을 결과 사진에
24        outY = outPhoto.height                    그대로 복사
25        displayPhoto(outPhoto, outX, outY)
```

먼저 13~25행의 func_open() 함수를 살펴보겠습니다. 16행의 askopenfilename()은 파일 열기 대화상자를 나타내며 모든 종류의 그림 파일을 선택할 수 있도록 설정합니다. 그리고 선택한 파일을 18행의 Image.open()으로 열어서 inPhoto에 저장합니다. 19, 20행은 원본 사진의 크기를 inX, inY에 저장해 놓습니다.

func_open() 함수는 효과가 적용되지 않은 사진이 모니터에 출력되어야 하므로 원본 사진을 22행의 copy() 함수로 결과 사진인 outPhoto에 그대로 복사합니다. 그리고 23, 24행에서 결과 사진의 크기를 계산한 후 displayPhoto(출력할사진, 폭, 높이) 함수를 호출해서 화면에 출력합니다.

displayPhoto() 함수는 조금 어려운 함수여서 매개변수로 넘겨받은 사진을 폭과 높이대로 화면에 출력해 준다는 개념 정도만 기억해도 됩니다.

3, 4행은 기존 캔버스에서 사진을 출력한 적이 있다면 캔버스를 깨끗하게 만드는 초기화 작업입니다. 5행에서는 윈도우 창의 크기를 넘겨받은 사진의 폭과 높이와 동일하게 설정해 놓았습니다. 6행은 넘겨받은 사진을 캔버스에 출력하기 위해서 img를 cImage로 변환한 것입니다. 8~11행은 캔버스에 이미지를 출력합니다.

④ 사진 저장

사진을 처리하면 그 결과를 저장할 수도 있습니다. 저장할 때는 결과 사진인 outPhoto를 저장해야합니다. [코드 13-1]의 func_save( ) 함수를 다음과 같이 변경하면 됩니다.

코드 13-3   ex13-03.py

```
01    def func_save() :
02        global root, canvas, inPhoto, outPhoto, inX, inY
03        if outPhoto == None:
04            return
05        saveFp = asksaveasfile(parent=root, mode="w", defaultextension=".jpg",
06                filetypes=(("JPG 파일", "*.jpg;*.jpeg"), ("모든 파일", "*.*")))
07        outPhoto.save(saveFp.name)
```

3, 4행에서 결과 사진인 outPhoto가 없다면 저장할 것이 없으므로 그냥 함수를 종료합니다. 5행에서는 저장할 파일을 입력받고, 7행에서 save( ) 함수로 입력받은 JPG 파일을 저장합니다.

Section 02

[포토 에디터] 기능 구현

앞에서 사진 열기 및 화면에 보이기와 저장하기까지 완성했습니다. 이제는 11장에서 연습한 다양한 사진의 효과를 메뉴에 구현해 보겠습니다.

1 사진 확대/축소

사진 확대는 확대할 배수를 입력받고, 그 배수만큼 사진 크기를 확대합니다. 축소는 반대로 배수만큼 사진을 축소합니다. Pillow 라이브러리에서 제공하는 resize(폭, 높이) 함수를 사용하면 간단하게 확대/축소가 됩니다. 예를 들어 resize(500,500)는 500×500으로 사진 크기를 변경합니다. [코드 13-1]의 func_zoomin() 함수와 func_zoomout() 함수를 다음과 같이 변경하면 됩니다.

코드 13-4   ex13-04.py

```
01    def func_zoomin() :
02        global root, canvas, inPhoto, outPhoto, inX, inY
03        scale = askinteger("확대배수", "확대할 배수를 입력하세요", minvalue=2, maxvalue=8)
04        outPhoto = inPhoto.copy()
05        outPhoto = outPhoto.resize((int(inX * scale), int(inY * scale)))
06        outX = outPhoto.width
07        outY = outPhoto.height
08        displayPhoto(outPhoto, outX, outY)
09
10    def func_zoomout() :
11        global root, canvas, inPhoto, outPhoto, inX, inY
12        scale = askinteger("축소배수", "축소할 배수를 입력하세요", minvalue=2, maxvalue=8)
13        outPhoto = inPhoto.copy()
14        outPhoto = outPhoto.resize((int(inX / scale), int(inY / scale)))
15        outX = outPhoto.width
16        outY = outPhoto.height
17        displayPhoto(outPhoto, outX, outY)
```

실행 결과는 원본에서 2배 확대, 2배 축소한 화면입니다. 3행에서는 확대할 배율을 입력받습니다. 배율이 너무 크면 메모리나 속도에 문제가 생기므로 2~8배로 입력 값에 제한을 두었습니다. 4행에서는 우선 원본 사진인 **inPhoto**를 결과 사진인 **outPhoto**로 동일하게 복사합니다. 그리고 **outPhoto**를 5행의 **resize()** 함수로 기존의 폭과 높이인 **inX**, **inY**에 배율을 곱해서 새로운 크기로 변경했습니다. 그리고 6~8행으로 결과 사진을 출력했습니다. 10~17행의 사진 축소도 동일한 개념이지만, 14행에서 배율로 나누는 것만 차이가 있습니다.

② 사진 상하/좌우 반전

사진의 상하 및 좌우 반전은 transpose() 함수를 사용하면 됩니다. 매개변수로 Image.FLIP_TOP _BOTTOM을 사용하면 상하 반전, Image.FLIP_LEFT_RIGHT를 사용하면 좌우 반전됩니다. [코드 13-4]와 비슷한 구조이지만, 특별히 입력받을 값이 없어 코드가 더욱 간단합니다. [코드 13-1]의 func_mirror1() 함수와 func_mirror2() 함수를 다음과 같이 변경하면 됩니다.

코드 13-5   ex13-05.py

```
01    def func_mirror1() :
02        global root, canvas, inPhoto, outPhoto, inX, inY
03        outPhoto = inPhoto.copy()
04        outPhoto = outPhoto.transpose(Image.FLIP_TOP_BOTTOM)
05        outX = outPhoto.width
06        outY = outPhoto.height
07        displayPhoto(outPhoto, outX, outY)
08
```

```
09    def func_mirror2() :
10        global root, canvas, inPhoto, outPhoto, inX, inY
11        outPhoto = inPhoto.copy()
12        outPhoto = outPhoto.transpose(Image.FLIP_LEFT_RIGHT)
13        outX = outPhoto.width
14        outY = outPhoto.height
15        displayPhoto(outPhoto, outX, outY)
```

실행 화면은 원본과 상하 반전, 좌우 반전 처리된 결과입니다.

③ 사진 회전

사진 회전은 rotate(각도) 함수를 사용하면 됩니다. func_zoomin( ) 함수와 거의 동일한 구조이지만 각도를 매개변수로 0~360까지 입력받습니다. 옵션 중 expand=True는 회전하면서 화면이 회전한 크기에 맞춥니다. [코드 13-1]의 func_rotate( ) 함수를 다음과 같이 변경하면 됩니다.

코드 13-6   ex13-06.py

```
01    def func_rotate() :
02        global root, canvas, inPhoto, outPhoto, inX, inY
03        degree = askinteger("회전", "회전할 각도를 입력하세요", minvalue=0, maxvalue=360)
04        outPhoto = inPhoto.copy()
05        outPhoto = outPhoto.rotate(degree, expand=True)
06        outX = outPhoto.width
07        outY = outPhoto.height
08        displayPhoto(outPhoto, outX, outY)
```

실행 화면은 원본과 화면에 맞춰 45도 회전 처리된 결과입니다.

④ 사진 밝기 조절

사진을 밝게 하거나 어둡게 할 때는 ImageEnhance.Brightness(이미지).enhance(밝기 값) 함수를 사용합니다. 밝기 값이 1.0이면 밝기 변경이 없습니다. 1.0 이상이면 사진을 밝게 처리하고 1.0 이하이면 사진을 어둡게 처리합니다. [코드 13-1]의 func_bright() 함수를 다음과 같이 수정하면 됩니다.

```
코드 13-7                                                          ex13-07.py
01  def func_bright() :
02      global root, canvas, inPhoto, outPhoto, inX, inY
03      value = askfloat("밝게/어둡게", "값을 입력하세요(0.0~5.0)", minvalue=0.0,
04                       maxvalue=5.0)
05      outPhoto = inPhoto.copy()
06      outPhoto = ImageEnhance.Brightness(outPhoto).enhance(value)
07      outX = outPhoto.width
08      outY = outPhoto.height
09      displayPhoto(outPhoto, outX, outY)
```

결과 화면은 원본을 밝기 1.5와 어둡기 0.5로 처리한 것입니다.

5 엠보싱/블러링 효과

사진에 엠보싱이나 블러링 효과를 주기 위해서는 사진.filter(ImageFilter.필터) 함수를 사용합니다. 엠보싱은 EMBOS 필터를, 블러링은 BLUR 필터를 사용하면 됩니다. [코드 13-1]의 func_embos() 및 func_blur() 함수를 다음과 같이 수정하면 됩니다.

코드 13-8　　　　　　　　　　　　　　　　　　　　　　　　　　　　　　　　ex13-08.py

```python
01    def func_embos() :
02        global root, canvas, inPhoto, outPhoto, inX, inY
03        outPhoto = inPhoto.copy()
04        outPhoto = outPhoto.filter(ImageFilter.EMBOSS)
05        outX = outPhoto.width
06        outY = outPhoto.height
07        displayPhoto(outPhoto, outX, outY)
08
09    def func_blur() :
10        global root, canvas, inPhoto, outPhoto, inX, inY
11        outPhoto = inPhoto.copy()
12        outPhoto = outPhoto.filter(ImageFilter.BLUR)
13        outX = outPhoto.width
14        outY = outPhoto.height
15        displayPhoto(outPhoto, outX, outY)
```

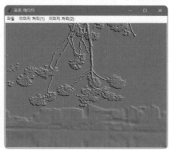

결과 화면은 원본, 엠보싱, 블러링 효과로 처리한 것입니다.

6 스케치/경계선 효과

사진에 스케치나 경계선 효과를 주기 위해서 엠보싱과 마찬가지로 사진.filter(ImageFilter.필터)

함수를 사용합니다. 스케치는 CONTOUR 필터를, 경계선은 FIND_EDGES 필터를 사용하면 됩니다. [코드 13-1]의 func_sketch( ), func_contour( ) 함수를 다음과 같이 수정하면 됩니다.

코드 13-9   ex13-09.py

```
01    def func_sketch() :
02        global root, canvas, inPhoto, outPhoto, inX, inY
03        outPhoto = inPhoto.copy()
04        outPhoto = outPhoto.filter(ImageFilter.CONTOUR)
05        outX = outPhoto.width
06        outY = outPhoto.height
07        displayPhoto(outPhoto, outX, outY)
08
09    def func_contour() :
10        global root, canvas, inPhoto, outPhoto, inX, inY
11        outPhoto = inPhoto.copy()
12        outPhoto = outPhoto.filter(ImageFilter.FIND_EDGES)
13        outX = outPhoto.width
14        outY = outPhoto.height
15        displayPhoto(outPhoto, outX, outY)
```

결과 화면은 원본, 스케치, 경계선 효과로 처리한 것입니다.

이상으로 [포토 에디터] 프로그램을 완성했습니다. 이번 프로젝트에서 구현한 Pillow의 기능 외에도 많은 기능이 있으므로 필요하다면 메뉴를 더 추가해서 구현할 수 있습니다. 다음 링크 https://pillow.readthedocs.io/en/stable/를 참고해 주세요.

찾아보기

찾아보기